余党绪 著

走向理性与清明
——整本书阅读之思辨读写

微信扫码

与余党绪老师面对面

名师解密整本书阅读教学
《走向理性与清明——整本书阅读之思辨读写》视频课程

序言

这是一本探讨提高语文阅读教学质量的专著,聚焦于批判性思维在整本书阅读训练中的特殊价值。观点鲜明,材料翔实,效果显著。有极好的启迪作用与可供借鉴的功能。

研讨的基础厚实,十余年的批判性思维理论上的探索,十余年相当数量语文阅读实践的比照、改进、突破,在理论与实践结合的高度,不断反思、不断论证,不断判断、不断提升,以"思辨读写"为核心,让中学生的阅读真正"走向理性与清明"。

要真正提高学生的读写质量、语文素养,为师者须有意识地搞点实验,做点研究。学生的读写质量不尽如人意,这是客观存在,不能视而不见。有了问题意识,立足于理想追求,就会寻觅改革的突破口、改革的途径与方法。余党绪老师对整本书阅读之思辨读写的实施,并非先作判断,先下结论,更非一蹴而就,而是有个艰苦跋涉的历程。他从阅读教学的现状出发,寻觅改进途径,在教学实践中做了长文阅读、群文阅读、专题阅读、经典精读等尝试,并认真地进行理性思考,剖析利弊得失,最后得出的发展趋势是"聚焦思维"。这种执着追求的敬业精神与实事求是的科学态度十分可贵,值得称颂。

选什么为研究的突破口,既不能空穴来风,又不能追逐时尚,外面一阵风,屋里一场雨,总要站在语文教育育时代新人的制高点上审时度势,作一点历史性的战略性的思考,长善救失,扬长补短,以期全面提升质量。影响

走向理性与清明

整本书阅读之思辨读写

阅读教学质量的理论林林总总，传统做法且不说，单是西方文论，涌入我教育、文化领域的就十分纷繁。有注重作者创作心理研究的，如表现主义、象征主义等；有注重作品本位研究的，如结构主义、现象学作品本体论等；有注重读者阐释接受研究的，如阐释学、接受美学等；还有注重社会文化批判方面的，如新历史主义、生态文化研究等。进行文本解读，尤其是整本书的阅读，有意识或无意识，或多或少总会受这些思想的影响，因而，运用脑髓思考、辨别，放出眼光挑选，择善而用，创造发展，不可或缺。

余党绪老师认为高中阶段是人的价值观、思维方式和人格形成的关键时期。从人的认知方式和思维特点看，高中阶段是理性精神和逻辑判断力、抽象思辨和批判性思维形成的关键时期，而较长时间以来，这方面的教学远远不够重视，形成缺失。为此，他不遗余力地把"批判性思维"引入语文教学；探索"思辨读写"。有针对性的选择，实施过程中，理性思考相随深入，调整，改进，学生受益良多。

本书阐述批判性阅读的基本内涵、策略与方法。从思辨的内容、过程和思辨过程中需要处理的几组关系入手，借助大量的教学案例，阐述"思辨读写"的基本原理、方法与技巧，阅读研讨，必能从中获得理性思维的养料。

于　漪

2019年5月

目录

第一章　整本书阅读

第一节　阅读教学之现状 ...3
　　一、量少质次 ...3
　　二、结构畸偏 ...6
　　三、感知—印证式阅读 ...7

第二节　阅读教学之改进 ...14
　　一、长文阅读 ...14
　　二、群文阅读 ...16
　　三、专题阅读 ...21
　　四、经典精读 ...26
　　五、趋势：聚焦思维 ...33

第三节　整本书阅读 ...37
　　一、整本书阅读与篇章阅读 ...37
　　二、整本书阅读与课程化 ...40
　　三、切忌简单化 ...42
　　四、谨防复杂化 ...46

走向理性与清明 | 整本书阅读之思辨读写

第二章 思辨读写

第一节 批判性思维 ... 51
一、超越感性，警惕惯性 ... 51
二、理性反思 ... 54
三、传播困境 ... 58

第二节 思辨读写 ... 63
一、思辨性阅读 ... 63
二、思辨性表达 ... 74
三、读写与思辨 ... 84

第三节 阅读之祛蔽 ... 97
一、直面文本与关系折射 ... 98
二、理性分析与直觉顿悟 ... 104
三、积极冲突与消极共鸣 ... 110
四、体验无边与论证有限 ... 120
五、文本有界与多元解读 ... 129

第三章 整本书阅读之思辨读写

第一节　教学之难 …139
一、价值评估 …139
二、内容确定 …152
三、文本关联 …156
四、教学方式 …163

第二节　母题：阅读的角度与范畴 …168
一、基于文本 …169
二、学生本位 …171
三、人生关怀 …173

第三节　议题：课程的内容与结构 …183
一、体现母题逻辑 …184
二、尊重文本个性 …193
三、形成认知结构 …205

第四节　问题：教学的抓手与动力 …219
一、问题在哪里 …219

	二、问题的追问	...236
	三、三题定位,思辨读写	...244
第五节	整本书阅读教学	...247
	一、阅读教学的三组关系	...247
	二、思辨性阅读教学的基本范式	...265
	三、思维训练的四个要目	...278
第六节	阅读的评价与反思	...301
	一、过程性评价	...301
	二、学术性写作	...305
	三、反思三层次	...312

后记 ...322

第一章

整本书阅读

　　整本书阅读是新课标推出的第一个学习任务群，其价值与意义不言而喻。不过，只有将其置于当下语文教育尤其是阅读教育的生态系统中考虑，才能更精准地定位其现实的角色与功能。

　　当下的阅读教学，篇章阅读占据主导地位，这样的阅读难以满足当代学生心智发展的需要。正是在这样的背景下，出现了经典阅读、长文阅读、群文阅读、专题阅读、思辨性阅读等探索，在不同的意义上，弥补了当下阅读教育的不足，也拓展了阅读教学研究的空间。

　　整本书阅读的价值与意义，亦在于此。整本书阅读与篇章阅读，尽管难以作出泾渭分明的区分，但厘清两者的差异，对于教学及其研究仍有必要。认知上的一个小偏差，实践中就可能放大成一个大错误，所谓失之毫厘，谬以千里是也。总的说来，整本书阅读对于思维品质的要求更高，我们习以为常的感知——印证式阅读，难以应对结构复杂、意义开放的整本书阅读。

在整本书阅读的教学探索中，切忌简单化，谨防复杂化，我们追求的应该是兼顾文本与学生的清晰化——一种理性与清明的学习境界。

思辨性阅读，是整本书阅读走向理性与清明的必由之路。

应该在课程的意义上，认识整本书阅读的价值。有了合理的课程设计与教学实施，整本书阅读才能超越基于感觉和兴趣的课外阅读，真正发挥其培育语文核心素养的功能。

应该在学习的意义上，探索整本书阅读的教学。阅读即学习，阅读即生活，阅读即成长。让整本书阅读成为学生学习、生活与成长的伙伴和资源，这是整本书阅读教学的宗旨与灵魂。

应该基于学习方式的变革，探索批判性思维与思辨读写在整本书阅读教学中的实践路径与实施策略。

第一节

阅读教学之现状

阅读是语文教学的命门。

当下阅读教学的现状是：量少质次，结构不合理，效益低下。阅读教学的探索和改良，应该基于这样一个不太乐观的判断。

一、量少质次

首先是量的问题。没有一定量的积累，就谈不上所谓的阅读素养。温儒敏先生反复强调"海量阅读"，有人提出异议，认为单纯的量并不能提高阅读素养。异议者不是没有道理，但如果正视目前学生的阅读状况，估算一下学生在阅读中所投入的时间和精力，应该能理解温先生的初衷及其合理性。

在当下教学环境和选拔机制下，教材依然是多数学生阅读的主体。不妨以使用了十几年的上海高中语文教材为例。一个学期一册教材，一册教材6个单元，其中4个现代文单元、2个文言文单元；每单元3—5篇课文，讲读2篇，其余为泛读。那么，我们可否作个推断：一个以汉语为母语，经过了九年义务教育，基本具备了独立阅读、自主阅读和深度阅读能力的高中生，每个学期只要读二十几篇课文，六七万字，就算万事大吉。如果考虑到泛读课文的教学现状，我们还可继续推断：一个学期，大概阅读8篇现代文、4篇文言文，就算达标了。这个阅读量够吗？

走向理性与清明

整本书阅读之思辨读写

事实上，上海的阅读状况在全国范围看肯定不是最糟糕的。同样，对量的追问也可延及初中和小学，甚至整个社会。阅读促进人的文化成长与精神发育，缺少了阅读的学校与社会，在文化与精神上出现各种问题，自在情理之中。

其次是质的问题。教学意义上的读物质量，不仅取决于读物自身的内容与水平，而且取决于它与学生发展需求之间的关系，比如读物的长度、难度与学生心智水平的匹配程度。

高中、初中与小学的课文在长度、难度等方面缺乏明显区分，这就是温儒敏先生批评的缺乏"梯度"的问题。文章的优劣，自然不能以长短来论；但一篇一两千字的文章，不论怎样花团锦簇，承载的内容与思想总是有限的。随着学生认知水平与阅读能力的不断提升，他们热爱新知，渴望挑战，渴求突破。但遗憾的是，在阅读教学中，低水平重复的多，老生常谈的多，内容肤浅的多。在语文学习中，有些重复和反复是必要的、有价值的，但低水平的反复只会加重学生的厌倦和厌恶。

中小学教材中欧·亨利的作品比较多。其中一个原因，就是其作为短篇小说，在篇幅、结构和思想格调上都满足了目前教学体制的需要，满足了教材编写的需要：入选的作品多在两三千字，在这样一个不长的篇幅中，往往有一个相对完整的故事情节，表达了一个"正能量"的主题，还有让教师津津乐道的所谓"意料之外，情理之中"的精美构思，以及相应的结构形式。实际上，欧·亨利的短篇小说在思想上偏于简单，在艺术表现上模式化，虽曰王者，毕竟有限，与一流的经典还有很大的距离。选入教材的《二十年后》《警察与赞美诗》《麦琪的礼物》《最后一片常春藤叶》等，主题与形式都高度雷同。它的内蕴，说到底不过就是一碗碗精心烹制的"心灵鸡汤"而已，既没有表现出足够的人性的深度，在社会表现上也缺乏足够的力度。这当然与短篇小说的体制与容量相关,不能苛责;从认知水平看,这些课文给小学、初中的学生阅读为好,将《最后一片常春藤叶》放在高中,实在低估了学生的阅读水准。

不同的文章,阅读的心境不同,对阅读素养的要求也不同。读物的容量小、思想浅薄,时间久了,学生自然心生居高临下之感。这种"君临式"的阅读,容易养成随意、散漫和浮躁的阅读心理,即常说的"浅阅读"。当然,读物的容量超越了学生的认知水平和阅读能力,又会挫伤学生阅读的热情和兴趣。但是,目前的主要危险还是来自"浅阅读"。当下盛行的网络阅读,在阅读方式上主要是浏览、跳读、略读,在内容上则趋于平面化、娱乐化、简单化;而现行的阅读检测,也存在将文本碎片化、简单化和教条化的倾向。

相反,如果读物的内容保持恰当的新鲜感与挑战性,保持略高于学生阅读水平的长度和容量,则需要学生精神集中,思维清晰,前后关联,摒除杂念,排除干扰,且需要一定的人生体验、背景知识和逻辑素养。这一点恰恰是目前的阅读教学中最稀缺的。

人们对教材的理解,习惯上就是一本书。短文的教学价值有限,若选长文,又与教材的容量产生了矛盾。作为一种变通办法,"节选"便应运而生。沈从文的《边城》、卡夫卡的《变形记》、梭罗的《瓦尔登湖》、鲁迅的《阿Q正传》等,都以节选的面目出现在教材中。这当然不失为一种走近经典的捷径。但这样的阅读,又容易造成只见树木不见森林的碎片化阅读。

经典名著的价值,离不开它的全息性和生命整体性。读片段或许就破坏了这种完整性,就像欣赏一个美人,只能看到她漂亮的鼻子或脖子,却看不到她的全身,总有遗珠之憾。其实,窥一斑而知全豹,见一叶而知

走向理性与清明
整本书阅读之思辨读写

秋,既要短平快,又要高效益,至少在艺术欣赏方面难以做到两全其美。

二、结构畸偏

其实,短文与长文、节选与整本书,并不是一个非此即彼的问题,而是一个比例是否得当的问题。高品质的短文当然要读;经典那么多,都读全本也不现实,片段式的浏览自然有其不可替代之处。它们都是阅读教学的必需,没必要将它们对立起来。其他诸如浅文与深文、感性文与理性文、现代文与文言文、虚构性文本与非虚构性文本、连续性文本与非连续性文本等,都存在着比例上的安排问题。总体看,年段越高,长文、整本书、偏于理性思辨的文章、学术文章等的比例就应该越高。但现实是,即使到了高中,我们的教学也一直偏重于短文、片段和以感性见长的文章,更不要说低年段了。

围绕这些问题,学界也是争讼不休。有论者把语文等同于文学,他们所主张的阅读,仅限于文学作品,而对于研究性、学术性、实用性文章则视而不见。有些极端的人,主张只读文言文,却看不到现代文除了语体的价值外,更重要的在于它所承载的现代思想,诸如民主、自由、科学、平等观念,在文言文里这些思想罕觅其踪。尤其在复兴民族、弘扬传统的文化背景下,淡化、弱化现代文阅读的声音很有市场。再如,古诗文教学,专家们都强调小学生记忆力强,应该抓住这个机会多背诵一些古诗文,称之为"童子功"。那么,古诗文与现代文保持怎样的比例才算合适?少有人去做实实在在的研究。

在语文教学领域,传统、经验、感觉和一些莫名其妙的陈词滥调大行其道,严重挤占了教育研究的空间。

仅就高中而言,这个比例问题更值得关注。高中阶段是人的价值观、思维方式和人格形成的关键时期。从人的认知方式和思维特点看,高中阶段是理性精神和逻辑判断力、抽象思辨和批判性思维形成的关键时期。显然,这方面的强调还远远不够,与人们对想象力的鼓吹比较一下,就不难明白。有人将牛顿发现万有引力归功于他的想象力,却没想到,倘若牛顿没有良好的科学素养,没有科学的思维方式,再多的苹果砸在他头上,也催生不了万有引力的灵感。

理性精神与想象力一样重要。孤零零地强调想象力的培养,反而会妨害我们去做一些基础性的工作,比如培养学生的独立人格、批判精神和怀疑意识。想象力主要是一种天赋和潜能,更需要的是保护、鼓励和开发;与此相对,理性精神则主要通过后天的教育而养成,只有严密的课程设计和教学安排才能保障它的生长与发育。单从目前的课文构成看,理性的、思辨性的、批判性的文章数量偏少,编排上也缺乏合理设计。结合学生精神与文化成长的实际状况,是不是应该考虑一下其中的比例偏向呢?

三、感知—印证式阅读

1904年《奏定中学堂章程》颁布,标志着语文学科获得了独立的地位。但历经一百多年的风雨,语文学科依然像个莽撞的汉子,而阅读教学依然缺乏必要的共识与范式。以前风行烦琐讲解,教师忙于"碎尸万段";后来流行整体感悟,教师又落得个"袖手旁观"。PPT时髦的时候,阅读课变成了音像课;后来,专家们说PPT妨碍了学生与语言的亲密接触,于是有些地方干脆禁用PPT。缺少主心骨的语文,总是处在风雨飘摇之中,不仅容易受到政治、经济和文化等环境的影响,而且易被流行的观念或思潮颠覆。

从阅读教学看,阅读教学的序列、方法与资源多停留在感觉、经验、

走向理性与清明

整本书阅读之思辨读写

习惯的层面,缺乏理性的反思与论证,系统化、学术化、学科化严重不足。目前,在阅读教学中占主导地位的,依然是传统的感知—印证式阅读,这样的阅读,必然是低效甚至无效的。

传统的阅读教学,主体参与有限,其主要特征是,先在整体感悟的基础上得出一个结论,再从各个角度为结论寻找证据,加以印证。我称之为感知—印证式阅读。这种缺乏对话意识与思辨意识的阅读,很容易进入惯性思维的圈套,被自己的"前认知"蒙蔽,妨害了认知革新与自我建构。

不妨以沈从文的小说《生》为例,揭示这种感知—印证式阅读的弊端。

《生》写一个卖艺的老汉。他的傀儡戏,演的是他儿子王九与一个叫赵四的事情。十年前,王九与赵四斗殴,王九死了。老汉的表演没啥新奇,斗来斗去,每次的结局都一样——"场面上王九常常不大顺手,上风都由赵四占去,但每次最后的胜利,总仍然归那王九"。

傀儡王九打死了傀儡赵四。王九是老汉的儿子,老汉是王九的父亲,傀儡戏将历史给颠覆了。戏剧总是颠覆历史,而人们总是把戏剧当作历史。真实的历史是,赵四打死了王九。不过,五年前赵四也死了,他打死了王九,自己却害了黄疸病。这些谜,小说在最后才揭开。这是小说构思上的一个奇崛之处。

死了儿子的老汉靠卖艺谋生,"看客"就成了他的衣食父母。将老汉与看客们黏合在一起的花样,就是这段被老汉颠覆了的历史。

看客与老汉,就这样构成了一个"看与被看"的关系。这让人自然地联想到鲁迅笔下的那些看客。在《药》里,鲁迅写了那群脖颈被人捏着向上提着的鸭子一样的看客,而在《祝福》里,鲁迅描述了鲁镇那帮曾经热心到让祥林嫂感动的看客。

每个人的阅读，都有一个"前认知"，它悄悄地影响着我们的理解。但凡读过鲁迅的读者，再来读沈从文的《生》，几乎都会不假思索地将它纳入看客的理解框架。从始至终，小说叙述的都是"看与被看"，都是"看"的人与"被看"的人："正在打量投水似的"大学生，"第三个以至于第十三个"闲人，还有"收地摊捐"的巡警，青年军官，总之都是些看客。

检索此文的文本解读，几乎都是从"看与被看"这个角度入手，或者涉及这个角度。在"看与被看"的框架下，大家都将小说的主旨理解为人与人的隔膜与冷漠，老汉的辛酸与无奈。这就是鲁迅的看客留给我们的遗产。作为启蒙者，鲁迅赋予了"看与被看"太鲜明的意义，当我们在说看客的时候，总会不由自主地落在鲁迅设定的那个框架里。

这就是感知—印证式阅读。

诚然，将《生》与《祝福》比较，确实能发现两文的相似之处，很多情节如出一辙。老汉与祥林嫂，都遭遇了人生的大不幸：老汉死了儿子，而祥林嫂死了丈夫与儿子。他们都是不幸者，但作为"被看"的对象，又都是"被看"的受益者。

祥林嫂与看客们的关系，一开始是非常融洽的。小说写道：

这故事倒颇有效，男人听到这里，往往敛起笑容，没趣的走了开去；女人们却不独宽恕了她似的，脸上立刻改换了鄙薄的神气，还要陪出许多眼泪来。

鲁迅刻意使用了"故事"这个词，是颇有意味的。祥林嫂丧夫失子，她需要倾诉，需要宣泄，需要转移……而鲁镇人民正好满足了她的需要——"有些老女人没有在街头听到她的话，便特意寻来，要听她这一段悲惨的故事"。看客们"特意寻来"，就为了听她的"故事"。换个说

走向理性与清明 | 整本书阅读之思辨读写

法：为了听故事，他们来了。祥林嫂的故事果然很感人，而她讲故事的"水平"也果然没有辜负看客们的期待：祥林嫂倾诉到"呜咽"，女人们也"一齐流下那停在眼角上的眼泪"。

看起来，"看与被看"就像是祥林嫂与看客们的一场共谋与合作。但在这样的"看与被看"中，已经隐藏了很多祥林嫂意识不到、也不愿直面的危机。鲁迅的笔触真是力透纸背。他写道，看客们听了祥林嫂的哭诉，"叹息一番，满足的去了"。他们"满足的去了"，"满足"这个词真是太有穿透力了。他们为何而来？为满足而来；他们因何而去？因满足了而去。

看客们乐意倾听祥林嫂的哭诉，是因为他们能在祥林嫂那里索取到道德上的荣耀——怜悯弱者，往往能让强者得到满足。而且，祥林嫂的不幸，也恰恰确证了他们实实在在的幸福，他们的男人至今还在喘气，他们的儿子也没被狼叼走，这就足够骄傲的了。祥林嫂的倾诉，等于给了他们一个"晒幸福"的机会。

其实，得到满足的，何止看客们？祥林嫂不也从中得到了满足？她在哭诉中得到了情感的宣泄、心理的安慰，绞痛的心得到片刻的安歇。因此，"看与被看"，祥林嫂与看客之间，构成了一种互惠互利、各取所需的共谋关系。这是一种美妙的平衡，大家都很享受。

但是，这个平衡是非常脆弱的。人家是奔着故事来的。陈芝麻烂谷子怎么能够黏住他们？可惜，祥林嫂不懂，她只会说"我真傻"。自然，人们"一听到就烦厌得头痛"，一看见她就赶紧逃走。这其实是正常的，因为这才是讲故事与听故事的逻辑，这就是"看与被看"的逻辑。看看而已，你怎能当真？当真你就麻烦了。

显然，祥林嫂对人们寄予了超过限度的热望。她的逻辑是：我很不幸，我理所当然应该得到你们的同情与怜悯，你们跟着叹气是应该的，你们跟着流泪是应该的,你们跑那么远的路来听我讲故事也是应该的。这正是祥林嫂的无知,她不懂得隐藏在"看与被看"后面的逻辑,她不懂得故事的逻辑。惩罚也在情理当中——本来已经遍体鳞伤,还不得不忍受看客们的嘲弄与羞辱。

《生》也是"看与被看",与《祝福》高度近似。王九被赵四打死了,老汉提溜着傀儡儿子,走街串巷,卖艺谋生。老汉需要观众,需要看客,需要"被看",他需要看客们的一个铜子、几声喝彩,铜子养活身体,喝彩抚慰心灵。当然,那些看客们也在"看"中得到了他们想要的。那个大学生,那些闲人,有的满怀心思,有的无所事事,不管怎样,他们都需要消遣无聊的生命,打发无聊的时光,转移无法直面的窘迫。"看"是他们的需要,如同"被看"是老汉的需要一样。各取所需,相安无事。

但如果阅读仅仅停留在这个层面,阅读的价值几乎为零。而感知—印证式阅读恰恰就是如此。这样的阅读,读一千本书与读一本书是一个结果,因为在惯性思维的影响下,你不能在新的作品中发现新的东西。

认知中的一个悖谬是,离开了已有的认知框架,我们无从认识新的事物;而借用已有的认知框架,可能妨害我们的真知灼见。在这个意义上,只有警惕思维的惯性与惰性,警惕自以为是与习以为常,我们才可能有新的发现。

摒弃感知—印证式的阅读习惯,保持独立自主的思考,就能发现老汉不同于祥林嫂的地方,发现沈从文不同于鲁迅的地方。

在小说中,老汉是一个沉默寡言的人,但也是一个看起来淡定自若的人。他胜于祥林嫂的地方,就在于他懂得维持"看与被看"的微妙平衡,不去打破这种平衡。他看,也被看,但一定止于"看与被看",看看而已,不必当真。所以,他始终只用花样来黏合看客,而决不出卖内心的伤痛。

走向理性与清明

整本书阅读之思辨读写

小说写道：

他不让人知道他死去了的儿子就是王九，儿子的死乃由于同赵四相拼也不说明。他决不提起这些事。他只让人眼见傀儡王九与傀儡赵四相殴相扑时，虽场面上王九常常不大顺手，上风都由赵四占去，但每次最后的胜利，总仍然归那王九。

小说刻意强调了"他决不提起这些事"。他决不让人分享自己的悲伤，决不与人提起。可以想象，如果老汉也像祥林嫂那样，哭诉、倾诉、讲故事，肯定能吸引更多的看客，他或许能赚到更多的铜子。但他选择了闭嘴。这是个很有意思的细节。

借用鲁迅的看客框架，有助于我们对《生》及沈从文的理解；而要真正理解《生》，就必须超越关于看客的惯性理解。

老汉为什么"决不提起这些事"呢？或许老汉天生有着某种人性的洞察力。但也有一种可能，老汉是曾经的祥林嫂——老汉也像祥林嫂那样，哭诉过、倾诉过，但结果肯定不会比祥林嫂好。他领悟了，痛彻心扉地领悟。从此之后，他选择闭嘴。这世界上，没人能真正理解自己，没人能真正同情自己，没人能真正帮助自己。所谓换位思考，所谓感同身受，都是人们的一厢情愿。既然如此，何必当真？

这是老汉的智慧。人与人之间，原本就是一种"看与被看"的关系，仅仅是一种"看与被看"的关系。当我们谴责看客们不理解祥林嫂的时候，我们是否问过，祥林嫂理解鲁镇的那些看客吗？当我们指责看客们冷漠麻木的时候，是否问过，老汉能理解那个"投水似的"大学生吗？其实，看客们在看老汉，老汉不也在看看客们吗？大家互为看客，彼此看看，看看而已。人生在世，最好也不过就是彼此看看，看看而已。你想突破"看与被看"，对人、人性与人间寄予更多的希望，注定自取其辱。

所有的悲苦都是自己的，所有的快乐也都是自己的。这反而造就了老汉的释然与淡定。

在老汉的身上，是不是也有沈从文的影子呢？人与人之间，原本如此，生命孤独无常，谁也理解不了你，谁也帮不了你。比起鲁迅，沈从文到底是更悲苦，还是更通达？

在祥林嫂的身上，我其实看到了鲁迅的影子。鲁迅是不是也类似祥林嫂？他喋喋不休地诉说，喋喋不休地批判，喋喋不休地呼喊，结果呢？看客们都离他而去。

作为启蒙者，鲁迅也在看，看这场人间"闹剧"。在"看与被看"中，鲁迅看出了鲁镇人的冷漠、隔膜与无情。在鲁迅看来，人间本不该如此，人性本不该如此，人与人之间本不该如此。所以，鲁迅对鲁镇人是批判的。这也说明，鲁迅虽然那么严峻，那么犀利，那么无情，但对人、人性与人间，还是充满了希望。他感到绝望的，只是鲁镇的人们，只是当下的人们。所以他才说："我希望他们不再像我，又大家隔膜起来。"（《故乡》）很显然，这是寄希望于未来。他还说："希望是本无所谓有，无所谓无的。这正如地上的路；其实地上本没有路，走的人多了，也便成了路。"很显然，这是寄希望于人们的作为。正如钱理群先生反复说的，鲁迅看起来很绝望、很冷，但实际上他内心很热，他对人、对人性、对社会充满了希望。这正是他批判的动力。

要真正理解文本，必须借助独立自主的、以分析与论证为基础的思辨性阅读，而不是自以为是的感知与印证。

第二节

阅读教学之改进

阅读教学的改进,不外乎两种思路:一是重组阅读内容,从"读什么"的维度改进;二是改变教学方式,从"怎样读"的维度革新。但是,"读什么"总会刺激"怎样读",而"怎样读"也会刺激"读什么",这两种改进的思路总会交织和融汇在一起。近二十年来,我进行过"万字时文阅读""杂文专题阅读""经典精读"等探索,一开始只是希望扩充阅读的量,在文体与题材上有所突破,随着阅读内容的不断拓展和边界的不断跨越,阅读方式必须随之作出调整,最终激励我选择了"思辨性阅读"的改进之道。

一、长文阅读

最初,开展万字时文阅读,是为了纠正阅读教学中短文与片段"为王"的偏颇;但随着阅读教学改进的不断深入,我发现,长文与短文的区别,绝不仅仅只是字数和容量上的差距,更多的是思维方式与结构方式上的不同。长文阅读,不仅需要更多的时间和精力,而且需要更高的思维品质与阅读素养。

从创作角度看,长文与短文的创作机制也是不一样的。一点感触、一个片段、一丝情绪、一点感悟……都可以敷衍成篇,也不乏别致与精美的风韵;但如果缺乏宽广的生活视野、丰厚的文化积淀、宏阔的思维方式和运筹帷幄的笔力，则难以纵横捭阖，成就长篇大论。曹文轩说："一个孩子必须阅读规模较大的作品，随着年龄的增长，越应当如此。因为，大规模的作品，在结构方式上，是与短幅作品很不一样的。短幅作品培养的是一种精巧和单纯的思维方式，而长篇作品培养的是一种宏阔、复杂的思维方式。"① 与短文相比，长文就属于曹文轩所说的"规模较大的作品"。

习惯了短文阅读的学生，面对长文，阅读品质方面的缺陷一下子就暴露了出来。他们很难长时间地集中注意力——我称之为不能"坐下来"，这是外在的表现。我做过一些粗略的统计，发现高一学生的有效阅读时间大多在十来分钟，此后就会抓耳挠腮，左顾右盼，开始走神与分心。显然，这与长期的短文阅读习惯相关——短文阅读大多能在十分钟左右完成。更难的则是"读下去"——在阅读过程中，始终保持思维的专注、持续与连贯，这是内在的反应——常常读了后面忘了前面，看到结果忘记了原因，思维处在飘忽不定的碎片化状态。在杜威看来，持续性与连贯性是思维的主要特征。他说："有意义的思维应是不断的、一系列的思量，连贯有序，因果分明，前后呼应。思维过程中的各个部分不是零碎的大杂烩，而应是彼此应接，互为印证。"② 所谓碎片化阅读，大抵就是这种思绪飘忽、思路断裂的状态，思维难以进入高度紧张、集中和活跃的状态，结果自然是难以"读进去"。

坐不下来，读不下去，读不进去，这是长文阅读必须解决的问题。为了改变学生浮躁、肤浅、随性的阅读习惯，我在选文上下足了功夫，希望借助读物本身的特质来吸引或者逼迫学生"坐下来，读下去，读进去"，

---

① 朱文君.让孩子更全面地感应世界——曹文轩教授访谈录［J］.小学语文教师，2011（7-8）：7.
② 杜威.我们如何思维［M］.伍中友，译.北京：新华出版社，2015：5.

走向理性与清明
整本书阅读之思辨读写

这就是我后来总结的选文"三标准":一是思想认知上,要高于学生;二是文化视野上,要宽于学生;三是写作艺术上,要优于学生。形象地概括,就是要接近学生阅读水准的"极限"。那些华而不实、空洞无物的,不选;晦涩、玄虚的,不选;与学生的认知水平距离太远的,不选;伪抒情、伪情调、伪崇高的,不选。面对这样的选文,学生必须保持挑战与求索的心态,必须有效地借助已有知识和信息,进行分析、推断、论证,这样的阅读,必然走向深度思考与深度学习。

二、群文阅读

阅读的内容改良必然带来阅读方式的革新。目前最受关注的阅读探索,诸如群文阅读、专题阅读、整本书阅读、思辨性阅读和跨媒介阅读,无一例外都牵涉到阅读内容与阅读方式的双重革新。它们的着力点虽各不相同,但都致力于改变浅阅读、碎片化阅读的糟糕现状,将深度思考的理念引入阅读活动,以提高阅读效益。

关于群文阅读,于泽元等专家对其内涵作了清晰的界定:"群文阅读是师生围绕一个或多个议题选择一组文章,而后师生围绕议题进行阅读和集体建构,最终达成共识的过程。"[1]

于泽元特别重视群文阅读在认知发展与思维训练中的独特功能,特别强调群文阅读"提供多元视角,培养批判性思维和元认知"的特殊价值。

基于这样一个共识,潘庆玉对群文阅读作了五个界定:群文阅读是一种为了培养深度阅读能力而进行的大量泛读;群文阅读不仅指书面语言阅

---

[1] 于泽元,王雁玲,石潇.群文阅读的理论与实践[M].重庆:西南师范大学出版社,2018:73.

读，还包括各种非语言文本，如图像、数字、表格等；群文阅读是依据关注点的变化而自由链接文本的开放式阅读；群文阅读是一种开放式挑战性阅读，强调学生是否获得了积极的、建设性的体验，思维是否受到了实质性的挑战；群文阅读的本质是通过文本间性阐释文本的存在本质，敞开语言中沉默的思想、历史与声音……①

显然，群文阅读不在于单纯的数量扩张，其立意在于文本之间的链接、群聚与组合，亦即"关联"，以文本的内在关联推动阅读中的思考与发现，为深度思考与学习创造条件。

群文阅读的理论探讨是近几年的事情，但它一直以一种自在的形式存在着。我做长文阅读的时候也多有触及。比如，我有一个阅读教学的理念——文本能说话的地方，就应该让文本说话。

那么，怎样才能让文本"开口"说话呢？路径很多，其中的一条路径就是给文章"建群"，用文本与文本的"关联"来说话。

我曾给学生推荐过一篇时文《通过思考追求道德生活》，作者是崔卫平，内容是关于纳粹分子艾希曼的，材料源于汉娜·阿伦特的著作《艾希曼在耶路撒冷》。

阿道夫·艾希曼1906年生，在屠杀犹太人的罪行中扮演过重要角色，战后化名逃往阿根廷，1960年被以色列特工抓获，1961年在耶路撒冷接受刑事审判。阿伦特作为《纽约客》的特派记者报道了该审判，最终形成了《艾希曼在耶路撒冷》这本书。从阅读有关卷宗开始，到面对面冷眼观察坐在被告席上的艾希曼，以及听他满嘴空话地为自己辩护，阿伦特断定，被人们描绘成十恶不赦的"恶魔"的这个人，实际上并不拥有"深刻

---

① 潘庆玉.群文阅读：由链接而群聚，因秘响而旁通[J].语文建设，2018（1）：29-30.

走向理性与清明 | 整本书阅读之思辨读写

的个性",仅仅是一个平凡无趣、近乎乏味的人,他的"个人素质是极为肤浅的"。因此,阿伦特提出了"平庸的恶"这个命题。艾希曼之所以勤勤恳恳地签发处死犹太人的命令,在于他根本不动脑子,不作价值选择,不作良心判断,像机器一般顺从、麻木和不负责任。

艾希曼就是阿伦特所说的"平庸的恶"的典型。正如阿伦特所说:"他之所以作恶,并非因为他有以人类为敌的恶魔天性,或者他想做出惊天动地的事情来出人头地,相反,他只是普普通通的人,他一切照章行事,不敢越雷池一步;他把自己降低为'什么也不是',只是一只不出声的驯服工具。"

一位学生读了这篇文章后,心怀疑虑地问我:"余老师,如果您是艾希曼,也恰好处在艾希曼的环境和位置上,您会怎么选择?"

老实说,这个学生的问题让我欣喜,也让我略为尴尬,欣喜的是学生能独立思考,敢于质疑,尴尬的是我似乎并无足够的资源来说服他。我想慷慨陈词,然后给出一个否定的答案,但我终究没有。我必须诚实地面对自己的内心。我憎恶一切对人的蹂躏,无论是肉体上的还是精神上的,无论是来自法西斯,还是其他任何义正词严的理由。

但问题是,如果我正好处在艾希曼的位置上,我有没有足够的精神力量和对抗的勇气,来抗拒法西斯体制及其病毒一样的思想无孔不入的侵害与奴役?我也读过阿伦特的《极权主义的起源》,深知法西斯体制及其意识形态的力量是滴水穿石、无孔不入的。

于是,我很坦率地告诉学生这个问题我难以作答。学生有几分失望,但显然更多的是兴奋。

接着,学生提出了一个关键问题:艾希曼作了恶,判他死刑,是他罪有应得。但既然谁也不敢保证不沦为艾希曼,那么,我们有什么权利居高临下地审判艾希曼?

　　学生的话让我沉思。他的逻辑是，再大的饼也大不过烙它的锅，没有人能超越现实的局限和束缚。既然如此，谁有权利和资格去审判艾希曼？我知道，按照这个逻辑，人类神圣的道德堤坝会在瞬间崩溃。恰恰是这种糊涂和怯懦的逻辑，让我们变得懦弱和愚昧。但历史的尴尬恰恰在于，在这种大是大非面前，保持自己底线的思考、判断和坚守，又是多么不易和艰难。崔卫平的这篇文章，要表达的就是这些思考。关于法西斯的罪恶，人们反思体制的多，而追问自己的少，懦弱的人们甚至不惜借体制的批判来逃避对灵魂的考问。

　　我很欣赏这位学生。正是这种穷追不舍的思考和追问，才让人类有了更多的信念和勇气，才让个体拥有了独立的人格和生活态度，来对抗糊涂、懦弱与愚昧。但我一时找不到更好的沟通方式，来表达我的理解与思考。

　　我告诉学生，我们各自想一想，过一段时间，再找时间交流。

　　学生离开后，我就开始搜寻相关的文章，在阅读中寻找更多的教学资源。我希望借助阅读的力量，来推进我和学生的思考。坦白地说，我自己难以简明和直接地解释这个矛盾，我希望找到能够解答这个问题的一本书或者一篇文章，与崔卫平的文章形成"互文"关系，让阅读来回答学生在阅读中产生的疑问。

　　幸运的是，我找到了《神圣的救赎——写给一切忠于良知的人》（施京吾）这篇文章。

　　那一瞬间，我眼睛亮了。

　　文章讲的是辛德勒。在电影《辛德勒的名单》之后，辛德勒的名字已经广为人知。这个纨绔子弟和奸商在目睹了法西斯暴政后，内心的良知被唤醒，暗中为犹太人提供庇护，最终成功保护了一千三百多名犹太人免

走向理性与清明

整本书阅读之思辨读写

于被杀害。这样的事实，让我们重新思考我们早就习以为常的善与恶，思考道德的边界，思考暴政对良知的冲击。同样生存在法西斯体制下，辛德勒只是比艾希曼多了那么一点点人道的怜悯与人性的思考，他就成了另一种人。

历史终归是有是非的，每个人都在用自己的行为书写各自的历史。文章写道：

说起来，辛德勒实在是一个普通的生意人，他既没有接受过什么理论的指导，也没聆听过任何组织的教诲，更没有得到领导的亲切关怀，除了金钱，他几乎没有任何对抗暴政的手段，也无力抗拒不断发生的屠杀，但极权主义的恐怖行径，激发了他心中的良知与善念，他的壮举，全凭内心的自动自发，不仅给予他高超的智慧，还赋予他勇敢的力量。尽管经辛德勒拯救的一千三百名犹太人相比被屠杀的六百多万犹太人，显得何其微不足道，却宣告了极权政治体系在道德上和实践效用中的彻底破产：它邪恶、无耻、贪婪并且漏洞百出。

像奥斯卡·辛德勒这样的勇者并非一人，一位负责犹太聚居区防卫的警卫队长奥斯瓦尔德·伯斯科，也曾动用职权救出十几个犹太孩子，后来他参加了游击队抗击纳粹，不幸牺牲。

……

专制者们没有意识到，在恐惧、胆怯以外，与邪恶斗争的乃人类更为普遍的良知与善念，他可能化身为辛德勒，也可能化身为奥西茨基、亨利希·曼，他们像珍珠，像星辰，不论是在沙砾中还是在暗夜里，总会发出熠熠光芒，而光芒终将照亮这黑暗的世界。[1]

---

[1] 余党绪，石海红.当代时文的文化思辨［M］.上海：上海教育出版社，2015：53-54.

我知道，我要告诉学生的，都在这里了。这就是阅读自身的力量。这比我做再多的解释、分析和说服更有效。面对释然的学生，我还追加了一句：如果艾希曼得不到审判，那么我们和那些大屠杀的幸存者将如何面对辛德勒？如何面对人类受难史上从未断绝过的良知与崇高？

艾希曼与辛德勒，在价值上完全对立的两个人，在阅读中却构成了一组意味深长的"关联"，这种独特的关联，已经呈现和解释了很多问题。

我之所以强调"让文本说话"，还有一个思考，就是不要让教师的过度阐释代替了学生自主的阅读与思考，而让学生通过繁衍式的阅读、关联式的阅读、链接式的阅读，即"群文阅读"，在关联、比较与整合中，建构自己的思想与思维。

三、专题阅读

专题阅读其实也可看作群文阅读的一种，这是一种以专题为纽带的组群式阅读。我在组织学生阅读古诗与杂文时，多采用这种专题阅读。之所以选择这样的阅读方式，也经历了一个曲折的探索过程。

我主张中小学生多读古典诗歌，原因在于，古典诗歌可能是传统文化中最纯净的类别，虽然在诗歌的汪洋大海中，也难免有无聊、庸俗甚至堕落之作，但相比其他文类，古典诗歌总体上更健康、更纯洁、更富有生活的情趣、更富有生命的力量。

问题是，我们的学生从幼儿园到高中读的古诗，单看数量已经很可观了，但有多少转化成了自身的文化资源和生命资源呢？在我看来，现在的古诗教学，第一，缺乏深切的理解，伪鉴赏盛行；第二，缺乏必要的整合，碎片化阅读的结果必然是一地鸡毛。

在古诗教学中，一直存在着重背诵与鉴赏、轻分析与理解的倾向，直

走向理性与清明

整本书阅读之思辨读写

接导致了愈演愈烈的死记硬背和泛滥成灾的伪鉴赏。

从初中就开始的古诗鉴赏，在刷题中狂飙，在套路中突进，一路走来，收缴的是学生学习古诗的热情与兴趣，掠夺的是学生的灵性与创造性。这样的诗歌教学，恰恰践踏了诗的精神，背离了诗的本真。我们仰望的不再是星空，而是虚空；触摸的不是空灵，而是空洞。这样的诗歌学习，除了"眼前的苟且"，哪还有什么"诗和远方"？

什么是伪鉴赏？不以分析与理解为基础，一味标榜所谓的移情体验，或者片面鼓吹直觉感悟，都是伪鉴赏。赵志伟老师认为，中学生搞古诗鉴赏是一种"躐等"的做法。他说："鉴赏要在理解基础上才能做到。现在经常出现这样的情况：考试包括中考、高考或者各种名目繁多的'联考'中出现的古诗词，作家是什么朝代学生常常都不知道，假如里面出现典故或者有深义的话，学生连读懂与否都尚未可知，怎么鉴赏？更不必说近体诗还有一个格律问题，现在的学生包括大多数教师是不懂格律的，他们怎么鉴赏？"[1]赵老师的意思很直白，鉴赏必须以一定的知识与技能为基础。

在教学的意义上，理解是鉴赏的基础，这个理念直接影响着课程安排与教学设计。现代教学主要是一个追求"合目的性"与"合规律性"的理性活动，因此，以知识与逻辑为基础的理解才是教学的主要取向。换句话说，教育应该作用于人的认知结构，立足于知识与思维的建构，通过认知结构的改变来促成情感、态度与价值观的改变。那些无视知识与逻辑的所谓教育，无论是赤裸裸的说教，还是潜移默化的浸染，与中世纪的蒙昧与欺骗都没有本质的区别。

---

[1] 赵志伟.回归古诗词学习的正道——再谈中学生古诗词鉴赏问题［J］.中学语文教学，2016（8）：16.

除了伪鉴赏盛行、真理解缺位，古诗教学的另一个弊端，就是缺乏必要的整合与迁移。我们信奉"熟读唐诗三百首，不会作诗也会吟"，强调诵读与感悟的功夫，以为熟读成诵了，一个人就能出口成章，就会妙语生辉。殊不知，如果缺乏理解的功夫，如果缺乏必要的融会贯通，即使在表达的时候能够引经据典，也未必能够恰到好处。何况，古诗的价值绝不仅仅只是"绝妙好辞"，它的启迪思想、开掘精神的价值，怎样强调也不为过。要实现古诗从文学资源到精神文化资源的转化，理解只是基础，在理解之上，还需要整合与迁移。

在古诗教学中，为了应对中高考，一般会从题材与体裁的角度，对古诗进行一些整合。大家熟知的边塞诗、田园诗、山水诗、讽喻诗、怀古诗等，是基于题材的整合；律诗、绝句、词等，是基于体裁的整合。这些整合是必要的，有助于对诗歌内容和诗歌形式的把握，但仅有这些是不够的。

我的整合，就是基于思想主题的专题式整合。其实，按照专题给古诗分类，研究者甚众，陶东风等人的《死亡·情爱·隐逸·思乡》，书名中的关键词就是四个专题；陈向春在《中国古典诗歌主题研究》一书中，归纳出中国古典诗歌在文化视阈中具有超越性、概括性、生成性的十种基本主题：时间、生命、情爱、别离、求仕、忧患、隐居、从军、怀古、娱乐等。在综合研判了学者们的见解之后，我将常见古诗分为以下十个专题：生与死、情与怨、功与名、家与国、物与我、穷与达、进与退、今与昔、离与合、悲与喜，基本上囊括了一个传统诗人所要面对的社会命题、所要经历的生命境遇和所要解决的人生问题。比如，关于"穷与达"，我将下列诗歌囊括进来：

最寒微的愤青：《咏史》（郁郁涧底松）

走向理性与清明

整本书阅读之思辨读写

最落寞的劳军:《使至塞上》
最孤独的畅饮:《月下独酌》
最狂放的劝酒辞:《将进酒》
最体贴的邻居:《又呈吴郎》
最沉郁的登临:《登高》
最凄迷的谪居:《踏莎行·郴州旅舍》
最澄澈的胸襟:《念奴娇·过洞庭》
最男儿的幽怨:《摸鱼儿》(更能消、几番风雨)
最苍凉的回忆:《虞美人》(听雨)[①]

千古以来,"穷与达"是中国人尤其是文人面对的生活现实,也是诗人们反复探寻的生命问题。将不同时代、不同题材、不同体裁甚至不同主题的诗歌,按照专题整合在一起,便于达成对"穷与达"的贯通性理解。这就是专题学习的魅力。

在杂文阅读中,我也借鉴了专题阅读的很多做法。杂文犀利的思想、思辨的说理和精巧的构思,往往能给学生醍醐灌顶、恍然大悟的感受,甚至让某个理念从此在他心里生根发芽。我给杂文的功能定位,就是"让思想摇撼心灵",给学生以思想的冲击与启迪。我按照思想内容给杂文进行分类,一个专题之下搜罗十来篇文章,让学生在这些经典杂文的交相辉映下,更加准确和明确地认识某个理念。我指导过的专题,包括独立人格、自由思想、公民意识、理性精神、质疑能力、悲悯情怀、回到常识、坚守良知、拒绝遗忘、审美人生,等等。效果之妙,堪比四两拨千斤。

[①] 余党绪.古典诗歌的生命情怀[M].上海:上海教育出版社,2014.

比如《现代杂文的思想批判》①的第一章，我以"独立人格"为专题，选取了《一只特立独行的猪》（王小波）、《灯下漫笔》（鲁迅）、《人人皆可为国王》（梁衡）、《麻雀》（方刚）等杂文，从不同角度，以不同的方式，揭示了"独立人格"的内涵与意义；而文章之间的比照与映衬，又进一步唤醒了沉睡在文本之中的意义。

什么是独立人格？基于我的理解及对这一组文章的把握，我这样表述此专题的内涵：

每个人都在不同的意义上属于他人，属于某个集体：我们是父母的子女，我们是学校的学生，我们是单位的员工，我们是社区的居民，我们是国家的公民；在不同的内涵与层面上，我们属于我们的父母，我们的家庭，我们的班级，我们的单位，我们的社区，我们的国家。

但是，我首先是我自己的。而在最终的意义上，归根到底我属于我自己。

这就是我们的人格。每个人的人格都是独立的。我是我自己，我属于我自己。我的生命由我自己支配，包括我的身体、我的意志、我的思想、我的天分、我的力量、我的热情、我的爱、我的恨……

我的人格是独立的，你的人格是独立的，他的人格是独立的，所以，人人平等。任何形式、任何目的的人身依附，所有对人权的践踏或者让渡，一切试图主宰别人的身体、意志和情感的行为，以及所有被美妙的乌托邦和严明的逻辑包装起来的等级制，都是对独立人格的侵犯。

在一个正常和健全的社会，每个人都有权利选择自己的生活方式，拥有自己生活与思想的空间，能够自由地选择信仰，自由地表达思想和情

---

① 余党绪.现代杂文的思想批判［M］.上海：上海教育出版社，2015.

感,能够依照使自己的个性得以舒展和张扬的方式来建立与社会的联系。

生命属于你,生活就是你自己的。你没有义务复制别人的人生。当然,也没有必要。

之所以做这样的诠释,是希望学生在阅读这一组文章的时候,能够聚焦"独立人格"的内涵与意义,从不同角度、不同维度来理解"独立人格"。

以专题形式引领学生的阅读、思考与写作,在很大程度上改变了以往那种碎片化阅读及其带来的思维浅表、视野狭隘、思想单一的状况。

阅读是一件古老的事情,我们"发现"或者讨论的任何一种阅读形态,都可在已有的阅读实践中找到它的影子。譬如群文阅读。漆永祥说:"要说群文阅读是新兴时髦的阅读方式,并不太正确。事实上,群文群书并读、相互参稽、相得益彰的读书方式,也是自古有之。"① 事实也的确如此。

但是,并不能因此否定对群文阅读、专题阅读、思辨性阅读等阅读形态的研究。自在的存在,与自为的存在,其性质是完全不一样的。在教学意义上,自觉和明确地研讨群文阅读、专题阅读、思辨性阅读等新的阅读形态,毕竟是近几年的事情。这些新的阅读方式固然不是当代人的创见或发明,但自觉而明确地进行思考与探索,则是当代人对语文教育的贡献。

四、经典精读

经典精读是我坚持了近二十年的阅读改进措施。这里特别提醒,是精

---

① 漆永祥.古人群文阅读之方与写作之道[J].中学语文教学,2018(1):18.

读，不是阅读。从理念看，比较接近今天的整本书阅读，很多经验与教训可作镜鉴。

我这样表述经典精读的课程理解与安排：

推荐在民族文化和人类文化中有原创意义和永恒价值的文学与文化经典，引导学生进行有效阅读；充分挖掘和发挥经典著作的人文、艺术与教育价值；经典教学要以原著阅读为主，采用多种辅助手段与材料提高教学效率。①

这是2002年我校语文课改方案中的一段话。学校的规划是，每个学期完成一到两部经典作品的教学。像《红楼梦》《三国演义》《悲惨世界》这种体量大的，安排16—18节课；而《家》《哈姆雷特》这种体量小的，则安排8节课左右。

我们将经典精读课定位为"必选选修课"。所谓"必选"，意味着课程带有强制性，即学校在某一个时段，同时开设十多门经典精读课，每个学生必须选择其中一门。除了经典精读课，没有其他课可选，这也是在应试教育背景下不得不采取的措施——这也促使我更多地思考经典阅读与学生兴趣之间的复杂关系。后来我反复强调读书要尊重学生的兴趣，但不能搞唯兴趣论，更应该立足于开发与培养学生的兴趣，与这段经历有关。所谓"选修"，则是因为同时开设了十多门课，学生在具体的阅读书目或任教老师方面，还有一定的选择权，故谓之"必选选修课"。我先后开设的课程有《呐喊》《彷徨》《三国演义》《悲惨世界》《鲁滨逊漂流记》《哈姆雷特》《俄狄浦斯王》《红与黑》等，课程与教学资料最后结集出版，这就是"中学生思辨读本"中的《经典名著的人生智慧》一书。

---

① 余党绪.统整课程，统整研训——新课程背景下教研组建设的思考与探索[J].上海师范大学学报（基础教育版），2006（10）：66.

走向理性与清明

整本书阅读之思辨读写

在中小学教育中,经典阅读一直未能得到充分的重视;而在阅读方式上,也主要是以兴趣与感受为主的课外阅读。已故语文教育家商友敬老师说:经典是文学皇冠上的明珠,读书不读经典,还读什么?如此重要的经典,我们却用形同鸡肋的课外阅读来打发,这不是很荒唐吗?这是我决心用课堂教学来开展经典精读的初衷。

"经典是一个民族或几个民族长期以来决定阅读的书籍,是世世代代的出于不同的理由,以先期的热情和神秘的忠诚阅读的书。"(博尔赫斯语)在古典教育尤其是人文主义的教育理论与实践中,经典的旗帜总是高高飘扬。文艺复兴时期的人文主义学者彼特拉克,积极挖掘、搜集和整理古罗马的文化遗产,在古典作品里,他发现了一种完全不同于中世纪的生活方式,这给了他很大的精神影响。他的抒情诗名作《歌集》一改中世纪抽象、隐晦的写作风格,用清新的笔触表达对恋人美好的形体和精神的爱慕,表现出了完全不同于流俗的思想情调。彼特拉克认为,要培养他理想中的新人,最有力最便捷的途径就是阅读古希腊罗马的经典。

文艺复兴之后,人文思潮一脉相承,虽然在每个时代都有其特定的历史内涵,但强调面对历史、阅读经典,成为人文主义的共同主张。人文主义认为,阅读经典可以跨越时间与空间的鸿沟,沟通文明与种族的壁垒,吸收全人类的文化精粹,丰富人类的共通人性,改善人类的生存状态与精神状态。

在技术主义思想与体制一统天下的今天,经典阅读被赋予了更多的人性色彩。它不仅是维护个体精神世界的独特性与丰富性的手段,而且作为一道精神屏障,也拉开了人与冰冷的物质世界的距离,拉开了人与世俗的功利世界的距离,给个体的精神与尊严以更多的可能和空间。德国诗人诺瓦利斯在谈到哲学时,说哲学是"怀着一种乡愁的冲动到处去寻找家园"。

阅读经典，也可以看作这样一种寻找精神家园的过程。人总是不安于命运的安排与现状的支配，总是试图超越现实，寻找理想的人格与人生方式。经典里融化了先人们对人、对人性、对人生的思考与探索，表达了先哲们对真善美的思考，这不仅可以慰藉现实社会中饱受侵害与挤占的心灵，而且也能引领人们超越现实。

在经典阅读中，"读什么"和"怎么读"是根本性的问题。一个社会提倡青少年读什么书，怎样读这些书，集中地显示了社会的文化价值取向和教育的理想追求。中学生究竟应该读哪些经典著作呢？钱理群先生主张在中学至少开设这样四门选修课：一是《论语》和《庄子》，这是中国传统思想的源头；二是唐诗，这是中国文化最高峰的典型代表，是最健康的青春时期的文学；三是《红楼梦》，这是一部百科全书式的作品，是对中国传统文化的总结；四是鲁迅，他是一位把传统文化和现代精神很好地融合在一起的作家。①

钱先生的思考很有启发意义。在源远流长的传统文化中，《论语》与《庄子》具有思想原创价值，唐诗最能代表刚健质朴的民族精神，《红楼梦》可引领学生全面了解和理解传统文化，鲁迅则是迄今为止在反思与批判传统文化、建设现代民族文化中最有建树的思想家。这样的设想兼及古今，高屋建瓴，既有比较可行的实践价值，也不乏教育理想主义的色彩，应该是一个比较合理的方案。

在经典精读的教学中，我有两点很深的体会。

首先，读经典不是"读经"，也不能以"读经"的态度与方式来读经典。

---

① 钱理群.把鲁迅精神扎根在孩子心上［J］.语文学习，2004（6）：4.

走向理性与清明

整本书阅读之思辨读写

最近几年,"读经"之声甚嚣尘上,颇有"五四"前后"读经运动"的席卷之势。特别是来势汹涌的"少儿读经热",真叫人感叹今夕何夕。在种种炫目的口号声里,在充满魅惑的炒作中,各种披着传统文化外衣的读物纷纷出笼,铺天盖地,每一本书都眨着蛊惑的眼,散发出怪异的气息。在经济与科技飞速发展的当代中国,青少年"读经"竟然能够热起来并且看来还要继续热下去,也是当代中国的文化奇观。

"读经"与经典阅读,是两个完全不同的概念。"读经"并不是一个简单的动宾短语,它有着特定的文化价值内涵,也有着特定的方法论导向。什么是"经"?可作为思想、道德、行为等标准的书,方能谓之"经"。而在传统文化中,指的则是以孔孟为源头并作为宗师的儒家典籍。这就极大限制了学生的阅读视野,妨害了学生的文化拓展。传统文化博大精深,百花齐放,百家争鸣,一味鼓吹"读经",丰富灿烂的文化何以传承?

世界上没有价值恒定的文化,更没有如同绝对真理一样超越时空的"经"。作为一个成熟的文化体系,儒家文化自有后人不可不慎重对待的优秀内容,但儒家文化的价值,仍需在现实的生活与实践中检验。实践是检验真理的唯一标准,文化也不例外。只有与时俱进,文化才有生命。

"读经",因为读的是那些被预先尊为"经"的东西,所以"读经"的态度必然是仰视的膜拜与麻木的盲从;面对以青少年为主体的"读经"大军,"经"的读法大抵离不了威逼利诱与死记硬背。在生活方式多元化与文化多元化的今天,"读经"的主张散发出浓厚的文化保守主义倾向。

阅读文化典籍、继承传统文化的目的究竟何在?究竟是为了缅怀昨天,还是为了拥有今天?究竟是为了凭吊逝者的亡灵,还是为了提升今人的生活？答案显而易见。每个时代都有每个时代的生活方式，每个时代也都有自己的时代文化。鲁迅说，要保存国粹，首先要这国粹能保存我们。

阅读经典的目的，在于学生自主的人格建构与文化建构，学生自身的发展才是阅读的根本目的。所谓文化的继承与弘扬，也只能在学生的自我选择与自我建构中进行。"读经"的主张，把学生仅仅看作承载传统文化的容器，将我们自认为经典和精华的东西灌输给他们，而忽视了学生自身的生命需要与精神选择。这样的读法，"经"游离在人的生命需要之外，游离在人的精神体验之外，经典并不能成为鲜活的生命成分，文化的继承与弘扬又从何谈起呢？

因此，阅读经典应该是一个自主选择的过程，也应该是一个动态建构的过程。这样的选择与建构只能在平等的"对话"与"理解"中完成。哲学家狄尔泰说"理解""就是在你中重新发现我"。阅读经典，就是要通过与先贤对话，与经典对话，在对话中理解先人们的人生，理解先人们的思想与感情，从而反观自身，体味自我的生命状态，反思自我的生命历程，逼近自我生命的本质。一句话，在经典中重新发现自己。阅读经典，应该给学生最大的阅读空间，应该面向全人类的优秀文化遗产，而不仅仅是某些人封的"经"；也应该给学生最大的思想空间，培养他们"独立之精神，自由之思想"，在自由的选择与独立的建构中养育刚健质朴的人格，同时提高以阅读与写作能力为核心的语文能力。

总之，阅读经典，不应该取"读经"之态度，而应该取"对话"之姿态，尊重经典，但不迷信经典。

其次，读经典就要读原著，且要精读，而非泛读。基于兴趣与感受的课外阅读，缺乏课程的规划与教学的指导，远不能满足经典阅读的需要。

走向理性与清明

整本书阅读之思辨读写

读经典一定要读原著。经典的博大精深使其能够在一定程度上超越时间与空间的限制。现代传播技术的进步和思想文化的开放性,更给人们接触经典提供了新的方便与可能。今天,虽然经典阅读的情况每况愈下,但经典依然顽强地散发着独特的魅力。根据经典改编的影视、戏剧、漫画,以经典为素材的网络游戏,都说明经典的现实价值。

但是,经典阅读教学,必须将原著作为核心。影视、漫画、游戏等资料,只能作为辅助物,不能替代原著的阅读。经典本身是一个完整的生命结构,它独有的文化内涵与精神生命离不开原著,犹如神之于形,灵之于肉。任何对原著的再创作,即便再成功,也会造成原有文化审美信息的丢失与变形。经典的价值在于它的原创性与不可替代性。所以,尊重经典,就必须去阅读经典本身。

要求学生阅读原著,不仅是理解经典的需要,也是养育学生人格的需要。作品是作家人格的象征,尊重作品就是尊重作家,换句话说,就是尊重一个你未曾谋面的人,一个生活在另一个时空、另一个文化背景下的人。就像生活中要学会静心聆听一样,阅读,也需要以尊敬的虔诚的心态进入作品。一个粗暴地对待经典的人,是不是能够真诚地面对生活,是颇值得怀疑的事情。在多次挫折与反复探索中,我得出了下列断言:

第一,引导学生读书,原生态的阅读是经典精读的基础。学生的阅读理解可能是粗糙的、幼稚的,甚至是错误的,但第一手的感触与印象弥足珍贵。这是我反复强调原生态阅读的重要原因。

第二,教师必须有精心的课程与教学设计,才能有效引导学生进入文本的内蕴。而课程设计的关键,是确定作品的教学价值与教学内容。目标明确,思路才能清晰。那种四面出击、漫无边际式的阅读,很难进入深度思考,教学效益低下。比如《三国演义》,我一开始的教学内容,大体从介绍作家开始,到《三国演义》成书过程、主题与内容,再到其艺术价值、影响与传播,等等,看起来很全面,但学生并不喜欢。后来我做了多次改进,不断调整阅读视角,最后将《三国演义》的教学定位为:从"功名与道义"的视角切入文本,以主公、谋士、降将等不同群体的人物讨论为载体,探索小说的人生意义与文化内涵。

在整本书阅读的热潮中,我一直主张课程化,主张阅读教学要关注学生认知,聚焦文本内容,服务于人生思考,这些都是十几年摸爬滚打的心得。

第三,停留在想象、感悟、动情的感性层面,不可能挖掘出文本的深层内涵;满足于总体印象,追求概观式的把握,不可能辨析作品的精神意蕴。一篇两三千字的课文,尚且需要我们花上三四节课精讲精练,何况动辄几十万字的鸿篇巨制呢?与篇章相比,整本书的特点在于内容的复杂性、主题的多元性与语言的多义性。因此,阅读的核心问题是深度思考。这也是我主张思辨性阅读的重要动因。

第四,要重视阅读与表达的转化,让阅读成为学生表达的资源。我甚至主张将经典阅读与高考写作结合起来。本书将会介绍我在《俄狄浦斯王》教学中的尝试,其中一项写作任务就是以《俄狄浦斯王》为资源,写多个高考作文题。

总之,这些来自经典精读的经验,促使我越来越聚焦阅读、思辨与表达的有机整合,即"思辨读写",追求阅读中的深度思考,通过阅读来达成学习的效益。

五、趋势:聚焦思维

关于语文教学,一直有"少慢差费"的说法,阅读教学也在其中。基

走向理性与清明
整本书阅读之思辨读写

于这个现状，一线教师做了大量的有益探索，从不同的角度改进阅读教学。但是，基于个体经验的改进毕竟是有限的，如果缺乏基础性共识，有时候还会互相掣肘，带来更多的歧见与误会，消耗了语文教学共同体的活力与智力。阅读教学改进的方向在哪里，有没有一个共同的指向呢？如果能找准改进的方向，大家一起发力，阅读教学或能少走些弯路。

在阅读教学领域，近十多年来，阅读与思维的关系越来越被关注，尤其是阅读与高阶思维的关系，正在成为阅读教学讨论的聚焦点。

回顾我的阅读改进之路，也走过了一个从关注读物到关注阅读者，从关注阅读者的外在表现到关注阅读者的内在思维活动的过程。如下图所示：

读物 { 读物的外在因素（阅读量、文章长度、体裁、语言形式等）
      读物的内在因素（题材、思想、意蕴、风格等）
↓
阅读者 { 阅读者的外在因素（阅读状态、持续时间、兴趣投入等）
        阅读者的思维状态（思考的自主性、聚焦性、持续性、反思性等）

我的阅读改进的最初动机，是增加学生的阅读量。在语文教学中，"多读多写"几乎是个毋庸置疑的宝典，似乎多读了多写了，语文素养就会提高。受这个观念的影响，我最先的阅读改进，主要着眼于阅读的量，做的是量的扩张。《读者》上的千字文，《新民晚报》的"豆腐块"短文，还有一些"匕首投枪"式的小杂文，都曾经是学生的课外阅读材料。但这种追求"多快好省"的"快餐式"阅读，似乎并未产生预期的效果。在推进过程中，我越来越感到，这种所谓的短小精悍的文章，除了给学生提供一些信息或感悟，并不能引发学生更多的思考，学习效益有限。而且，时间长了，学生还会滋生一种优越感，居高临下，轻慢随意地对待读物，养成了心浮气躁、贪多求快的阅读心理。

这是我用长文来代替短文的重要原因。长文阅读需要学生有一段相对安静的时间，有一个持续安静的心境。但在推进过程中，我也发现，长度并非是本质性的因素，我推荐过的很多长文，也并未能让学生"坐下来，读下去，读进去"。

于是，我开始关注读物的更多因素，从外在的长度与体裁，进一步关注文章的内容、题材、风格等内在因素。在大量的实践中，我越来越发现，那些学术传记类、思想随笔类、历史辨析类、哲理思辨类、学人回忆类等，受到更多学生的欢迎；而那些励志类、鸡汤类、小清新、小格调，并不受学生待见。我意识到，从认知方式和思维特点看，中学是一个人的逻辑判断力与理性思维逐渐形成的时期，他们的认知与思维正处在从具体、感性到抽象、理性的发展阶段。学生喜欢的，是那些理性的、思想性的、学术性的、思维含量高的文章，是那些能够提供新观点、新视野和新技法的文章，是那些对他们的智力与思维构成刺激与挑战的文章。

聚焦读物的内在因素，就形成了选文"三标准"：思想认知上高于学生，文化视野上宽于学生，写作技法上优于学生。

在阅读的推进过程中，我逐渐意识到，随机的、缺乏整体设计与安排的阅读，效益必定是低下的。相反，如果有一个清晰的阅读理念与目标，有一套完整的内容安排及结构设计，阅读就会产生积极的效益。因此，在推进长文阅读这种极限式阅读、仰视性阅读和挑战性阅读的过程中，除了花费大量心血寻找合乎要求的好文章，我也开始关注读物与读物之间的关系，希望从群文的"关系"切入，让阅读变得更有吸引力。这就有了前文所述的群文阅读和专题阅读。在群文阅读的探索中，我开始有意关注文章与文章的组群方式，即文与文的关系。有的是拓展性的，即往前走一步；

走向理性与清明
整本书阅读之思辨读写

有的是溯源性的,即往后退一步;有的是比较性的,内容与形式均可构成比较;有的是对抗性的,彼此的立场与观点截然相反;等等。

那么,这些探索与实验的共性在哪里呢?我发现,撇开文章的具体内容与形式,这些探索本质上都在为学生的思考提供适切的资源与机会。

在阅读教学中,读物本身的质量是必须考问的,但更重要的,则要看它能否激发学生的深度思考与不懈探究。一篇短文,用在恰当的地方,也能发挥四两拨千斤的作用;而一篇质量平平的文章,如果用对了地方,或能发挥独特的杠杆作用。如此看来,要优化阅读教学的效益,文章的题材、内容、长短、语言形式均非最重要的因素。最重要的因素是读物及其之间构成的关系,能够激发和引导学生进行深度思考与学习。

原因在于,思考才是阅读中最重要的因素,这个发现对于我是一个里程碑式的事件。问题一下子豁然开朗:长文阅读,希望借助文章的主题与内容的压力,迫使学生进入真正的思考之中,而不要停留在浑浑噩噩、随意散漫的状态;群文阅读,试图通过文章与文章的关联,推动学生推断、溯因、寻找异同,进行有意义的思考与建构;专题阅读,通过合理的专题设定,为学生的思考提供方向与源源不断的动力;经典精读,因其自身的体量与复杂性,为思考提供了更多的机会和更广阔的空间。

在反复的实践中,我也越来越感到,经典精读包含了篇章阅读、群文阅读、专题阅读等阅读的要素,是一种更高形态的综合性阅读。

阅读教学的探索,方向不少,路径很多,但总会聚焦到学生的阅读活动,聚焦到阅读中的思考,聚集到学生的学习方式。这是一种必然,这是当代教育"人文转向"的重要表现,也是现代学习理论的重大转向。

聚焦阅读中的思考,这必然导向思辨性阅读。思辨性阅读是理性主导的阅读,是对话式的阅读,是探究式的阅读,也是建构式的阅读。

第三节

整本书阅读

"整本书阅读"中的"书",当然不是指产品形态上的印刷品,也非指泛意义上的文化产品,诸如《2012年中国杂文精选》这样的书,只是一些"文"的组合,虽也有内涵上的关联,但不具备精神产品的主体独立性与生命独特性。真正的精神产品往往与个体独特的精神生活和创造性劳动联系在一起。本书在这个意义上谈论"整本书阅读"。

如同群文阅读、专题阅读、思辨性阅读一样,整本书阅读也并非突然从天而降,它一直以自在的形态存在着;如何读整本书,也不是个新问题,古往今来,不乏关注与谈论者。我一直探索的经典精读,就属于整本书阅读的范畴。

《普通高中语文课程标准(2017年版)》将"整本书阅读与研讨"列为第一个学习任务群。对于这个"第一",未必一定要赋予太多不同凡响的意义,但第一总归是第一,至少它说明了在课标制定者心目中的优先地位。

整本书阅读推出后,一面是赞扬与肯定,一面则是质疑与否定。如果整本书阅读教学要健康而持续地推进,澄清一些问题是十分必要与迫切的。

一、整本书阅读与篇章阅读

第一个需要澄清的问题,便是整本书阅读与篇章阅读的关系。整本

走向理性与清明

整本书阅读之思辨读写

书阅读的价值,是在与篇章阅读、片段阅读、碎片化阅读的比较中凸显出来的。对于两者的异同,我们要客观、理性地看待,不能无视,也不能夸大。

无视其差别,等于否定了整本书阅读的独特价值。显然,篇章阅读更省时省力,而且已经有了相对成熟的内容体系与教学经验,做起来轻车熟路;相比之下,整本书阅读在以往的课程与教学中始终处在边缘位置,基本等同于课外阅读,而相应的教学实践与研究也很粗浅。这意味着,整本书阅读做起来更难,更加劳神费力。试想,如果整本书阅读不能提供有别于篇章阅读的价值,增加这样一个学习任务群有什么意义呢?因此,不仅要确认整本书阅读教学的独特价值,更要进一步厘清这个价值的内涵,使之明确化与清晰化,这样才有利于整本书阅读教学的深入探讨和健康发展。

但是,夸大两者的区别,将两者对立起来,甚至借此来否定传统的篇章阅读的价值,显然也不可取。仔细想一想,整本书阅读与篇章阅读之间,并没有一道不可跨越的鸿沟。今天之所以特别强调整本书阅读,并非因为整本书阅读的教育价值高于篇章阅读,而是因为它在语文教学中被长久忽视了。显然,推动整本书阅读,只是为了让阅读教学的结构更加合理,为了纠正片面的篇章教学带来的弊端,而不是为了抛弃或者弱化篇章阅读。

孙绍振先生提醒说,不要夸大整本书阅读与篇章阅读的不同,本质上它们都在阅读规律的范畴之内;强调篇章阅读与整本书阅读的融通,也便于一线教师将篇章阅读的教学经验转化到整本书阅读教学中去。这个提醒是及时和中肯的。孙绍振先生结合自己学术研究的经验,这样表达他的理解:

其实，我本来就是做文学理论批评的，所做的就是整本、整人、整（文）体的阅读。例如我20世纪80年代论舒婷，就不但读其全部诗作，还读了她的散文，采访了她的身世，同时把她放在新诗从"五四"到朦胧诗出现的历史过程中，进行宏观评价，只有在举例时才作个案篇章分析。两者是相辅相成的，没有微观个案分析的基本功，就不可能有深邃的宏观概括能力。我的方法是对立、统一、转化，从抽象上升到丰富内涵的具体，作螺旋式上升，也就是层层推进，而不是平面罗列。我论《红楼梦》《三国演义》《水浒传》《雷雨》和鲁迅，等等，都不仅是整本，而且是整人、多人比较，历史性地进行比较。①

篇章阅读与整本书阅读的主要不同，在于它的内容含量与思维含量，而且这种差异也不是绝对的，其间并无一条界线。总体说来，整本书的文化视野更开阔，内容含量更丰富、更复杂，而承载的思维方式更宏阔、更复杂、更系统，因此它所反映的社会生活与人生面貌更为全面，也更有深度。这就像短篇小说与长篇小说的区别。再好的短篇小说，无论多么精致，它都只能反映生活的一个侧面、一个片段、一个细节、一个角落，而不可能对生活做全景式的、多维度的、多层次的展示与剖析。而长篇小说，在这方面恰恰有着得天独厚的优势。像《三国演义》《红楼梦》《红与黑》《战争与和平》《悲惨世界》，尽管对生活的观照存在着切入角度的差别，但无论如何，内容的全息性和复杂性都是短篇难以比拟的。在教学中，如果不能发挥整本书阅读的独特功能与价值，而将其混同于篇章阅读，那么，整本书阅读的推广也注定会失败。

---

① 摘录自孙绍振在2018年中国教师发展基金会"中学生批判性思维培养及思辨读写教学实践研究"课题年会上作的报告，经本人审定。

二、整本书阅读与课程化

有必要将整本书阅读纳入课程与教学吗？

显然，不会有人反对整本书阅读——有人对"整本书阅读"这个概念存有异议，这是另一回事——但不少人反对将其纳入课程与教学的范畴，也就是说，他们反对的是将整本书阅读纳入课程设计与教学安排的范畴。比较典型的言论是，所谓读书，读的不就是整本书吗？这还需要教吗？这样的言论颇有蛊惑力。但实际上，稍加追问，便能发现其中的逻辑谬误。篇章阅读也是日常阅读的常态，是不是意味着篇章阅读也不需要教呢？还可继续追问，但凡识文断字的，哪个人不阅读？既然阅读是人类一种自然的生活方式，那么，阅读还需要教吗？

这样的言论忘记了教育的本来意义。教育，意味着人的自然成长过程被人为地中止，教育者以外力介入的方式，来加速和改善他的成长。在这个意义上，教育与"自然"必然对立。任何教育，都是在某种理念和目标的引导下，借助某种预先设计的内容与方式，对被教育者进行的知识传递与思维渗透。日常人们津津乐道的所谓"回归自然"，只不过是对偏离了正常轨道的教育的批判，对教育异化的纠偏，希望借此回到合乎规律的轨道上来。显然，世界上并不存在原始的、自然状态的教育。

教育一定是"人为"的，关键在于"人为"是否合乎规律。

作为一种阅读形态，整本书阅读确实一直存在。但自在状态的阅读，多停留在个体感受与个人经验的层面，常常缺乏理性的反思与有效的总结，效能低下，效益有限。现在，将整本书阅读写进了课程标准，就意味着要通过理性的教学活动，改变这种不自觉、非理性的自在状态，引导学生主动地认识和把握整本书阅读的规律与方法。所以，问题不在于要不要教，而在于能否提供合理有效的课程设计与教学安排。

所谓课程，通俗地说，就是给学生提供的学习资源和经历；所谓整本书阅读课程化，无非就是将一本书转化为学生学习的资源，通过教学给他们提供成长与发展的体验。这就需要我们事先研究这本书的内涵与意义，进而确认它的教育价值和资源，引导学生以最合宜、最有效的方式切入这本书。

课程与兴趣的关系，也需要厘清。

一说到读书，很多人津津乐道的就是尊重趣味，超越功利，生怕教师一讲解，学生就索然寡味，教师一分析，文本就被败坏了。很多专家谈起阅读来眉飞色舞，动辄就是"全身心地拥抱作品"，以"赤裸的心灵"直面经典，让学生"快乐阅读"，云云。这些说法本身很美好，但问题在于，什么样的阅读才算得上"全身心地拥抱"？怎样的心灵状态才算是"赤裸的"呢？用这些语词来描述阅读，让人一头雾水。作品的内涵是需要读者发掘的。拥抱作品的前提是能够走进作品，理解作品。

拥抱作品，享受阅读的快乐，是以一定的阅读能力为基础的。

将课程与趣味对立起来，一谈课程似乎就消灭了趣味；将教学与兴趣对立起来，一谈教学似乎就破坏了兴趣，这样的思维方式本身就是错误的。其实，课程与教学设计，本来就要充分考虑作品、学生与素养培育等因素的协调统一。尊重学生的认知需求与阅读趣味，是课程化的应有之义。

将课程化与学生需求对立起来，逻辑上是荒谬的。

鉴于历史经验与教训，有些教师担心课程化会僵化教学，抑制学生的阅读兴味，这样的担心是有道理的，也是有价值的。很长一段时间以来，人们习惯在两个极端之间摇摆，不讲课程化则随性散漫、肆意而为，一讲课程化就僵化刻板、生搬硬套，甚至将课程变成了应试的工具，这给语文教学造成了灾难性的伤害。但这不是课程化本身的问题，这是思维方式的缺陷所带来的后果。与其反对课程化，不如去改善自己的思维方式，改进自己的课程与教学设计。

还有所谓"过度课程化"的担忧。从逻辑上讲，"过度课程化"本身是个伪命题。课程化只有合理与不合理的区分，不存在过度不过度的问题。

整本书阅读需要韧性的摸索与积累，需要大胆的实验与审慎的推进。不仅要尊重学生的阅读兴趣，更要立足于开发和培育学生的阅读兴趣。更重要的是，通过课程与教学设计，培养学生良好的阅读素养与发展能力。这才是整本书阅读教学的宗旨。

三、切忌简单化

整本书阅读是一件古老的事情，但整本书阅读教学是一件新生事物，至少是一个缺乏成熟经验的领域。很多人未能认识到这一点，仓促之下，就会将以往的经验与教条，不加选择地照抄照搬过来。所谓"简单化"，就是将知识教学的做法、篇章教学的思路甚至应试训练的经验，简单地移植到整本书阅读中来。其实，有些"移植"已经不能算是简单化，而是粗暴化了。比如，某地关于《三国演义》的一道测试题：

> 曹操除了"小字阿瞒"，还有一个名字叫_____。

我不知道有多少学生知道这个答案。我通读《三国演义》也有多遍，看了题目还是懵了。题目的答案是"吉利"，命题的依据在《三国演义》第一回。小说写道：

> 为首闪出一将，身长七尺，细眼长须，官拜骑都尉，沛国谯郡人也，

姓曹名操，字孟德。操父曹嵩，本姓夏侯氏，因为中常侍曹腾之养子，故冒姓曹。曹嵩生操，小字阿瞒，一名吉利。操幼时，好游猎，喜歌舞，有权谋，多机变。①

命题人或有他的深意，但我觉得，这样一个孤零零的问题，能有多大意义呢？还有更离谱的。某校测评《西游记》的阅读，问学生在某一回里，孙悟空打死的妖精叫什么名字。《西游记》大大小小的妖精几百个，除了少数有性格、对故事有意义的，学生确实需要加以关注，其他妖精记住名字有什么价值，有什么意义呢？最关键的是，能回答这样的问题，又能说明什么呢？这就是我所说的"粗暴化"。

还有这样测评《朝花夕拾》的：

1. 鲁迅小时候最喜欢在_____玩耍。
2. "迎神赛会"中"我"和许多人喜欢看_____。
3. 作家在《琐记》中提到喜欢看的一本书是_____。

我并非完全否定这种题目的价值。教师当然可以因材施教，因地制宜，命制一些信息筛选与知识确认性的题目，以检测学生的阅读状况及效果。譬如我在《鲁滨逊漂流记》的教学中，也即兴地问过学生：

请问鲁滨逊在孤岛上生活了多少年？

鲁滨逊在孤岛上过了多少年才碰到了野人和星期五？

鲁滨逊制作了很多东西，似乎无所不能。但有一样生活用具，他始终做不出来。这是什么？

这些看似细微的细节，对于把握作品主旨和挖掘其内涵具有重要的意义。鲁滨逊在孤岛上生活了28年，不是28天，也不是2年8个月，是28

---

① 罗贯中.毛宗岗批评本·三国演义[M].长沙：岳麓书社，2015：6.

走向理性与清明 | 整本书阅读之思辨读写

年,这个数字非常重要。28年的孤岛生存,对于个人素质和物质条件的要求与短时间的生存完全不同。再如鲁滨逊始终没有做出来的小木桶,小说中有浓墨重彩的叙写,只要静心阅读,一般会有印象;更要紧的是,做木桶的失败在小说中其实大有深意。之所以设计这样的题目,一是为了检测学生的阅读状况,二是这个细节与小说的整体把握相关。关于"木桶",小说是这样写的:

> 在屋子里整理货物时,我才发现我现在还缺少许多东西,一开始我以为这些东西我都不可能把它们做出来,其中的一些的确如此。比如说,我怎么也不能用铁环箍成一个木桶。之前我说过,我有两只小桶,我花费了几个星期的时间,想照着它们做出一个来,却怎么也办不到。我没法把桶底安上去,也不能把一块块木板拼接得不渗水。最后,我只好放弃了这个想法。①

小说写鲁滨逊自力更生,靠自己的能力与智慧,解决了生活与生产中的诸多难题。其中,他手工制作了大量的日常必需品,包括各种食物、器皿、农牧业工具、交通用具、照明灯等。鲁滨逊单人匹马制作独木舟,虽然屡受挫折,最后还是完成了这个艰难的工程。而与之对照的,则是这只小木桶,鲁滨逊几番周折,"只好放弃了这个想法"。这个细节充分说明了人类文明是一个漫长的积累和增长的过程,小小的一只木桶也凝聚了众多的技能与智慧。这从侧面显示了鲁滨逊艰苦创业的勇气与恒心。这样,一个细节就与小说的主旨产生了关联。

知识与信息本身不是问题,问题在于知识检测的目的。很多人走不出应试教育的习惯思路,他关注的不是读书,也不愿花功夫引导学生读整本

---

① 丹尼尔·笛福.鲁滨逊漂流记[M].王晋华,译.上海:学林出版社,2017:88.

书,而是热衷于诱导学生死记硬背一些零碎的信息与僵化的知识,以应付所谓的检测。不难想象,如此下去,整本书阅读将是语文教育的下一个灾难和笑话。

当然,这种幼稚的简单化并不多见,也容易发现和纠正。还有一种简单化,就隐蔽和复杂多了——主要表现在教学价值与内容的确定上。面对一本书,学生应该关注什么,教师应该教什么,这是一件复杂的事情,不仅要精心研读文本,还要考量学生的认知水平与接受心理,对文本所包含的语文素养培育的潜在意义与资源,也要进行评估与权衡。任何一个因素考虑不周,都会带来教学价值与内容上的偏差。但问题是,我们在这方面没有做好准备,教学的主观性与随意性很强。

譬如,《红楼梦》阅读,有的老师引导学生分门别类地研究《红楼梦》中的饮食、服饰、园林、诗词等传统文化,声称这样的阅读既弘扬了传统文化,又有知识性与趣味性。但问题在于,如果要普及传统文化,《红楼梦》并不是最佳选择:要了解古代服饰,读沈从文的《中国古代服饰研究》更直接;要了解诗词,可能读《唐诗三百首》更有意思,毕竟曹雪芹并非以诗词名世;至于园林、饮食,普及性的读物就更多了。

不是说教学中不能涉及这些内容,事实上,从这些内容切入,颇能引发学生的阅读兴趣。但是,这些知识绝非阅读《红楼梦》的目的。只有当这些内容与小说的题旨相关联,这些内容的教学对于整本书阅读才是有意义的。我们读的是《红楼梦》这本书,而非其中的知识。如果学生在《红楼梦》中仅仅得到了一些碎片化的知识和信息,而对小说的人文内涵与文学价值一无所知,岂不是焚琴煮鹤?

类似的案例很多,以《三国演义》讲"三十六计"的,借《鲁滨逊漂流记》介绍欧洲海盗的,等等,将整本书变成了某种知识的载体,这样的教学贬低了整本书阅读的价值，与课标的初衷也是相悖的。

这种做法，依然是传统的"知识中心"在作祟；这样的阅读，并未触及文本的核心与本质，只是在文本的外围绕圈子，归根到底，也是一种"简单化"。

四、谨防复杂化

"复杂化"本身是个复杂的问题，需要作一些阐释与辨析。"复杂化"本身不存在对错的问题，该简单的不必复杂，该复杂的不能简单，关键看是否合乎实际，合乎规律。其实，简单化也是如此，之所以批评整本书阅读中的简单化倾向，是因为它把原本复杂的问题给简单化了。相对于篇章阅读或片段阅读，整本书阅读原本是一件复杂的事情，包括内容的复杂性、主题的多元性、结构的多样性、语言的多义性等。既然是复杂的事情，我们当然就该以复杂的、系统的、多元的思维来对待。简单化的处理，必然带来理解的肤浅与片面。

确认整本书阅读是一件复杂的事情很重要。我看到不止一位专家，有感于一线教学的某些偏差与失误，提出"简单问题复杂化"的指责，这是需要澄清的：复杂化"的提醒与批评是有道理的，但认定整本书阅读是个"简单问题"，就不合实际了。这样的指责，在某种程度上构成了对一线教师热情探索与精心实践的轻视。

当然，在整本书阅读教学的热潮中，的确出现了一些复杂化的设计与招数，有违阅读教学规律，也不合乎学生的认知实际，这是需要反思和改进的。

整本书阅读虽然是一件复杂的事情，但复杂化并不一定是最佳选择。从教学现状看，有的老师对深度学习存有误解，以为提高学习内容的难度就是深度学习，刻意地追求理解的深度与广度，或者一味地追求多元与多维的解读，或者片面强调文本细读，强调阅读技术的训练，把阅读搞得很复杂，很烦琐，学究气很重，技术味很浓。甚至还有故弄玄虚的，将女权主义、结构主义、符号学、弗洛伊德理论、后现代、形式主义批评等，搬进了中小学课堂。这些理念与技术当然是可以借鉴的，但不能忘了，我们面对的是中小学生，他们更需要的，还是一些基础性的、通识性的文化滋养。那些看起来高大上的阅读教学，实际上可能是个空架子。

在书目的选择上，也存在着脱离实际的复杂化倾向。课标中已经推荐了一些读物，相信教材也会做相应的安排。能够有质量地完成这些书目的阅读与教学，就是整本书阅读的基本任务。当然，适当扩充一些读物，也是有益的，而且是必要的，毕竟课标不能满足所有人的需要。但一些冷门的、生僻的、晦涩艰深的书，有必要作为教学内容吗？在我看来，这样的书，作为个别学生的推荐读物是可以的，作为集体教学的内容就未必合适。从教学角度看，如果学生对作品望而生畏或者一知半解，不能进行自由、开放和公平的讨论，阅读的效果与教育的价值，肯定不会让人满意。

需要补充说明的是，书目的选择，本身是一个开放的问题。在当下的阅读环境里，在整本书阅读教学的起步阶段，与其急匆匆地扩充书目的范围，还不如静下心来，做好基本书目的课程开发与教学积累，并基于这些耳熟能详的作品来探索整本书阅读教学的基本规律。

在整本书阅读教学中，切忌简单化，谨防复杂化，应该追求的教学境界则是"清晰化"。

所谓"清晰化"，概括地说，就是在教学目标、内容、过程和测评四个维度上，本着遵照课标、尊重作品、尊重学生的认知与思维水平这样三个原则，尽可能做到准确化与清晰化。我简称为"清晰化"，其中也包含了准确的要求。在我看来，清晰化是中小学整本书阅读教学与测评应该追求的方向与境界。

我一直致力于清晰化的探索，本书的重要宗旨，也是整本书阅读的清晰化。

清晰化给教师提出了更高更复杂的要求。准确而清晰，需要在文本解读与学情分析上花费更多的心思。只有对文本有了全面而准确的把握，对文本的多元价值胸有成竹，对课程各要素有了精心的考量，才能准确地确定教学目标、内容、路径与方法，在教学的实施过程中才能有针对性、有实效性，也才能做到清晰化。

清晰化是教学追求的境界，而清晰化教学的后面，我们教师要做的，却是大量的、全面的、复杂的、精心的文本分析与课程设计。

第二章

思辨读写

批判性思维，是知识建构与问题解决所需要的思维方式。说到底，它既是学习性思维、工作性思维，也是研究性思维。为了保证知识的真理性，为了保证问题解决的有效性，我们必须超越感性，警惕惯性，让思维保持在理性的反思状态。

借助批判性思维的原理、策略与方法开展的读写活动，称之为"思辨读写"。

思辨性阅读，是为了获取知识或者解决问题而进行的阅读活动，它以知识与逻辑为基础，以分析与论证为核心，以文本的理解与评价为目标。

以批判性思维的眼光看，当下的阅读教学在五个方面需要辨析。这些辨析对于整本书阅读至关重要。

第一，文本是阅读及其教学的根基。作家研究、历史研究、读者接受状况研究，不能替代文本的分析与论证。

第二，理性分析是阅读教学的基本手段。理性分析并不必然导致"碎尸万段"，正如直觉感悟并不一定就让人醍醐灌顶一样。

第三，阅读中的冲突与共鸣一样，都有其积极意义，关键在于引发读者的反思与建构，促成个人理解的完善与超越。一味地强调沉浸与共鸣，可能会消解学生的自主理解与独立判断。

第四，相对于无限丰富的生命与人生，理性分析的力量是有限的。分析论证的最终目的，是为了更好地走进人物的内心世界，而不是冷冰冰的结论或答案。

第五，既要鼓励"一千个哈姆雷特"的多元与开放，又要引导学生走向"最哈姆雷特"的理性与清明。

第一节 批判性思维

批判性思维源自苏格拉底的认知理论,其核心包括"知无知"的认识论和"苏格拉底式的反诘"等具体的思维策略与技能。

沿着苏格拉底开创的方向,培根、洛克等人做了更多的探索和发展。1910年,美国哲学家杜威出版了《我们如何思维》一书,明确提出了"反省思维"这个概念。杜威被看作批判性思维的现代学科奠基人,他的"反省思维"即后来风靡全球的"批判性思维"。

一、超越感性,警惕惯性

在杜威看来,生活中很多冠以"思维"的东西并非真正的思维。

首先,意识流不是思维。意识流是遍布于我们头脑中的无意识的和不受控制的念头,它们飘忽不定,一闪而过。意识流不涉及"尊严、逻辑和道理",不能产生"知识、学术和思想"。

其次,杜威讨论了想象与虚构。与意识流相比,想象与虚构可能是有目的的,也可能是连贯的。但其本质,依然是感觉的"绽放",归根到底还是情感的活动。它可能产生好的故事,但不能产生知识,不能通过虚构与想象来获取关于事实和真理的信念。可以说,想象与虚构对于认知有着积极的激发与促进作用,是知识的催化剂与助燃剂,但本身不能直接产生知识。

走向理性与清明

整本书阅读之思辨读写

最后，杜威讨论的第三种所谓的思维，近似于我们常说的"惯性思维"。杜威称之为"没有证据的信念"，主观臆断、虚构关联都属于此类。它"涉及尊严、逻辑和道理"，也有因果推理，有价值判断，看起来接近反省思维。但实际上，它的推理建立在惯性的、传统的、习俗的、经验的基础上。经验主义将原来的经验自动地套用在新的对象上，教条主义将总体的规律与原理自动地套用在个体和具体事物上，特点都是"自动"。因此这种思维是自动的、惯性的、惰性的思维状态。

在此基础上，杜威提出了反省思维。反省思维有三个特点：

第一，反省思维具有自觉的目的性，旨在求得结论。在整个反省思维过程中，首要的、主要的问题是解决疑惑。如果没有需要解决的疑难问题或需要克服的困难，人就会胡思乱想。杜威说："问题的性质决定思维的目的，而思维的目的则控制思维的过程。"

第二，反省思维是持续不断且井然有序的连接。我们常常会有发呆的时候，其实思维并没有停止，各种各样的意识流充满脑子，只是彼此没有多少联系，甚至是杂乱无章的，因而也就没有多少价值。反省思维强调"连续"，不仅是观念的连续，而且包含结果的连续，向着目的进发。

第三，反省思维包含着自觉的怀疑、检验和探究。反省思维是对某个问题进行反复的、严肃的、持续不断的深思的过程。考察、探究和检验是反省思维必不可少的环节。

总之，反省思维就是要把含糊的、可疑的、矛盾的情境转变为清晰的、有条理的可检验的认知。它以困惑的、困难的、混乱的情境开始，以清晰的、一致的、确定的认知结束。

如果要用极简的语言概括批判性思维的精髓，可以概括为"超越感性，警惕惯性"。感性认知是理性思考的基础，但不能停留在这个阶段，必须超越它；惯性是人的心理习性，我们无法摆脱思维的惯性，但必须时刻警惕惯性，防止惯性带来的遮蔽与扭曲。

杜威之后，批判性思维取得长足的进展，但理论根基还是杜威的反省思维。

批判性思维是一个认知与思维概念，理解这一点，可以消除很多断章取义的误会。进一步说，它是关于如何判断与建构的思维方式，在这个意义上，它与创造性思维是相对的。如果说创造性思维追求的是创新，那么，批判性思维追求的就是"合理"。根据学者的相关研究，在希腊文和拉丁文中，"critical"的意思就是"基于标准的辨别性判断"。在合理的分析论证的基础上，作出合理的评估与判断，这是批判性思维的基本内涵。

批判性思维包括两个层面，一个是技能，包括挖掘事实、分析、论证、识别谬误、评估、判断等一系列的思维方法与技巧；另一个是精神习性，意思是一个经过了批判性思维训练的人，应该具有一些稳定的精神气质，包括求真的意志、理性的精神与开放的态度等。

批判性思维在国内的传播经历了一个曲折的过程。原因很复杂。事实上，20世纪初，随着杜威实用主义哲学的传播，反省思维就被引入国内，杜威的众多弟子都是积极的践行者和传播者，胡适提出的"大胆假设，小心求证"就是对乃师理念的精准概括。后来，杜威、胡适等人离我们越来越远，而我们对美国国内逐渐兴起、最后开展得如火如荼的"批判性思维运动"也知之甚少。

20世纪90年代以来，批判性思维开始零星传播，但多作为国外先进教育思潮而被介绍，参考价值大于实践意义，像钟启泉教授2002年在《全球教育展望》发表的《"批判性思维"及其教学》，算是较早介绍批判性思维的文章，但似乎并未引起更多的关注。近十多年来，随着教育国际交流

走向理性与清明

整本书阅读之思辨读写

在广度、深度上的不断推进,批判性思维逐渐引起了有识之士的关注。

二、理性反思

批判性思维最通行的定义是:理性的、反思性的思维,用来决定我们的信念和行动。

理解批判性思维,需要关注三个关键词:理性、反思、信念或行动。

第一个关键词是"理性",与感性相对。这就意味着,一旦进入真正的思考状态,我们就不能靠感觉,凭感情,由着性子;相反,要尽可能控制或者摆脱感觉、感情的干扰。这并不是排斥感觉与感情,而是说,在该使用理性的地方一定要恰当而充分地使用理性,不要让感觉与感情支配自己的理智。培根说,人的感觉是不可靠的,不光身体感觉不可靠,心灵感觉也不可靠,因此,涉及论证与判断、问题解决、公共决策等需要知识与理性参与的事务,必须保持理智对思考与行动的支配。人生在世,不可能每天都处在高度紧张的自我反思状态,日常思维往往就是如此散漫与惬意,这是人性的一部分,不可否认与贬低。但显然,当我们面对生死问题、利益问题和尊严问题的时候,我们还能让白日梦与飘忽不定的思绪来支配我们的选择吗?

我常常用比方来说明这个道理——尽管再机智的比方也赶不上拙劣但精准的陈述——这就像恋爱与结婚一样。恋爱靠的是感觉,谈的是感情,很大程度上可以由着性子,成则成,不成也无妨,好说好散;而婚姻,则意味着要彼此承担责任与义务,要脚踏实地过日子,这就需要用理性来分析、论证、评估和判断一番,再决定要不要缔结婚约。毫无疑问,教学就是典型的必须由理性来支配的领域,必须充分考虑教学行为的合理性(即一般意义上的对错)与有效性,既要考虑其"合目的性"的一面,也要考虑其"合规律性"的一面。

　　感性与理性的一个区别，就在于要不要考虑合理性与有效性。谈感觉，谈情感，很难说有什么对错，也不用区分有效与无效。但一旦开始了分析、论证与判断活动，那就一定要有个是非、对错的甄别与选择。这就像阅读。生活中那些以消遣和趣味满足为目的的阅读，只要自我感觉好就行了；但有些以获取知识和解决问题为目的的阅读，情况就两样了。获取知识，就存在真与假的区分；解决问题，就存在有效与无效的区分。

　　批判性思维追求思考判断的合理性，这恰恰是教学思维的特质。教学的过程，不就是对合理性的论证与选择的过程吗？

　　讲到"理性"与"合理性"，必须再关注一个概念，那就是"公共性"。感性与感情是个体的，因人而异，而理性与合理性则是公共的，众人趋同。也就是说，涉及是非对错的判断时，一定有一个公共的标准，知识、方法、逻辑、价值无不如此，都具有公共性。比如逻辑，它就是人类思维的基本规则，只要你在思维，你就要尊重这个规则。有人说我有我自己的逻辑，但如果个人的逻辑不合乎公共逻辑，甚至歪曲了公共逻辑，那就涉嫌诡辩和欺诈，这个个人逻辑不仅没有意义，而且会带来自戕。在批判性思维的分析判断中，是非对错不是某个人说了算的，不管他的德性多么伟大，他的才能多么耀眼，他的情感技巧和修辞技巧多么娴熟，都必须要接受公共价值、公共逻辑与公共知识的检验与判断。

　　阅读教学主要是一个理性活动，目标是获取知识，获取解决问题的方法。这个知识是否正确，这个方法是否有效，显然有一个公共的判断标准。

　　第二个关键词是"反思"。在理查德·保罗的语汇中，与反思对立的概念是惯性，保罗专门列表对比了批判性思维与惯常思维的区

走向理性与清明

整本书阅读之思辨读写

别①，见下表所列：

惯 常 思 维	批 判 性 思 维
我们常常仅仅是思考	批判性思考者分析自己的思考
我们常常以自我为中心进行思考	批判性思考者仔细检查，思考自我中心的根源
我们常常得到不值得信赖的思考标准	批判性思考者揭露不合理的标准，并且用更好的标准取代之
我们常常被困扰在直觉意义系统中	批判性思考者将自己的思考提升到意识水平，使自己可以从那些不严谨的直觉思考中摆脱出来
我们常常使用没有清晰结构的逻辑系统	批判性思考者寻求工具以阐明和评估自己使用的逻辑系统
我们常常生活在思维和情感的自由状态中	批判性思考者使用思维和情感明确自己是谁、我们是什么及我们人生的目标
我们常常被自己的思想所控制	批判性思考者学习控制自己的思想

批判性思维与惯常思维的区别，在于批判性思维始终保持对思考的思考，始终保持着自我审视与自我对话的状态。人是有限的，理性也是有限的。人人都渴望通过理性的力量来获取安全、利益和尊严，获得知识与技能，但并不是每个人都能保证理性在正确的轨道上运行。理性总会受到各种力量的束缚与干扰，洛克说有三样东西会妨碍我们的判断，即对权威的依赖、自我中心和低劣的思维方式，而培根则以种族、洞穴、市场、剧场四个幻象来概括理性的蒙蔽。理查德·保罗反复强调"自我中心"与"群体中心"这两个根深蒂固的本能所带来的思维局限。他用五个推理陋习来表达这种局限：

---

① 理查德·保罗，琳达·埃尔德.批判性思维工具[M].侯玉波等，译.北京：机械工业出版社，2013：25.

因为我相信它，所以它是正确的

因为我们相信它，所以它是正确的

因为我愿意相信它，所以它是正确的

因为我一贯相信它，所以它是正确的

因为它符合我的利益，所以它是正确的[①]

这五句话准确地概括了自以为是、群体本位、主观臆断、习以为常和利益诱惑的思维惰性，与孔子的"毋意，毋必，毋固，毋我"的告诫有异曲同工之妙。

理性是有限的，但要克服理性的局限，我们却没有其他选择，只能通过理性的反思与批判来达成。反思是批判性思维的核心要素，通过反思改变人们自动的、惯性的思维习性。如果说理性是人类优于动物的特质，那么，反思则显示了人类的伟大。对理性的自我质疑与批判，才是理性的保证。公共领域的质疑与反思促成公共理性的发育与成长，自我的反思与批判则促成个人理性的发展与健全。

反思意味着，我们不能按照惯有的逻辑、现成的结论、固有的方法来面对新的问题，我们不能自以为是，不能故步自封。即使千百年来人们都是如此，今天也未必如此；即使人人都这样，我也未必一定要这样。具体问题具体分析，这也是批判性思维的精髓。

反思也是课堂应有的思维状态，教师与学生都该如此。课堂上我们常常要求学生动脑筋。什么是"动脑筋"？说白了，一不能像白日梦那样散漫无序，二不能停留在惯性思维状态，而是要激活思维，深度思考，多元思考。阅读教学如果仅仅停留在感受、感悟的层面，按照杜威的理论，真

[①] 理查德·保罗，琳达·埃尔德.批判性思维：思维、写作、沟通、应变、解决问题的根本技巧[M].乔苒，徐笑春，译.北京：新星出版社，2006：190-191.

走向理性与清明

整本书阅读之思辨读写

正的教学还没有开始。有些教师写教案，把阅读教学的目标定位为感受文章的主题，这是值得斟酌的。即使是感受作品的艺术魅力，也需要建立在理性的分析与论证的基础之上，何况文章的主题思想呢？显然，主题思想需要的是理性的分析与论证，而非直觉性的感受与顿悟。

第三个关键词是"信念或行动"。这里的"信念"，指的是经过检验、可以确信的知识；这里的"行动"，即问题解决。这就意味着，批判性思维是用来获取知识和解决问题的。

这恰恰是教学的核心内容。教学的过程，就是引导学生将信息转化为知识的过程，这就是建立"确信"的过程。这里涉及信息与知识的区别。比如鲁迅，对于缺乏必要的背景知识的人来说，鲁迅仅仅只是一个信息；而一旦了解了鲁迅的创作经历，理解了鲁迅的作品内涵，知道了鲁迅在文学史上的地位，鲁迅就由信息而成为知识。信息与知识的区别就在于，知识的建构必须有分析与论证的介入，有一个判断与选择的过程，从而建立内心的理解与确信。

批判性思维建立了一套确证知识正确性与方法有效性的认知框架，因此，批判性思维是一种学习性思维；从问题解决和学术论证的角度看，批判性思维也是一种工作性思维与研究性思维。

三、传播困境

从现实情况看，批判性思维的探索与实践面临着很多问题和诸多障碍。除了某些现实因素的掣肘，观念上的偏差或误解或许更值得关注。其中，对批判性思维的污名化、神秘化、空洞化，尤有辨析与澄清的必要。

对批判性思维的曲解，以及由此而产生的污名化，毫无疑问与"批判"二字相关。在很长的一个历史时段，"批判"一词与政治上的否定、道德上的羞辱关联在一起，时至今日，其阴影依然弥散在我们的文化记忆中。有人对批判性思维怀有恶感或存有异议，将其等同于挑刺与贬损，与此不无关系。也有学者为了避免此等误会，刻意另作他译，虽不失为一种传播与推进的有效策略，但也可能会在不知不觉中稀释或者扭曲批判性思维的内涵。因此，回到批判性思维的原初内涵也许是最好的办法。

批判性思维的确具有质疑与反驳的倾向。但是，这种质疑与反驳是理性的，它不以肯定或否定为目的，而以合理的判断为宗旨，以建构与发展为方向。因此，它的质疑与反驳是基于实证与分析的，是基于自我反思与理性自治的。正如批判性思维专家董毓所说："批判性思维的质疑与反驳是在公正性、开放性和全面性的原则之内运行，从而成为认识和发展的一个有力工具。"①

除了"批判"这个词所带来的望文生义式的歧解，批判性思维对日常思维的警惕、对惯性思维的挑战，也会让习惯于安逸与敷衍的人们感到不适与不安。苏格拉底之所以被他热爱的雅典社会所鸩杀，一个不能忽略的因素，就是他始终在挑衅人们沉溺于现状的生活习性、臣服于权威的思维惰性，以及满足于自欺的精神弱点。现代人普遍认识到自由精神与独立思考的意义，却也常常羁绊于人性的弱点而止步不前，故步自封，"他们的个人信念往往基于先入之见。他们的思维很大程度上由陈规、夸张、过分简单化、粗率的概括、错觉、妄想、合理化、虚假二难和乞题构成。他们的动机往往可追溯到非理性的害怕和依附、个人的自负和嫉妒、理智的傲慢和头脑简单……"②可以想象，一个人的思维若停滞于这个境界，他

---

① 董毓，余党绪.批判性思维与思辨读写对谈[J].语文教学通讯，2017（1）：4.
② 武宏志，张志敏，武晓蓓.批判性思维初探[M].北京：中国社会科学出版社，2015：22.

走向理性与清明

整本书阅读之思辨读写

对批判性思维的抗拒几乎是本能的；而一个民族如果停滞于这个愚昧和麻木的思维境界，对理性而开放的批判性思维的恐惧也几乎是必然的。唯有理性的反思与批判才能破除思想上的迷信与愚昧，让我们走向自信，走向文明。

另一个观念上的偏差则是对批判性思维的神秘化与空洞化。神秘化与空洞化在很多时候又是互为因果的。从批判性思维的定义看，批判性思维并不神秘，并不遥远。面对残酷的生存考验与现实的生活压力，人都会自主地动用自己的相关知识、理性与智慧，来决定自己"信什么"与"做什么"，不这样就无法生存，无法前进。尤其是当我们面对生死、利益和尊严的时候，人们都会自动地求助于经验、知识与逻辑，也就是理性，而非靠感觉、想当然、凭感情。因此，"理性的反思"实际上是每个人都有的思维与认知活动，它就在我们的日常生活与实践之中，区别只在于个人的判断与选择是否合理，能否解决实际问题。

在这个意义上，每个人的思维中都有批判性思维的因子，即便从未受过教育，批判性思维也会以一种自在的、朴素的方式存在着。在这个问题上，杂文家鄢烈山的理解颇为辩证。他看到批判性思维这种"理性的、自觉的、科学的思维方式"是需要长期而专业的训练的，但同时他也强调，"一个正常人，即便没接受多少教育，读多少书，他也能理性地看待和解决日常的生活问题……要信任人的日常逻辑和常识"。①

有人为了某些企图，刻意割裂批判性思维与生活实践的关联，故意夸大批判性思维与日常思维的鸿沟，借此抬高身价，角逐市场，这是需要澄清和警惕的，因为这样的企图反而会严重地妨害人们对批判性思维的理性

---

① 鄢烈山，余党绪.批判性思维是指向公正的思维方式——"关于公共说理与批判性思维"的对话[J].语文学习，2015（5）：7.

认知与坦然接纳。前人的教学实践也一再证实了这个道理。很多并未关注或者用心于批判性思维的人，其课堂的思维训练也很实在、很到位，像老一代语文教育家陈钟梁、钱梦龙等，在他们的经典课例中，经常能看到理性思辨的光芒。我想，这其中一个很关键的原因，就在于他们实事求是的实证精神与具体分析的思辨意识，切中了批判性思维的内在本质。因此，将批判性思维引入语文课堂教学，并非要刻意引入一个新名词，推举一种新做法，而只是希望我们能够总结已有的成功经验，自觉地、明确地和合乎规律地开展批判性思维教学。

但是，或许语文教育的痼疾实在太多太重，批判性思维致力于理性对话与温和改良的实践逻辑，往往让事功心切、急于求成的人徒兴寂寞难耐、时不我待之感。主张激进改革的人们，需要的是起死回生的灵丹妙药。显然，批判性思维并不具有这等神功。因此，很多人在一番兴致盎然地"浅尝"之后，便是兴味索然地"辄止"。

从理念上看，批判性思维并没什么惊听回视之处，甚至想找几个时髦的学术词语都很难；国际教育所提供的所谓成功案例与经验，也似曾相识，而且显得烦琐与细碎。希望毕其功于一役的人，也没多少兴趣去下如此烦琐与细碎的功夫。但如果我们在理念上确认思维是一个合理而有效的教育切入方式，在实践上又能够持之以恒地聚焦思维的训练与改善，那么，我们有理由相信和期待，它给语文教学带来的改进将是实实在在的，它是"革除语文教育痼疾的良方"。

将批判性思维空洞化的一个原因，则在于我们的文化消化能力远远强过我们的对话能力。对于异质文化，我们往往在缺乏深度分析与深入论证的情况下，就大而化之地纳为己有，甚至鼓吹我们"先前阔多了"。这种"附会"的思维很可怕，它膨胀了我们的自负与自以为是，严重地阻碍

走向理性与清明

整本书阅读之思辨读写

了平等的交流与谦逊的学习。看到比萨，有人说，我们早就有了，这不就是我们的大饼吗？于是比萨就成了大饼，而比萨与大饼承载的不同的饮食习惯与文化理念，就在不经意间被忽略了。在批判性思维的传播中，有多少比萨被当成了大饼？有人说，孔子不是强调质疑吗？孟子不也讲究辩论吗？墨子不也推崇逻辑吗？经过这样一番列举与渲染，批判性思维的意义终于暗淡下来了。于是，批判性思维从神秘走向了空洞。

很多人忽略了一个基本事实：作为思维方式的批判性思维与作为学科的批判性思维是不同的。中国传统的思辨传统与苏格拉底开创的批判性思维在理念上是高度一致的，体现了人类质疑问难、追求合理、探索真理的相同诉求；但作为思维教育的专业学科，批判性思维不仅梳理和继承了这些伟大的理念，更重要的是，经过从杜威到现代批判性思维运动的探索与积累，在具体的分析与论证、评估与判断方面，已经形成了一套行之有效的方法与技能，而这些正是我们缺乏的。

批判性思维的价值，正在于它试图将人类公认的那些美德，譬如实事求是，理论联系实际，具体问题具体分析，转化成一种可以显性化、程序化的思维方式，训练成一种可以解释与评估、传达与训练的思维习性，使之成为人的基本素养。这样，就可以在最低限度上，保证我们说话做事有根据、有逻辑、更合理。我们欠缺的恰恰就是那一套可以显性化、程序化、技术化的教学方法与训练技能。

第二节

思辨读写

《普通高中语文课程标准（2017年版）》推出了"思辨性阅读与表达"学习任务群，旨在培养学生的逻辑思维能力与理性思辨能力。那么，什么是思辨性阅读？什么是思辨性表达？思辨与读写的关系是怎样的？

一、思辨性阅读

所谓思辨性阅读，就是以批判性思维的原理、策略与技能介入的阅读，亦即批判性阅读。

阅读的目的与诉求不同，方式与结果自然也不一样。有的阅读是为了消遣取乐或者满足个人趣味，这样的阅读强调个体的兴会和悦纳，自由度大，个体差异也大，人们津津乐道的"一千个读者就有一千个哈姆雷特"，主要就是针对这种阅读讲的。

思辨性阅读则不同，它的目的是为了获取真知或者解决问题，个人的好恶与体验都要退居其次，而阅读的准确性、合理性与清晰性，就成了判断阅读效果的首要标准。结论的对错，效果的好坏，问题解决的有效性，都有一个客观的、公共的判断标准。这样的阅读，要求读者的思维处在"批判"的理性状态，自觉地进行分析与论证、权衡与判断。

套用批判性思维的概念，思辨性阅读就是理性的、反思性的阅读，目的是为了确立信念或者解决问题。

走向理性与清明

整本书阅读之思辨读写

下面以《水浒传》第九回《林教头风雪山神庙 陆虞候火烧草料场》中的片段为例,分析和归纳思辨性阅读的特点。以往很多版本的高中语文教材都节选了《林教头风雪山神庙》一节。下面是林冲最后杀戮陆谦、富安与差拨的场景:

林冲举手,胳察的一枪,先搠倒差拨。陆虞候叫声:"饶命!"吓的慌了手脚,走不动。那富安走不到十来步,被林冲赶上,后心只一枪,又搠倒了。翻身回来,陆虞候却才行得三四步,林冲喝声道:"奸贼,你待那里去!"劈胸只一提,丢翻在雪地上,把枪搠在地里,用脚踏住胸脯,身边取出那口刀来,便去陆谦脸上阁着,喝道:"泼贼!我自来又和你无甚么冤仇,你如何这等害我!正是杀人可恕,情理难容!"陆虞候告道:"不干小人事,太尉差遣,不敢不来。"林冲骂道:"奸贼,我与你自幼相交,今日倒来害我,怎不干你事?且吃我一刀!"①

林冲在一忍再忍、忍无可忍的情况下,终于怒从中来,杀心顿起,干脆利落地消灭了这三个仇人。林冲解脱了,读者也终于松了一口气,压抑已久的郁闷心情得到了宣泄,恶人恶报也让读者得到了一种道德上的满足。如果仅仅是为了消遣,打发时光,或者满足一时的好奇心,那么,读一读,乐一乐,也就罢了。但是,如果是为了完成一篇关于林冲的论文(即认知建构),或者为了饰演林冲这个戏剧角色(即问题解决),这样的阅读就不够了。这就需要思辨性阅读的参与。

要完成这个任务,我们需要做些什么呢?不妨列个清单:

1. 以文本的理解与判断为核心

这是思辨性阅读的基本目标与任务,决定了它与趣味性阅读、消遣

---

① 施耐庵,罗贯中.水浒传[M].北京:中华书局,2009:88-89.

性阅读的不同走向。文本是思辨性阅读的唯一对象，也是思辨性阅读的根基，所有的理解与判断都必须建基于文本之上。而趣味性阅读就不一样，你可以由小说而戏剧而影视，可以在文本与个人的想象中穿越，天马行空，无所拘泥。所谓"水煮水浒""戏说三国"，在趣味性阅读中是天经地义的。

2. 以理性的分析与论证为基本手段

有人说，我在阅读中与林冲同悲同喜，达成了情感共鸣。但这只是思辨性阅读的必要阶段，阅读的任务尚未完成，甚至可以说还没有进入实质阶段，泪流满面或者激情昂扬并不能带来真正的理解与判断。只有借助文本提供的各种信息，进行具体而深入的分析与论证，才能理解林冲的内心世界，才能达成关于林冲的判断。这就需要关注，林冲是个什么人，他杀的是谁，被杀者与林冲是什么关系，为什么而杀，还有杀戮的心理、过程、环境、结果，等等，只有分析了这一系列因素，达成了深度分析，对林冲杀人的评判才可能合理。

3. 以事实与逻辑为基础

分析与论证的对象是林冲，那么，靠什么来分析林冲这个人物并作出相应的结论呢？靠的是事实与逻辑。事实指的是文本中关于林冲的各种事实与知识，如林冲的现场言行，情节的前因后果，林冲的人生经历、性格气质、社会地位、社会关系、价值倾向，等等。当然，事实自然也包括涉及的相关知识，比如林冲生活在北宋，林冲使用的兵器是枪与朴刀，还有文中涉及的管营与虞候等官职，这些历史、名物、官职等知识，都属于事实的范畴，是分析论证必不可少的凭据。缺乏这些必要的事实与知识，思辨性阅读就不可能发生。

事实与知识就在文本之中，但它的意义并不会赤裸裸地陈列在外，需

走向理性与清明

整本书阅读之思辨读写

要我们去挖掘。在这一节中,你有没有发现林冲杀人的顺序很特别?你有没有发现枪与刀的不同用场?那么,它们究竟有什么特殊意义呢?

分析与论证的另一个工具就是逻辑。这里的逻辑,当然不单指形式逻辑,它具有比形式逻辑更为广泛的内涵,是人们公认的一些前提性的判断与推理。比如,这一节写林冲复仇。林冲被高俅一伙逼得无路可走,在忍无可忍的情况下,奋起反抗,他的复仇行为得到了古今中外读者的认同。这就说明,无论是在宋朝还是在今天,无论是中国人还是外国人,尽管时代不同,文化有异,但大家对林冲的复仇都抱有同情的态度。这说明,有一个判断是大家都认同的,那就是"复仇逻辑"。如果有一个人,人家欺侮了他,他不以为怒,反而对欺侮他的人感恩戴德,那么这个人就不太正常了,除非这个人有着我们不得而知的其他原因或背景,否则,不可理喻。可以说,正是因为这些共通逻辑的存在,《哈姆雷特》《基督山伯爵》《悲惨世界》《三国演义》《水浒传》这些作品,才能跨越时代、地域、族群、语言和文化的鸿沟,让世界各国的读者产生了不同程度的共鸣。即使《悲惨世界》这样主张宽恕的作品,其逻辑基础依然是复仇的正当性。冉阿让宽恕了沙威,能够引起读者的震撼与深思,原因在于,冉阿让原本可以一枪结果了沙威,但他宽恕了这个罪人。这个情节的发人深省之处正在于,原本可以杀死沙威,冉阿让却放走了沙威。雨果并没简单否定复仇的正当性,他只是认为有比复仇更高尚的东西。

当然,世界上没有放之四海而皆准的绝对逻辑,逻辑也是有时代、地域、族群、语言和文化差异的。哈姆雷特、邓蒂斯、冉阿让、刘备、武松、林冲等,虽然都是复仇者,虽然他们的复仇在很大程度上都有正义色彩,但他们各自的复仇逻辑是不一样的,他们的复仇方式也是不一样的,因此,对他们的评价也是千差万别的。

总的说来，只有厘清了林冲复仇的事实与逻辑，才能开展正确的分析与论证。

4. 以准确而清晰的断言为结果

这是思辨性阅读与消遣性、趣味性阅读的重要区别。后者是为了消磨时光或者追求快乐，一点感受一点感悟足矣，断言并非必不可少。而对于思辨性阅读而言，则必须形成准确、清晰的断言，才算完成了一轮有效的思辨性阅读。换句话说，只有一些碎片化的思绪，或者仅仅在自己的头脑中形成某个印象，还是不够的，必须用准确而清晰的语言，将自己的断言呈现出来，接受公共的检验。

那么，从具体阅读过程来看，思辨性阅读一般包括哪些环节呢？

1. 发现与界定问题

为了获取真知，就要摆脱情绪的困扰和感情的起伏，让理性的思考主导自己的心理与精神活动。这就先要"停下来"——摆脱情感波动，摆脱思维惯性，进入自觉的反思状态。杜威反复强调要"延迟"判断，就是希望人们超越情感，警惕惯性，不要让情感与惯性思维左右自己的思考与判断。

要进入有效的理性思考状态，必须要有明确的目标。在思辨性阅读中，发现、确定与定义问题，是将思维导入理性反思状态的关键。

看起来，发现问题是一种感性直觉的能力，很多论者也喜欢用一些号召性的表述来阐述发现问题的先决条件，譬如"要细心""深挖文本""动脑筋""直面文本"，似乎细心了，动脑筋了，就能发现问题。这说法本身无懈可击，但问题在于，什么样的阅读才算得上"细心"，才算是"动脑筋"了？

发现问题，需要的并非一般意义上的"细心"，它需要的是阅读者强

走向理性与清明

整本书阅读之思辨读写

大的知识、文化与价值的积淀，是丰富的阅读经验与理解技能，是基于感性但又超越感性的理性直觉能力。缺乏这些积淀，就算眼睛瞪得溜圆，再细心，也看不出隐藏在字里行间的问题。发现问题的能力，需要长期、大量、反复、持之以恒的训练。

发现问题只是思辨性阅读的第一步。光发现问题还是不够的，还需要清晰地界定问题，即"定义"。很多时候，我们处在一种朦胧的疑惑状态，明知道有问题存在，却不能清晰地定义它，这是一种"准问题"的状态，它很可贵，但显然不够——清晰地定义问题，才能准确地解决问题，这是深度思考的基本前提。

《林教头风雪山神庙》一直备受历代批评家的激赏，也是各种戏曲电影改编者热衷渲染的经典段子。那么，所谓的"问题"在哪里呢？金圣叹在点评此节时，反复感慨"异样笔法"，说"笔力遂能颠倒人目""笔力变幻奇矫，非世人所知"。那么，"异样"在哪里呢？不妨做一个细致的梳理，看看林冲的杀人行径及隐含在其中的"非世人所知"的奥妙：

① 林冲上手一枪，"先搠倒差拨"。

② 此刻，陆虞候吓得"慌了手脚，走不动"，叫声"饶命"。按理说，林冲应该顺手杀死陆谦，但文本"异样"了——他放过了求饶的陆谦，去追赶正要逃跑的富安。

③ 富安走不到"十来步"，"林冲赶上，后心只一枪"，搠倒了富安。林冲舍近求远，放下陆谦，却去追赶"十来步"开外的富安。如果单从杀戮的"效率"看，最有效的顺序是先杀了陆谦，再去追杀富安。但林冲没有。

④ 杀死了富安，林冲这才"翻身回来"对付陆虞候。请注意，"陆虞候却才行得三四步"，这说明陆谦已经处在瘫软状态，再次说明林冲先前

不杀他，是林冲的有意选择，而非情势所逼。

⑤ 林冲杀差拨与富安，并不言语，直接下手；而杀陆谦，却来了一番审判与宣告。

那么，为什么林冲舍弃最顺手、最快捷的顺序，先放过陆谦，杀了富安再来对付陆谦呢？

如果再看看林冲杀人的武器，更有"非世人所知"的蹊跷。林冲擅长的兵器是枪，也是他随身携带的兵器。林冲举手"一枪"，顺手搠倒差拨；追上富安，"后心只一枪"。结论是，林冲用枪结果了差拨与富安。等他回来收拾陆谦的时候，却"把枪搠在地里"，也就是说，放着现成在手的枪不用，而是先把枪搁在一旁，去取出那把买来防身用的朴刀，用刀剜了陆谦。如果目的就是为了从肉体上消灭仇人，何必多此一举？

于是，问题集中在这个顺序的错置与兵器的选择上。所谓"笔力遂能颠倒人目"，含义就在于此。那么，这样的写法到底有何深意？

如何定义这个问题？詹丹老师注意到林冲在杀戮方式上的选择，认为不同的兵器"对应着两种人际关系"。意思是，三个人，两种兵器，对应的是林冲与他们不同的恩怨情仇。

在这里，林冲是用长短不同的两种兵器来杀死他的仇人的。对于两位帮凶，他用长兵器刺杀了他们，一方面因为对方急于逃走，他用长兵器更容易赶上凶手。更重要的是，长兵器延展出一段距离，使他并不需要逼近对方，更不需要与之交谈。而当他用短兵器朴刀来对付陆谦时，他与陆谦靠得那么近。因为他与陆谦从小是朋友，他需要这样逼近对方来问个究竟。我们可以说，两种兵器比画的空间距离，对应着两种人际关系。但这样近乎机械的对应，也许只是一种偶然。关键在于，使用这两种兵器时林冲的不同态度，把一种非理性的报仇行为做了类别的细分，与默不作声中

走向理性与清明

整本书阅读之思辨读写

杀死差拨和富安相对照时,林冲杀陆谦的过程却被拉长了,还插进了他有关"情理难容"的两段说辞和陆谦的辩解。正是这种面对面的责问和辩解,给杀人的非理性行为抹上了一层理性的色彩。对于陆谦,林冲不但要在肉体上消灭他,而且要在情理上驳倒他。这种驳倒,也意味着林冲要给自己杀作为朋友的陆谦一个充分理由。①

同样,杀戮的顺序对应的也是两种人际关系。林冲舍弃顺手的时机与兵器,都是冲着陆谦来的。在林冲眼里,陆谦与富安、差拨是不一样的人。这就是问题的关键。梳理小说中的相关信息,不难发现,富安、差拨只是普通的凶手,虽与林冲无冤无仇(富安在暗处出了很多馊主意,但林冲并不知情),但也没什么来往交情;陆谦则不同,正如林冲所说,"我与你自幼相交",两人是曾经的同事与朋友。小说借富安的嘴巴说道:"门下知心腹的陆虞候陆谦,他和林冲最好……"

陆谦与林冲是朋友,在圈内是众所周知的事情,可见两人的交往之久,友情之深。但是,就是这个陆谦,为了保全自己的地位,为了升官发财,不仅卖友求荣,欣然加入了陷害林冲的阴谋,而且越来越主动,越来越凶狠,成了陷害林冲的急先锋。同是凶手,三个人对林冲造成的伤害明显不同。富安与差拨,只是威胁到林冲的性命;而陆谦,不仅威胁到林冲的生存,在精神与心理上也深深地伤害与羞辱了林冲。林冲之所以用"另类"的方式对付陆谦,应该从这种特定的人际关系的角度切入并展开分析。

界定清楚了,思考就有了方向,才可能作出清晰的分析与论证。

2. 分析与论证问题

发现问题当然不易,但也该承认,在阅读教学中,师生间往往能够互

---

① 詹丹.从经典的吟诵到思辨性阅读[J].语文学习,2015(1):14.

相刺激与启发，常有意想不到的问题产生。但是，一些问题因为我们缺乏发现的眼光而失之交臂，另一些问题则因我们缺乏敏锐的分析意识与能力而胎死腹中。具体而有深度的分析能力，除了不可缺少的天分，恐怕还得借助长期的、大量的、反复的思辨性阅读训练，而且只能在思辨性阅读的训练中才能养成。

那么，上述两种顺序与兵器，对应的是两种人际关系，这样的理解是否合理？或者说，金圣叹的评点是否合理呢？不能停留在一般感觉与惯性认知上做判断。感觉好，未必是真的好；要做判断，还必须进行充分合理的分析论证。而分析与论证，就必须回到事实与逻辑，在文本提供的信息中寻找足以为证的事实，在情节发展与人物心理活动中寻找合乎规律的逻辑链条。

首先，从情节发展的角度看，这样写是否真实合理？真实是艺术判断的基本标准，一个细节好不好，必须将它还原到情节发展的现场，在对现场的综合分析中，判断它是否游离在情节之外，是不是合乎情节推进的逻辑。细节是小说家的基本功，但人为地制造细节，会让人感到虚假。

对于林冲而言，从肉体上消灭敌人是第一位的，这三个人已经严重威胁了他的生存。长久以来，林冲渴望回归社会，回归家庭，为此他一直克制复仇的欲念，忍气吞声。而此刻，真的是到了忍无可忍、退无可退的地步。只有在确保消灭对手的情况下，林冲刻意地选择顺序与兵器，才具有合理性。那么，小说是否为此提供了足够的担保呢？

其实，在林冲复仇这个场景中，小说已经预设了一个情节推进的环境，造成了一种事件发展的态势，客观上为林冲的特定选择提供了多种可能。一方面，当时的林冲正在小庙里躲避风寒，陆谦三人在明处，林冲在

走向理性与清明

整本书阅读之思辨读写

暗处,林冲的主动出击让陆谦他们猝不及防;另一方面,双方的武力对比非常悬殊,富安与差拨没什么功夫,陆谦的功夫远在林冲之下。因此,林冲在杀戮方式与兵器选择上有着相当大的自由,用什么兵器,以什么方式,先杀什么人,就有了很大的意义空间与更多的解读可能。设想一下,如果陆谦的功夫在林冲之上或者旗鼓相当,那么,林冲刻意地选择顺序与兵器,就比较别扭了。

林冲用长枪杀富安与差拨,而改用朴刀结果陆谦,不仅因为在追赶过程中,长枪用起来更便当,也因为他与这两个喽啰并未有什么交集,他更在乎的是快捷有效地消灭对手;陆谦则不同,他卖友求荣,从特定角度看,对林冲的精神伤害甚至超过了高俅。因此,他刻意将复仇过程"拉长",不仅要从肉体上灭绝他,更要一泄心头之恨。这显示了一种人性的深度与真实。杀富安,他可默不作声;杀陆谦,一定要通过这个残忍的杀戮过程来得到心理上的补偿。此刻的陆谦"吓的慌了手脚,走不动",这正好给林冲提供了机会;陆谦为什么如此恐惧呢?因为他与林冲的交往,因为他卖友求荣干下的那些罪恶勾当,当然,作为曾经的朋友,他对林冲的武艺了如指掌,这让他更加惊慌……林冲的刻意选择,显示出林冲此时此刻复杂而决绝的心态,而这个心态非常符合人的共通体验。

作为以人物刻画为主要任务的文体,小说的写作必须尊重和符合人性的真实,否则就失去了艺术感染力。事实与逻辑,在这里得到了完美的交融。

这就是优秀小说家的"匠心",思维缜密,逻辑严密,严丝合缝,不留破绽。

其次,这样的细节是否合乎林冲的性格呢?在如此紧张的场合,林冲依然有条不紊地掌控着局面,掌控着节奏,也掌控着自己的心理与情绪,不是高度理性的人，难以做到这一点。小说中的林冲确乎如此，从妻子遭受高衙内的调戏，到野猪林里饶恕薛超、董霸，再到柴进庄上一再回避洪教头的锋芒，林冲始终是一个理智、克制的人，李贽说他"算得到，熬得住，把得牢，做得彻"，真是神妙的概括：林冲有心计，能忍耐，但做起事来也果决坚毅，干脆利落。

也正是这样的人，即便到了不得不突破底线去杀人的地步，他也要为自己寻找充分和合理的理由，他动手前的"责问和辩解"，显然不是为了让陆谦死个瞑目，而是为了确证自己的杀戮的合法性与道德上的合理性。于此，林冲的心理逻辑与性格逻辑就前后呼应了。詹丹老师"给杀人的非理性行为抹上了一层理性的色彩"的判断，显然是经得起文本考量的。

既要合乎文本的事实，又要合乎情理逻辑，这是分析与论证的基本遵循。

当然，人的心理活动与精神世界并不完全受逻辑的支配，这就是人的复杂性。因此，在文学作品的阅读中，应该为非理性、非逻辑的言行保留足够的空间。不过，总体上，人的言行都在情理逻辑的范围之内，不能因非理性的存在而否定情理逻辑在作品分析中的作用。

3. 在评估与权衡的基础上作出合理断言

经过分析与论证，我们可对各种观点进行必要的评估与权衡，在此基础上作出相对合理的判断。思辨性阅读，需要思维的深度介入，需要知识、逻辑的多维度参与，它不可能一蹴而就，也不会一帆风顺。因此，需要我们反复比较、评估和权衡，去伪存真，去粗存精，不断整合，最后得出相对准确与清晰的结论。譬如通过上述分析论证，我们即可初步作出关于林冲的断言，确认林冲行为的合理性；也可作出关于《水浒传》的断

走向理性与清明

整本书阅读之思辨读写

言,确认小说细节描写高超的艺术价值。当然,也可对金圣叹的点评作出肯定的断言。

总体看,我们的学生缺乏思辨性阅读的训练,在意识与能力上都有很大的欠缺。从批判性思维的角度看,中国学生主要弱在深度分析、合理论证和建构发展的能力上。其实,不独学生,教师在此方面的欠缺,也是不争的事实。单就分析能力来说,董毓老师写道:

> 所谓分析,就是对问题、事物和原因的构成性和过程性要素、关系进行分解和全面理解。"分析"这个词谁都会写,但我们一定要强调它的细致、具体和全面的属性,我们有用"高屋建瓴""整体概括"来代替沉入水下的探究的风气,明明是大话空话,人们也叫它"分析"。这是一个很多人还没有意识到的痼疾。批判性思维的分析也包括对不同观念的公正和细致的衡量、比较。批判性思维的判断,是具体、细致和全面的,就像对两个最好的车进行对比的报告一样,从发动机到座椅的调整方式,从驾驶室的视野到越野性能,从车内的噪声到车头灯的配置,一项项地来谈优缺点,而不是"这辆车比那辆车好"这样的一句话。[①]

思辨性阅读,正是训练"深度分析、合理论证和建构发展"能力的有效途径。

二、思辨性表达

思辨性表达,顾名思义,就是以分析论证为核心的说理性表达,这是思辨读写的重要组成部分。这里的"表达",核心是写作,但也包括口头表达、活动性表达及其他符号性表达。下面主要介绍思辨性写作。

---

① 董毓,余党绪.批判性思维与思辨读写对谈[J].语文教学通讯,2017(1):7-8.

思辨性写作区别于我们常见的感受性写作与情感性写作，譬如读后感与随笔。这样的写作强调自我的心理感受与情感反应，以感性见长；而思辨性写作则强调理性的反思，以严谨的思考与判断见长。从写作的思维要求看，思辨性写作与学术性写作一样，都以严格的实证与分析为基础。

在以往的读写教学中，感受性写作、情感性写作常常占据了主导地位。读完一本书，写篇读后感，这是多数老师的常规操作。这自然也有其教学价值，但如果到此为止，那肯定是不够的。感性书写，其阅读的建构意义有限，像读后感，强调的是个体主观的感受，对文本的分析就会退居其次，这样的写作常常是主观感受压制了文本的内涵，甚至只有读者的感受，而文本沦为了渲染和抒发感受的工具而已。

在整本书阅读教学中，感受性写作的意义更为有限，它既不能有效地反馈学生的阅读状况，对阅读的反哺价值也极为有限。

近几年，思辨性写作、学术性写作受到了越来越多的关注。在整本书阅读中，这两类写作都大有用武之地。为了更好地理解思辨性写作，本节梳理了恢复高考后四十年来的高考作文题，看看议论文写作从议论到思辨的变革轨迹。

1977年国家恢复高考。这一年实行分省命题，但多数题目都近乎政策宣讲与图解。例如北京卷是"我在这战斗的一年里"，山西卷"心里话儿献给华主席"，上海卷是"在抓纲治国的日子里——记先进人物的二三事"，这些命题都表现出对现实政治和政策的直接响应。在1977年的特定环境中，"战斗""抓纲治国"等词语都有着特定的政治色彩与内涵。在高考这种特定的写作中，写作就变成了对时事政策的理解与响应。从思维与表达的角度看，个体发挥的空间有限。这是由特定环境决定的，没有必要赋予太多的社会与文化意义；但它确实给写作命题提供了一个可资借鉴的

走向理性与清明

整本书阅读之思辨读写

负面清单。此后这种题型就难觅踪影了。

在随后的数十年里，占据主导地位的是"道德阐释"类命题，典型的如1982年的"先天下之忧而忧，后天下之乐而乐"，1998年的"坚韧，我追求的品质"或"战胜脆弱"，都以某个道德范畴或者道德断言为对象，考查学生对此范畴或断言的理解与阐释。它的变异品种，就是对某种"情感意蕴"的阐释，比如2007年安徽卷，题目是"提篮春光看妈妈"，命题似乎着意于对母爱的歌颂，本质上与道德阐释一样。

这类命题关涉的是被人类或民族公认的美德或美好的情感，属于善与美的范畴，个体的判断与阐释空间也很有限。从写作实际看，考生多表现个体的体会、认知与理解，写作形态上往往引经据典，等而下之的则流于光荣事迹、历史典故与古典诗词的堆砌。

并不是说道德范畴与情感意蕴不能进行具体的分析与论证，而是高考写作的特殊性让具体分析失去了现实可能性。事实上，任何道德范畴都有其具体的历史内涵与表现形式，即便像"先天下之忧而忧，后天下之乐而乐"这种传统精英知识分子的情怀，在今天看来也并不是没有重新阐释的空间。再如2001年关于"诚信"的话题作文，命题并不是让考生抽象讨论诚信的价值，而是设置了一个生死攸关的虚拟场景，让考生在诚信、金钱、美貌、健康、机敏、才学、荣誉的抉择中，来权衡诚信的价值。在这种事关生死的关口，诚信是不是一定不可丢呢？或许这是一个可以讨论的问题。如果必须丢掉一样才能保命，何以见得诚信就一定不能丢呢？世上没有绝对的美德，在生死面前，一个人认为自己的美貌不可丢，金钱不可丢，才学不可丢，不见得都是毫无道理的。当生命受到威胁的时候，能否扔掉诚信并不是一件不证自明的事情，这取决于我们如何理解诚信，如何理解生死，如何理解与其相提并论的其他物事。只有当我们做好了这些分析与相应的价值预设，才能思考该不该将它扔进河里。

但很显然，这样的具体分析与阐释，高考写作难以承受其"重"，这在客观上等于取消了独立思考与判断的意义，剩下的就是人云亦云，代圣人立言。

最近十来年，以道德范畴和情感意蕴为写作内容的题目明显减少，而越来越多的思辨性题目进入人们的视野。最先倡导思辨性写作的是上海卷，2003年的"杂"与2004年的"忙"已初露端倪，而最集中最鲜明的体现，则是2010年到2014的几个题目。摘其要如下：

2010年：丹麦人钓鱼随身带一把尺子，将不够尺寸的小鱼放回河里；中国的孟子说"数罟不入洿池，鱼鳖不可胜食也"。

2011年：一切都会过去；一切都不会过去。

2013年：生活中，大家往往努力做自己认为重要的事情，但世界上似乎还有更重要的事。

2014年：你可以选择穿越沙漠的道路和方式，所以你是自由的；你必须穿越这片沙漠，所以你又是不自由的。

这些命题"一根绳子联系着思辨，另一根绳子联系着生活，将理论与现实同时纳入题目之中，努力使作文题内涵丰富而不复杂"[①]。它关注的不再是道德范畴的阐释，而主要是抽象范畴的辨析与思辨。从思维方式上，试图将辩证唯物主义的基本原理如对立统一、质变量变和否定之否定等基本规律，以及内容与形式、必然与偶然、可能与现实、现象与本质、原因与结果等范畴关系引入写作实践，以哲学的原理来解释生活，理解社会，洞察人生。与前述政策响应类和道德阐释类题目相比，它强调在矛盾、运

---

① 邬国平.写思辨　也写生活——对近几年上海高考作文题的一点认识[J].语文学习，2016（2）：68.

走向理性与清明

整本书阅读之思辨读写

动与联系中审视万事万物，视野与命意都给人以耳目一新之感，事实上也极大拓展了写作的领域，扩张了写作的思维空间，提升了写作的思维层次。

这种抽象思辨类题目带来的冲击是显而易见的。但从思维角度看，这类命题并未能从本质上拉开与前两类命题的距离。原因在于，题目并未提供具体的问题与具体的矛盾，抽象的议论极易走向概念化、公式化与教条化，表面看很思辨，实际上难免流于形式与空洞，所谓"一根绳子联系着生活"，多数时候只是命题者的一厢情愿。在考生的笔下，生活只是配角，是印证某个抽象规律和范畴的配角而已。像"一切都会过去"这个题目，既然是"一切"，那么世间万物，上至宇宙下至蝼蚁，无不合乎这个规律，写作过程不过是寻找甚至堆砌一些具象的历史、社会与人生现象，来解释、例证这个原理罢了。题型本身的教条化与框架化，加上高考写作不可避免的趋同性与模式化，使得多数作文都成了一种呓语式的道白：你是自由的，也是不自由的；你是不自由的，也是自由的；没有绝对的自由，也没有绝对的不自由……

尽管郜国平老师希望在强调思辨的时候，"不要忽略了关注生活的这一面"，但遗憾的是，具体的生活、矛盾与问题只是被联系的材料与例证，本身并不是思考的对象，更非分析的中心，很多具体的矛盾在这种公式化的写作中被遮蔽了。

政策响应、道德阐释与抽象思辨三类命题，共性在于缺乏具体而真实的问题。结论是规定的，答案是既定的，规律是前置的，写作者并不需要作具体的判断与选择，当然也就用不着具体的分析与论证，写作仅仅是根据现成的结论、答案和规律，演绎、附会或者炮制一篇文章而已。有鉴于此，我用"凌空蹈虚的道德口号，大而不当的人生讨论，抽象虚无的哲学玄想，矫揉造作的造势煽情"来概括这些命题。

没有真问题，就没有真思考。面对一个命题，怎么说都有道理，考生并不需要为自己的结论提供具体的分析论证时，所谓的思考就是值得怀疑的，所谓的判断就是虚假的。在这样的写作中，与其说考生提供的是理由与根据，还不如提供的是例子与事实，这不是论证，这只是例证与印证。结果，大量出现的是借助简单的事实枚举印证论点，借助粗糙的类比论证比附论点，借用炫目的修辞技巧夸饰论点，或者借用煽情的情感技巧渲染论点。看起来文采飞扬，实际上逻辑混乱，论证乏力。考生也都心知肚明，与其在具体的分析论证上下功夫，还不如在材料上、气势上和文辞上花点功夫，新颖的材料夺人眼目，盛大的气势勾人魂魄，美好的言辞赏心悦目，总而言之都是拿分的利器。坊间流传的大量高考高分满分作文，多数都是依靠这些手段获得的。

也就是说，要设计真实的问题，让考生承担一定风险，才能让考生进入真正的思考状态，"逼迫"考生作出合情合理的选择，并为自己的选择寻求合理的理由与根据，作出合乎逻辑的分析与论证，这才是真思考。有了过硬的分析论证，材料、气势与文辞才能锦上添花。

2015年，全国卷率先推出了"任务驱动型"作文，此后上海也推出了以"现象"思辨为特征的系列命题。如2016年上海卷是这样的：

随着现代社会的发展，人们的生活更容易进入大众视野，评价他人生活变得越来越常见，这些评价对个人和社会的影响也越来越大。人们对"评价他人的生活"这种现象的看法不尽相同，请写一篇文章，谈谈你对这种现象的思考。

关于当代社会生活中的"评价"现象，就是一个需要具体问题具体分析的命题，不能一概而论，抽象定性。网络时代，评价与被评价司空见

走向理性与清明

整本书阅读之思辨读写

惯,不同主体、不同对象、不同目的、不同内容、不同途径、不同标准、不同范围的评价,其道德内涵与法律意义可能截然相反,而社会效应也可能大相径庭,因此,一刀切的肯定与否定,或者"换个角度看问题",都难以合理解释其复杂的价值与多元的意义。思考角度之多,立意空间之广,价值判断之细微,都需要考生的深度分析与理性判断。

教育部考试中心张开在谈到命题意图时说:"通过近乎真实写作情境的创设,给出了明确的写作任务,这在考场上要求考生有对象感、有针对性地写作,有利于纠正考场作文的'假大空'取向,包括近年来议论文体写作愈演愈烈的空思辨、伪思辨的玄虚现象。"① 解决"假大空""空思辨、伪思辨"靠什么?靠的是"真实写作情境的创设",靠的是真实的任务。任务越真实,就越难放空炮,越难"弯弯绕",才越可能有思维的深度与说理的强度。

我曾尝试设计过一个审题训练,内容是关于"要不要搀扶倒地老人",目的是让学生理解"具体说理"。设计的三个题目如下:

1. 扶危济困

2. 老人倒地,该不该扶?

3. 一老人倒地,痛苦不堪。年轻人正要上前搀扶,有好心人提醒说,这个老人以前曾经在马路上碰过"瓷"。年轻人犹豫了……

第一个题目,"扶危济困"是传统美德,也是现代公民应有的品质。这与2001年关于"诚信"的命题近似,容易导向"一元性"的是非决断。

第二个题目,"老人倒地"本不存在"该不该扶"的问题,但近几年

---

① 张开,王兼闻.年年岁岁花貌似,岁岁年年理相通——2016年高考语文作文试题综评[J].语文学习,2016(8):10.

发生了多起因搀扶倒地老人反遭讹诈的事件，使得这样一件看起来天经地义的事情倒成了问题。这个命题的复杂性在于，传统美德在今天的社会生活中遇到了挑战。扶，确实存在被讹的风险；不扶，道德上又站不住脚。经过讨论，大家的结论逐渐趋同：尽管确有个别为老不尊的人，但扶危济困的美德不能丢，老人倒地，还是要扶。应该说，这个题目已经需要具体分析了。不过从学生的反应看，具体的讨论还是难以有深度地展开。总体看，或者主张冒再大的风险也要搀扶老人，或者批判社会的道德滑坡，或者谴责路人的自私与冷漠，这些结论都有道理，但思维含量依然不够，原因在于设置的矛盾还是不够具体。

第三个题目，命题设置的冲突更为尖锐，也更为具体。在第二个题目中，所谓的被讹诈的风险是潜在的，是作为问题讨论的背景而存在的，在宏大的道德叙事中，这种风险往往被忽略不计。但在这个题目里，经过"好心人"的提醒，这风险变得很现实：老人有过"前科"，他会不会旧戏重演？这样看，年轻人的"犹豫"就不能定性为冷漠，谴责了事。趋利避害是人的本能，道德必须尊重人性与本能，那种挥舞道德大棒的愤青思维和道德审判，不仅无助于社会的道德建设，反而会带来更多的弊端。但同样的窘迫在于，倒地老人"痛苦不堪"，若见死不救，岂不是德行有亏？何况，当我们断言"讹过人的人可能会再讹人"的时候，另一个断言也是可能的：讹过人的人就不会疾病突发吗？一个有过污点的人患病倒地，路人就可因其污点而袖手旁观？

扶还是不扶，这是个具体的问题。命题的设计，旨在激发学生内心的具体冲突，引导他们在权利与义务的冲突中权衡，在现实风险与道德风险的比较中选择，从而澄清观念中的误区，作出理性而合乎道德的选择。单从结论看，三个命题的结论差别不大；但从思维的深度与说理的强度看，

走向理性与清明

整本书阅读之思辨读写

第三个命题的意图更为鲜明。

这种题目，强调说理的分析论证功能，引导考生在具体说理上下功夫。

思辨性写作，强调基于事实的具体分析与论证，并在分析论证的基础上作出判断。这对于整本书阅读具有特殊的意义。文本，是一个事实的世界，也是一个逻辑的世界。通过思辨性写作，可以澄清文本的内涵，辨析作品的题旨，推动阅读向纵深发展。在整本书阅读教学中，思辨性写作可以渗透在各个环节。

在《鲁滨逊漂流记》的教学中，我设计了如下表达任务：

章节	表 达 任 务	设 计 初 衷
1	俗话说，父母是人生的第一位老师。但其实，父母就是父母，父母并不是老师。对待孩子，父母与老师的态度会有哪些不同？如果你是鲁滨逊的父亲，你会鼓励鲁滨逊出海冒险吗？鼓励或反对，请说出至少三条理由。	理解鲁滨逊父亲阻止儿子冒险的良苦用心，从而更深切地理解鲁滨逊冒险的动机与意义。
2	在文学史上，鲁滨逊是一个家喻户晓的英雄形象。读了这一章，你会发现，在狂风暴雨面前，鲁滨逊也会后悔、恐惧、自我诅咒。那么，这会不会改变鲁滨逊在你心目中的英雄形象？根据自己的理解，给"英雄"下一个定义。	准确理解英雄的内涵，从而准确把握鲁滨逊的英雄气质。
7	写一段话，比较《鲁滨逊漂流记》与莎士比亚《雅典的泰门》中两段话所表现出的不同的金钱观。 《鲁滨逊漂流记》：看着这些钱币，我不由得笑了。"噢，真是一堆废物！"我大声说，"你们有什么用？对我来说，你们一分不值，不值得我把你们带到岸上去，一把	理性看待金钱的价值，更准确地理解鲁滨逊冒险的动机——鲁滨逊对待金钱的态度是理性的，虽然他在冒险中收获了钱财，但他冒险的目的并不是为了金钱。

（续表）

章节	表达任务	设计初衷
	小刀都比你们有用得多。我用不上你们，你们就待在这儿，临了沉到海底去吧，你们不值得我去拯救。" 《雅典的泰门》：金子！黄黄的、发光的、宝贵的金子！这东西，只这一点点儿，就可以使黑的变成白的，丑的变成美的，错的变成对的，卑贱变成尊贵，老人变成少年，懦夫变成勇士。这黄色的奴隶可以使异教联盟，同宗分裂；它可以使受诅咒的人得福，使害着灰白色的癞病的人为众人所敬爱；它可以使窃贼得到高爵显位，和元老们分庭抗礼；它可以使鸡皮黄脸的寡妇重做新娘，即使她的尊荣会使身染恶疮的人见了呕吐，有了这东西也会恢复三春的妖艳。	
9	动物大都有使用工具的能力，利用外界物体作为身体功能的延伸，以达到某种目的。如秃鹫常利用一块石头把厚壳的鸵鸟蛋砸碎；黑猩猩既会用棍挖取地下可食的植物和白蚁，又会用棍撬开纸箱拿取香蕉，还会把几只箱子叠在一起拿取悬挂在天花板上的食物。但制造工具，却是人类才具有的能力。以本章鲁滨逊制作"铲子"为例，看看他是如何制作这类看起来很粗糙的工具，并写一篇小札记，题目就叫"原来做一把铲子也如此艰难"。	理解工具对于人类文明的价值，从而理解鲁滨逊制作工具的艰难及其意义。
18	参考鲁滨逊在孤岛上求生的经验与教训，请你编制一份"孤岛生存指南"。	全面了解鲁滨逊的求生活动，更准确地理解鲁滨逊的心态、能力与智慧。
19	如何对待有吃人习俗的"野人"，鲁滨逊经过了一个深刻的思考过程。写一段文字，将鲁滨逊的质疑、寻求理由和得出结论的思考过程写出来。	理解鲁滨逊的选择及其理由，以确认鲁滨逊选择的合理性。

走向理性与清明
整本书阅读之思辨读写

（续表）

章节	表达任务	设计初衷
22	无论鲁滨逊发现或者没有发现，野人都是存在的。但当他"无知"的时候他无忧无虑；而一旦"有知"了，就再也不能回归到以前的那种安宁状态。请举办一次小辩论会，论题是：人是有知好，还是无知好。	更准确理解鲁滨逊的复杂心态，引导学生尝试进行一些抽象思辨。
24	人类需求层次理论是美国人本主义心理学家马斯洛提出的关于人类需求的模型理论。马斯洛把人的需求分成生理需求、安全需求、爱和归属的需求、尊重需求和自我实现五类。他认为这些需求是由低到高依次排列的。当较低层次的需求满足之后，人们就会追求更高层次的需求。你认同这个说法吗？尝试着用这个理论来解释鲁滨逊在孤岛上的生活及其心理变化。	全面审视鲁滨逊的孤岛生活，理解鲁滨逊孤岛生存28年的深层原因：文明的支持与自身的智慧。

三、读写与思辨

在整本书阅读教学中，读写与思辨互为动力，设计得好，可水乳交融，相得益彰，我称之为"以读写推动思辨，以思辨推动读写"。

《俄狄浦斯王》是一部伟大的古典悲剧，亚里士多德称之为最完美的悲剧。权威的译本是罗念生翻译的。罗先生是著名的希腊古典文学的翻译家和研究专家，在这个领域做了很多开创性的工作。《俄狄浦斯王》的中文译本两万三千多字，剧情紧凑，语言凝练，充满了命运的考问和哲理的思辨，比较适合高中生阅读，也便于教学的开展。

《俄狄浦斯王》是我在思辨读写教学中体验与收获比较多的一个案例。我用了6个星期组织学生阅读、思辨、写作，最后以一节公开课结束。整个过程体现了以读写推动思辨，以思辨推动读写的理念。

《俄狄浦斯王》叙述的是俄狄浦斯的悲剧命运。为了逃脱"弑父娶母"

的诅咒,俄狄浦斯逃避了父母之邦,本以为可以借此逃过命运的劫数,却坠进了更大的罪孽的深渊。这部戏剧提出了很多哲学上原创性和终极性的问题,黑格尔甚至认为俄狄浦斯是哲学认识的原型和代表,是历史上第一位"哲学家"。阅读这部戏剧,对学生来说也算是一次思想的播种和精神的洗礼。

1. 在思辨读写中把握"它原本"

整本书阅读首先要解决的,是原著的阅读。所有的课程设计与教学安排都应立足于促进学生的经典阅读,正如温儒敏先生反复强调的,要治"不读书的病"。这个阶段的任务,是忠实地把握文本内容,知道"它原本"的样子。我们在原著研读上常常粗枝大叶,在理解上却热衷于花样百出,这样舍本逐末,必然得不偿失。

《俄狄浦斯王》有一个著名的谜语,就是"斯芬克斯之谜"。吊诡的是,能猜透"斯芬克斯之谜"的俄狄浦斯,却猜不透自己的命运。

其实,作为一部戏剧,《俄狄浦斯王》的整个情节就像是在猜一个关于俄狄浦斯的谜。他在猜,其他人在猜,读者与观众也在猜。这个谜可表达为:

我是谁?

我从哪里来?

我到哪里去?

这是一个典型的哲理寓言。人类的一切探索,归根结底都是为了认识自己;一部人类文化史,说到底就是一部人类自我认识的历史。这个"猜谜"的剧情,来源于《俄狄浦斯王》首创的"追溯法"。戏剧追溯的,就是俄狄浦斯的前世今生;作品追问的,就是俄狄浦斯的罪恶与命运。

追溯法使得《俄狄浦斯王》谜团重重,云山雾罩,只有在一番抽丝剥

走向理性与清明
整本书阅读之思辨读写

茧、拨云见日的功夫之后，方能理清人物关系与情节。正是这种情节与结构的特性，给读写教学提供了多种可能。我的思路是：通过读写活动，推动学生反复阅读、提炼、梳理与推断，达成对"它原本"的把握。

（1）改倒叙为顺叙

追溯法表现在叙述方式上就是倒叙。忒拜城惨遭瘟疫，整个城邦陷入了恐怖与萧条。绝望的人们聚集在王宫前，恳请仁慈贤能的国王解民于倒悬，救民于水火。俄狄浦斯王也心急如焚，他说：

可怜的孩子们，我不是不知道你们的来意；我了解你们大家的疾苦，可是你们虽然痛苦，我的痛苦却远远超过你们大家。你们每人只为自己悲哀，不为旁人；我的悲痛却同时为城邦，为自己，也为你们。

先知特瑞西阿斯说，瘟疫是上天对忒拜城的惩罚，因为忒拜城的前国王死于非命，而真相一直扑朔迷离，杀人凶手还逍遥法外。要摆脱瘟疫之灾，必须找到那个凶手，让他受到诅咒与惩罚。

剧情就变成了对凶手的追查。随着剧情的一步步展开，真相终于大白，原来追查凶手的人就是凶手。

倒叙是一种叙述方式，有助于制造悬念，强化剧场效应，让因果链条因此变得迷乱与暧昧；但历史归根结底是按照时间顺序展开的，只有梳理清楚了情节的时间关联，才可能厘清人物的性格逻辑、思想逻辑与命运逻辑。

将故事改为顺叙，剧情简括如下：

俄狄浦斯的父亲、忒拜城的国王拉伊俄斯因为害怕神的诅咒而将出生三天的婴儿遗弃；拉伊俄斯的仆人因可怜这个孩子而将他送给了科林斯国王的牧人；科林斯国王收养了这个孩子，称呼他俄狄浦斯。

俄狄浦斯在知道自己将要"弑父娶母"之后，决意离开父母之邦，无意间却来到了生身父母的国家。

在一场冲突中杀了人，他不知此人就是他的父亲；接着因猜中了斯芬克斯之谜而被拥戴为国王，与前王后结了婚，无意间又犯下了"娶母"之罪。

上天降下瘟疫予以惩罚。俄狄浦斯决心追查凶手，真相大白之后刺瞎双眼，自我放逐。

这个改写的主要用意，是在时间关系的梳理中，发现事件的因果关联，厘清情节的逻辑关系。所谓情节，就是一系列具有因果关联的事件的排列与组合；梳理情节，就要追溯前因，推导后果，确立因果。艺术中的因果，有理性的、有感情的，有社会的、有个人的，有人性的、也有时代的。因此，构建因果关联的过程，也是一个对社会、历史、文化与人性的认知与判断的过程。

譬如，俄狄浦斯为什么要逃离科林斯？是为了彻底摆脱"弑父娶母"的命运。从这个因果关系，既可看到俄狄浦斯积极的抗争，却又显示出了这种反抗的悲剧性，以及他的认知的盲目性与局限性——他万万没想到，他逃离的并不是他的亲生父母。

再如俄狄浦斯杀死拉伊俄斯。通过细读，可还原当时的场景：在三岔路口，拉伊俄斯仗着人多势众，在"用双尖头的刺棍"杀死俄狄浦斯之际，俄狄浦斯才痛下杀手。这不仅证明了俄狄浦斯"杀父"是无意的，是误杀，而且在法律与道德上也是可以得到谅解的。

再如，俄狄浦斯被拥戴为忒拜城国王之后，就合法地迎娶了守寡的伊俄卡斯忒，从这个细节，我们也可窥探人类早期的某些婚俗。

（2）明线与暗线的转换

剧本的明线是俄狄浦斯追寻凶手，暗线则是俄狄浦斯逃避和反抗命运的故事。明线聚焦的是凶杀案的真相，暗线追问的则是俄狄浦斯的罪孽与

走向理性与清明

整本书阅读之思辨读写

无辜。将暗线改为明线的转换性写作，可赋予一些情节以新的内涵。从明线看，斯芬克斯及其邪恶的谜语，仅用以显示俄狄浦斯的智慧，为俄狄浦斯荣登王位提供了合理的根据。而从暗线看，斯芬克斯则是一个很好的象征：这个连"我是谁"都不知道的王子，竟然能猜破关于"人"的谜；这个因战胜斯芬克斯而成为忒拜城恩主的人，却将给忒拜带来灭顶之灾。这就是命，这就是命中注定。什么是命运？就是超越了个体的智慧与德行的不可支配的必然性的力量，无论你怎样扑腾，你都在命运的罗网之中。

在转换中，明线中被忽略的一些因素也会受到更多的关注。譬如，为什么俄狄浦斯会有"弑父娶母"的命运？是谁发出了如此恶毒的诅咒？这就要追溯拉伊俄斯先前的恩将仇报的恶行了。有人说，《俄狄浦斯王》讲述的是一个父债子还的故事，也不是没有道理。

（3）叙述视角的转换

剧本主要以俄狄浦斯的视角展开，过程就是他对真相的追问。他人的旁证，合唱队的歌唱，推动着俄狄浦斯的认知，也推动着观众对真相的了解：

通过先知特瑞西阿斯，他第一次将自己与凶手联系起来；

通过伊俄卡斯忒，他知道了先王拉伊俄斯曾经遭受的诅咒及他们害死幼儿的罪孽，特别是婴儿脚踵被钉死这个细节，显然给他带来了震动，因为俄狄浦斯这个名字的意思就是"肿胀的脚"；

通过科林斯的报信人，他知道了自己只是科林斯国王的养子，是这个报信人当年救了他；

通过牧人（即拉伊俄斯的仆人），他终于将全部事实链条关联起来，"弑父娶母"的正是他自己。

人是以特定的身份与地位参与社会生活的，这决定了每个人的视角都是独特的，也是有局限的，这也是悲剧产生的因素之一。站在不同的视角叙述，故事的面貌差别会很大。比如牧人。是牧人奉命砸伤了俄狄浦斯的双脚，但又怀着恻隐之心，将俄狄浦斯托付给了科林斯国王；是牧人亲眼见证了俄狄浦斯杀死拉伊俄斯。他并不知道这个凶手就是当年遗弃的婴儿，但当今国王是杀害前国王的凶手，他心知肚明，所以他才坚决离开了宫廷。除此而外，牧人对俄狄浦斯的其他情况一无所知。可以设想，当他作为"最后一根稻草"，彻底坐实了俄狄浦斯"弑父娶母"的罪恶时，他该是怎样的惊悚和困惑。

叙述角度的转换，可以填补情节中的很多空白，让松散的情节逻辑变得更加可靠、细密与坚实。在我的教学中，学生以先知特瑞西阿斯、伊俄卡斯忒的弟弟克瑞翁的角度展开叙述的也不在少数。

当然，王后伊俄卡斯忒的视角是最值得关注的。这个为儿子生了儿子的不幸的女人，清楚地知道俄狄浦斯当年被诅咒的隐情，也参与了钉死俄狄浦斯脚踵的勾当。一开始她也坚决追究杀害她前夫的凶手，但后来，当发现真相越来越残酷的时候，她开始退缩了。以她的口吻叙述这个故事，就有了更多想象与揣摩的空间。

下面是学生在公开课上以伊俄卡斯忒的口吻讲述的故事，限于篇幅，仅截取片段：

多年后，城邦遭受了瘟疫……我有一种不祥的预感。但是，我告诉自己，不能这样想下去，一切都会好的，这只不过是谣言罢了，没什么，没什么，我这样告诉自己。这时，报信人来了，他说波吕玻斯已经死了，而且是老死的。俄狄浦斯感觉一阵放心，这说明父亲不是他杀死的，诅咒并没有在他身上应验。报信人请求他，请他回去继承王位时，他却一口拒绝了，因为他还担心另一半咒语，"娶母"是多么深重的罪孽啊。谁知报信

走向理性与清明

整本书阅读之思辨读写

人连忙说,敬请放心,波吕玻斯只是他的养父,他的生父在他出生不到三天,就把他的脚踵钉死后扔掉了。我不敢再听了,我告诉俄狄浦斯不要再问下去了,一切我似乎都知道了。

但俄狄浦斯说他一定要追究真相。这时,我的仆人也被找回来了。天哪,他承认他当时发了善心,把快要断气的俄狄浦斯送给了这个报信人。啊,我已经疯了,这么多年的事情就要这样败露了,我真的没脸活在世界上了……天啊,我快疯了,我该怎么办?天啊,我这个人,竟然为我自己生了个丈夫,为我的儿子生了儿女,我哪还有脸活在这个世界上?

下面摘录一个师生对话的片段:

师:有一处"俄狄浦斯"的称呼,不太恰当吧?

生1:"把快要断气的俄狄浦斯送给了这个报信人",这句话中的"俄狄浦斯"不当。俄狄浦斯的名字是科林斯国王给取的,此时此刻,伊俄卡斯忒心里已经明白,那个婴儿就是俄狄浦斯,但毕竟俄狄浦斯还没最后承认。何况,她怎么好意思在众人面前承认?

师:她明白了事实,但不敢面对事实?

生1:随着事态的发展,她逐渐意识到了事情的真相,俄狄浦斯应该就是她的亲生儿子,她开始阻拦俄狄浦斯的调查,这说明她不敢面对,也很不安,因为这直接涉及她个人的幸福和她的地位。这才符合她的心理和性格。

师:你的发言很准确。刚才我听故事的时候,发现××同学有一个词用得不恰当,不知道你们听出来没有。她讲到事情终于真相大白的时候,用了一个词,我觉得不恰当,各位听出来没有?

生2:败露。

师:能解释一下吗?

生2：败露，一般指搞阴谋的人，一不小心被人发现了。

师：对，是阴谋才能用败露。那你能找个词替代吗？

生2：水落石出。伊俄卡斯忒之前也被蒙在鼓里，她也是在俄狄浦斯寻找真相的过程中一点点了解真相的，一开始她并不想故意隐瞒或者歪曲什么。

师：好，"败露"这个词不恰当，应该用"暴露""水落石出""事实越来越清楚""真相越来越显露"这样的语词，才合乎剧本的原意。

厘清戏剧逻辑，还原事件的真相，并不是一件容易的事情，因为人都容易被表象和自己的预设所误导。因此，不能先入为主，而是要尽可能追求与剧中人的"共情"与"共理"，尽可能善待他，理解他；当人性与逻辑都不能自圆其说的时候，我们再质疑他，否定他。

在这个过程中，很多思辨的问题也产生了：

俄狄浦斯担任忒拜国王十多年，与伊俄卡斯忒育有四个子女，难道前国王拉伊俄斯的情况，比如他的死、长相、品性等，俄狄浦斯都一无所知？

伊俄卡斯忒与俄狄浦斯以夫妻相处，难道就没注意到他脚踵上的伤疤？在《奥德赛》中，当奥德修斯回家时，老仆欧鲁克蕾娅凭借他腿脚上的伤疤便认出了主人。难道伊俄卡斯忒还不如奥德修斯的老仆？

最暧昧的是，伊俄卡斯忒在真相即将大白于天下时对俄狄浦斯的劝解："最好尽可能随随便便地生活。别害怕你会玷污你母亲的婚姻；许多人曾在梦中娶过母亲，但是那些不以为意的人却安乐地生活。"她的内心是一种怎样的羞耻、矛盾与绝望？

2. 在思辨读写中形成"我认为"

把握了"它原本"，还需形成"我认为"，前者重在把握内容，后者重

走向理性与清明

整本书阅读之思辨读写

在把握题旨。

《俄狄浦斯王》公认的主题是关于命运及对命运的反抗。值得注意的是，古希腊悲剧的主人公与中国古典悲剧不同，他们都是有着强大的个人意志与英雄品质的人物。像俄狄浦斯，他的悲剧命运，正是通过他自己一次一次的选择和一个一个的行为来"实现"的。俄狄浦斯不是一个认命的人，他首先是一个有决断力与行动力的英雄。正如罗念生所说："他之所以遭受苦难，与其说是由于他自身的过失，毋宁说是由于他的美德。"

鲁迅说，悲剧就是将美好的东西毁灭给人看。表面看，是命运毁灭了俄狄浦斯，但命运又是什么呢？在文化讨论的意义上，我们不能将命运省事地归结成一种神秘莫测的力量，而应在理性的层面加以深入的分析与论证。在我看来，命运本质上就是人类难以突破的局限性。这些局限性来自环境、来自生命、来自人性、来自个人，正是这些局限造成了似乎无可逃遁的悲剧。从俄狄浦斯的命运看，他的悲剧根源于其父的罪孽。这象征了出生与成长背景对于人生的影响。俄狄浦斯终身背负着"弑父娶母"的诅咒，与他个人的德行无关，而是因为他不能选择的出身。

人在德行与智慧上的局限，也是悲剧的重要根源。俄狄浦斯的每次选择都经过了仔细的权衡与比较，经过了深思熟虑的思考与判断。而且，他每次都义无反顾地选择了道德、选择了善。但结果依然是不可逃避的罪恶和毁灭。如果说俄狄浦斯这样伟大的人物都存在德行与智慧上的缺陷，那么，人类自以为是的美德与理性不是更值得警惕吗？

但人类的伟大正在于对命运的抗争。正如俄狄浦斯，虽然罪不由他而起，但是他敢于追索真相，冒着风险也要"认识你自己"，且敢于承担责任，甘于自我放逐。这正是《俄狄浦斯王》所昭示的伟大的担当精神。

在题旨的理解过程中，思辨读写依然是个有效的策略。在《俄狄浦斯王》的教学中，我采取的是"主题引导下的故事改写"。同样的故事，在不同的主题定位下，其讲述方式也是不一样的。为了让学生形成"我认为"，我要求他们变换主题来讲述故事，推动学生在情节的取舍、叙述的详略、阐释与议论的方向上，做到事实与逻辑的互洽。比如以"追索真相"为主题，所有的情节叙述及其阐释就必须合乎"追索真相"的逻辑。如果在文本事实、人性情理或者社会逻辑上达不成互洽，那么，要么是主题界定有问题，要么是事实及其阐释有缺陷。这个写作过程，逼迫学生不断地反思，反复地推敲与思辨，寻找文本的事实与其主题的逻辑关联。

下面呈现两篇学生习作的片段，从中可看出叙述及阐释的细微差别。

关于"勇于担责"：

我们有理由相信，当先知说出"你犯了弑父娶母的罪"，俄狄浦斯就已预感到追查凶手就是飞蛾扑火，但他对真相的热爱与对城邦的道义，还是驱使他冒着生命的风险，继续前行。

俄狄浦斯的内心一定掀起了滔天大浪：这不就是早年在科林斯时神示的内容吗？

王后出场后，道出了"脚腫"的秘密。难道俄狄浦斯不知道自己的脚病吗？

王后讲述了先王死亡的场景，那个致命的三岔口，天下竟有这样的巧合吗？

当报信人指出俄狄浦斯是科林斯国王的养子时，还有什么理由再继续怀疑呢？

倘若为了自保，俄狄浦斯可以在追查的任何一个环节停止，或拖延，或阻碍。尽管在命运女神的注视下，这样的延宕没有实质的意义，但绝大

走向理性与清明

整本书阅读之思辨读写

多数凡人,都会因为难以遏制的欲望、恐惧和懦弱,作出逃避的选择。俄狄浦斯没有。俄狄浦斯之所以伟大,就在于他有着凡人的肉身,却做着神一样的壮举。

关于"认识自己":

古希腊有这样一个神话故事:一个叫斯芬克斯的人面狮身女妖,坐在忒拜城附近的悬崖上,路过的人都必须猜一个谜语,猜不出来就要被她害死,无数人因此而丧生。

什么样的谜语如此刁钻?谜语是这样的:有一种动物,早晨四条腿走路,中午两条腿走路,晚上三条腿走路,腿最多的时候,也正是他走路最慢、体力最弱的时候。这是什么动物?一个名叫俄狄浦斯的英雄猜出了谜语,斯芬克斯羞愧难当,跳崖而死。为了感谢俄狄浦斯,忒拜人推举俄狄浦斯做了国王。你知道谜底是什么吗?

这是一个关于人类自身的谜语,谜底就是"人"。在所有关于"人"的谜语中,"斯芬克斯之谜"是其中最值得回味的一个。因为,能够猜透斯芬克斯之谜的英雄俄狄浦斯,却未能猜透他自己的人生之谜。

主旨不同,故事的讲法也不同。讲"担当"的,文章特别强调了俄狄浦斯在"弑父娶母"的罪恶中是不自知的,同时又强调了俄狄浦斯追凶的主观动机,是为了让城邦免于毁灭。在主观故意的情况下犯错误,承担责任还容易理解;在不自知或被迫情况下犯错误,要不要承担责任,就存在分歧了。俄狄浦斯完全可以凭"不自知"为自己辩护,并逃避惩罚,就像大多数人一样。可见俄狄浦斯的英雄气质多么耀眼!

关于"认识自己",文章以"斯芬克斯之谜"开头,揭示了这个谜语看似简单实则深刻的内涵。俄狄浦斯能猜透"斯芬克斯之谜",却猜不透自己的身世,本身就值得回味。人类不也一样吗?万事万物好像尽在掌握之中，我们似乎能够规划整个世界；可对于人类自身，对于人类的精神与欲望，对于人类复杂的灵魂与心理，我们究竟了解多少，又能把握多少呢？可见"认识自己"之难。

3. 在思辨读写中体验"如何用"

整本书阅读要善于将经典转化为自己的生活资源、文化资源，当然也包括表达资源。要善于将阅读成果迁移和运用到实际生活与表达中，即便像高考作文这样明显带有功利色彩的写作，也不妨借用和化用。没有必要将怡情养性与活学活用对立起来，撇开"活学活用"可能包含的投机色彩，倒不失为一种反馈与反刍阅读的有效办法。

《俄狄浦斯王》是表达的资源宝库。在《俄狄浦斯王》的学习中，我的学生以此为资源，写了很多作文。其中一篇是根据2013年上海卷高考作文题写的。作文题目是这样的：

大家往往努力做自己认为重要的事情，但世界上似乎还有更重要的事。

下面是一篇习作的结尾：

当我们站在俄狄浦斯的角度上选择时，恐怕我们谁也无法比俄狄浦斯本人做得更好。这早已无关个人的智慧、勇气。在无限的时间与空间的长轴上，我们所有的人也不过是一只井蛙，只能仰头不断探索，但永远也无法到达尽头。我们只能做自己认为"重要"的事，这当然是对的；但我们应当铭记的是，总还有"更重要"的事要做，或许这"更重要的事"恐怕我们穷极一生也发现不了，但我们仍应时时警醒自己作为个体的渺小与局限。

下面是公开课上关于此文的对话片段：

师：你是怎样把这个作文题目与《俄狄浦斯王》关联起来的？

走向理性与清明

整本书阅读之思辨读写

生：俄狄浦斯王很伟大，但他毕竟是一个人。人都有不足、缺点，没办法站在上帝的角度看问题，没办法看清现在的决定对十几年后的影响，这让我觉得两者之间是有关联的。

俄狄浦斯就像大多数人一样，一直在做自己认为"重要"的事情。他出走科林斯，他觉得是重要的——离开自己的父母，就不会"弑父娶母"了。但他没想到的是，他们并不是他的亲生父母。他这样做，反而是走近了他的亲生父母，导致了悲剧的命运。

师：你的意思是，人只能做自己认为重要的事情，至于是不是真的重要，是不是还有更重要的事情，我们未必能够确定。大家想想"事后诸葛亮"这个俗语，为什么只有到了事后，才能当诸葛亮呢？

生：事情发生的时候，人们往往被事态所迷惑；只有到了"事后"，远离了事态，才能看清真相。我联想到"当局者迷，旁观者清"。旁观的人往往放得开，所以他脑子清楚；但如果他也在"局中"，或许也会迷惑。

师：你对这个题目有了新的诠释。大部分同学写的都是"检讨式作文"，譬如我们很自私、很渺小，因为我们把自己的柴米油盐当作重要的事，却忘记了国家大事、天下大事，所以我们总是错过"更重要的事"。这样写当然也没错，但似乎不如你的立意新。你看到了人类理性与智慧的可靠性，也看到了理性与智慧的局限性。

整本书阅读教学，理想的境界是阅读、理解和运用的共生与融合。思辨读写策略的价值，在于它着意于为阅读提供源源不断的动力，为思考提供有效的路径和具体的方法。

第三节

阅读之祛蔽

阅读是人类古老的生活方式。尽管阅读无处不在,尽管我们的生活离不开阅读,但这并不意味着我们的阅读理念总是合理的,我们的阅读方法总是有效的。相反,那些暧昧、糊涂和错误的阅读理念,时时在烦扰着我们。理念的偏差或错误,不仅降低了我们的工作效率,可能还给学生的发展带来终生的消极影响。因此,阅读及其教学的理念,需要祛蔽与祛魅,需要理性的反思。

一个较为普遍的错误,就是我们不能自觉和明确地区分阅读的不同功能,以及由功能所决定的阅读的性质与方法,这就导致了我们喜欢笼统地谈论阅读,将不同功能、不同领域、不同性质的阅读混为一谈,不加反思还自以为是,久而久之,又互相浸染,习以为常,终使错误的理念成为不证自明的"真理"。

教育视域下的阅读,毫无疑问,主要是以求知或问题解决为导向的阅读,即思辨性阅读。这是由教育的功能决定的。学校教育是青少年获取知识与能力的主要渠道,阅读教学是学生获取阅读能力与阅读素养的主要路径。这里的阅读,不可能是消遣性的,也主要不是以趣味为导向的,尽管在教学活动中,消遣的因素和趣味的成分始终存在。

如果我们确认阅读教学是指向知识建构与能力发展的活动,是思辨性

走向理性与清明 | 整本书阅读之思辨读写

阅读,那么,至少有五个阅读理念误区需要辨析、澄清与校正。

一、直面文本与关系折射

第一个需要澄清的,就是文本在阅读中的位置。乍一看,这似乎不该是个问题;但细一想,就会发现,许多错误的阅读皆与此相关。

思辨性阅读,本质上是以事实与逻辑为基础而开展的分析与论证。事实在哪里,如何判断逻辑的是非?显然,这些信息都隐藏在文本之中。所谓阅读,读的就是这个文本;所谓分析,分析的就是这些事实中隐含的逻辑。一旦失去了文本这个客观的依据,所谓的事实与逻辑,就成了一笔糊涂账。不能确认文本的客观性,而是像很多人所理解的那样,"我的阅读我做主",也就无所谓是非对错了。既然如此,以合理判断为旨归的思辨还有什么意义?

作品是作家的产物,在它尚未成为公共产品之前,作家自然享有无可辩驳的支配权,他想怎样写,不想怎样写,都是他自己的事情;但一经面世,成为公共文本,它就具有了独立性与客观性,任何人都不能主宰和垄断对文本的解释,即便是文本的创造者自己,也不能凌驾在文本之上。同时,文本的体式、要素、结构及其阐释空间,也就相对稳定下来。尽管会有分歧与争鸣,但文本的意义是相对稳定与清晰的。"每一部作品都有一种内在的一致性,一种它自己特有的结构,一种个性,一系列特征,它们为作品在接受过程中被接受的方式、产生的效应以及对它的评估预定了特定的方向。"①

文本解读的根基是文本,而非其他。这本是个常识,但在现实的文本

---

① 李荣启.文学语言学[M].北京:人民出版社,2005:330.

解读中，很多人偏离了这个轨道。他们不是直面文本，在文本的结构中探寻作品的意义，而是试图通过其他捷径，比如借助作家的生活状态、作家所处的社会环境甚至作家的逸闻趣事乃至小道消息，间接地猜测和推断文本的内涵。而且，积习既久，还形成了一套看起来有效、实际上经不起反驳与论证的阅读理念。不夸张地说，好多花哨的阅读教学都是在这样的理念支配下，轰轰烈烈、热热闹闹地开展着。

美国文艺理论家M. H.艾布拉姆斯在《镜与灯：浪漫主义文论及批评传统》中，提出了文学批评四要素，即作品、作品的创造者（作家）、作品的接受者（读者），以及作品所处的那个环境（世界）。如下图所示：

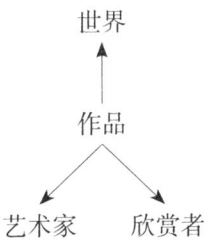

在此框架下，艾布拉姆斯提出了"阐释艺术品本质和价值"的两类路径。一类是"把作品视为一个自足体孤立起来加以研究，认为其意义和价值的确不与外界任何事物相关"[1]。所谓"不与外界任何事物相关"的"意义和价值"，就是文本的独立性与客观性；"把作品视为一个自足体孤立起来加以研究"，就是一切关于文本的断言都必须来自文本，从文本中得到相应的证据支持。这就是我所说的"直面文本"。

艾布拉姆斯提出的另外一种类型，"主要是用作品与另一要素的关系

---

[1] M. H.艾布拉姆斯.镜与灯：浪漫主义文论及批评传统［M］.郦稚牛等，译.北京：北京大学出版社，2015：5.

走向理性与清明

整本书阅读之思辨读写

来解释作品"①。这里的"关系",包括了作家与作品的关系、世界与作品的关系、读者与作品的关系等。与"直面文本"不同,后者关注的不是作品本身,而是与作品相关的某个要素,比如作家,通过研究作家来研究他的作品。准确地说,这样的解读关注的是一种"关系",譬如通过作家与作品的关系,来推断作品的意义。我们姑且称之为"关系折射"。借钱锺书的"鸡与蛋"的妙喻来打个比方:文本相当于一只蛋,所谓"直面文本",就是直接研究蛋,看它的颜色、成分、结构、营养等。而"关系折射",就是不去研究蛋,而是去研究那只下蛋的鸡,因为蛋是鸡生的,鸡身上隐含了蛋的秘密;或者去研究鸡生活的环境与成长过程,通过对这些因素的研究来推断蛋的状况;当然,还可以去研究人们吃蛋的感受,通过人们的感受来推断鸡蛋的味道与营养价值。

很显然,研究鸡,研究鸡的生活环境,研究吃蛋的感受,都可以推断出一些关于蛋的信息,这些信息甚至是很有价值的。但无论如何,这些信息都是间接的。要获得关于蛋的真知,唯一的办法,就是直面这只蛋,聚焦这只蛋,这样获取的信息才是直接的,所得出的推断才可能是真实的。

文本解读也是这样。"直面文本"与"关系折射",一个直接,一个间接;一个透视,一个折射。显然,前者是基本的,具有正面的论证性;后者是辅助的,可以起到酝酿、激发、勾连、拓展、印证与佐证之用,但并不具有正面论证的合理性。"关系折射"所得的断言与结论是否合理,还得回到文本,经受文本的考问与检验。

通过"关系"来理解文本,确实为文本解读提供了新的切入视角和想象空间,但风险与收益同在,这样的"曲径通幽",客观上为"文本边

---

① M. H. 艾布拉姆斯. 镜与灯:浪漫主义文论及批评传统[M]. 郦稚牛等,译. 北京:北京大学出版社,2015:5.

缘化"准备了更多的歧路。作品与作家、时代、读者的关系是复杂而多元的。如果没有足够、合理且有效的认知框架与分析工具,仅靠我们熟悉的那一套"机械唯物主义和狭隘功利主义"①,只会给文本带来更多的遮蔽与隔膜。"关系折射"式解读主要表现在以下三个方面。

第一,以关于作家的概念与知识来替代具体的阅读分析。这已经成为很多教师得心应手的解读思路。比如李白。我们说李白诗"潇洒飘逸",李白"狂傲天真""轻视功名"等,都是针对李白其诗其人的总体评价,绝不意味着李白一生从来就没有被功名羁绊过,也不意味着他的每一首诗歌都那么清新脱俗。有的人读李白,找到李白的几首谄媚讨好的干谒诗,如获至宝,借此彻底否定李白"轻视功名",转而嘲弄李白也是一个虚浮污浊、追名逐利之徒。这样的翻案式阅读、颠覆式阅读很多,而且常能引起众多喝彩。不是说不能翻案与颠覆,而是说,这种抓住一点不及其余的翻案与颠覆,思维方式本身就是错的。要翻案,就要全面而综合地研究李白一生的行径与作品,在总体分析的基础上作出判断。如果怀着"找碴儿"的心态,找到李白的一丁点儿毛病就眼前发亮,以为发现了新大陆,所谓的翻案,只会导致更大的荒谬。

借助作家的相关信息来解读文本的危险性就在这里:李白一生总体上是轻视功名的,但在这件事上,他不是;李白的诗歌总体上是潇洒飘逸的,但这一首,恰恰未必。

第二,借助作品与世界的关系解读作品,其实就是我们熟知的知人论世。知人论世、以意逆志是我国文本解读的传统,其实质就是借助作品与世界的关系来达成对文本的理解。那么,如何理解作品与世界的关系,在

---

① 孙绍振.审美阅读十五讲[M].北京:北京大学出版社,2013:6.

走向理性与清明

整本书阅读之思辨读写

很大程度上决定了这种文本解读的合理性。但事实上,至少在中小学阅读教学中,我们所能借助的理论非常虚弱,我们的认知框架尚嫌粗糙,我们的分析工具还很有限,很多认知还停留在个案的、经验的、常识的、本能的层面,看似有理,实则经不起推敲。比如"不平则鸣""国家不幸诗家幸""愤怒出诗人""屈原放逐,乃赋《离骚》;左丘失明,厥有《国语》"之类的说辞,介于直觉与附会之间。于是,"安史之乱"之于杜甫,那是"国家不幸诗家幸";"开元盛世"之于李白,则是"仓廪实而知礼节"。说起来左右逢源,细究则模棱两可。仔细想一想,将杜甫的冉冉升起归结为"安史之乱",将李白的横空出世归因于开元盛世,逻辑的漏洞该有多少!

语文教学中一个有意味的公案,就是朱自清《荷塘月色》的解读。当年,将此文的内蕴与大革命的宏大背景挂钩,当时正处于大革命的低潮,据此判断,作家之所以"颇不宁静",就因为他目睹了革命的失败与社会的动荡。这种机械而僵化的解读不仅是可笑的,而且是可悲的,它将人的心理与精神世界简化到如此地步,好像动物的条件反射一样。时代风云对一个作家的影响,固然不用讳言,但要传导到他的具体作品中,还要经过多少曲折和转化?怎能由一个宏大的时代背景,推断出一个如此武断而苍白的结论?

从文本解读的角度看,之所以出现这样的笑话,就是因为很多人对"关系折射"式的解读崇信不疑,以为把握了时代背景,就一定能推断出文本的内蕴。

第三,借助读者与作品的关系来理解文本,同样面临着逻辑上的窘迫。同样读海伦·凯勒的《假如给我三天光明》,一个健全人与一个残疾人的感受能一样吗?同样一部《水浒传》,警察与暴徒读的感受能一样吗？因此，读者的阅读感受，永远只能作为理解作品的参考，而不能当作证据。

通过读者来理解作品，其逻辑上的漏洞是明显的：要理解文本，就得分析读者的阅读状况；要分析读者的阅读状况，就得分析读者的文化状况、生活状况……从分析线路看，通过"关系"来解读文本，必须不断扩大关联范围与认知范畴，不断扩展逻辑链条，必须从一个认知系统"越界"到另一个认知系统，势必导致关联上的不断稀释与逻辑上的不断退让。结果，公说公有理，婆说婆有理，将哈姆雷特读成了哈利·波特，看起来都有理，实则近乎胡闹。这些打着"接受美学"的文本解读，不惜扭曲文本的事实，曲解文本的逻辑，以满足自己的需求与目的，张扬所谓的个性与意趣。将"自圆其说"当作"合理"的充分条件，它带来的危害，远不止于妨害了阅读素养的养成，更在于示范了一种主观臆断的人格与精神。

《哈姆雷特》的内涵不在历史之中，也不在莎翁自述或者传记作家笔下，它只能隐藏在《哈姆雷特》的文本之中。这就是文本的"不与外界任何事物相关"的"意义和价值"。

当然，也须说明一点，文本是"中心"，但"中心并非一切，中心更非排他，所有其他因素，作家、读者、背景都是解读文本不可或缺的，但作品是中心"[①]。

直面文本的同时，以关系折射为辅佐，这样的阅读，培养的才是学生尊重文本、寻求理解、具体分析、实事求是的精神习性。

这也正是思辨性阅读的伦理价值与德育意义。

---

① 赖瑞云.多元有界与文本中心[J].语文学习，2011（12）：11.

走向**理性与清明** | 整本书阅读之思辨读写

二、理性分析与直觉顿悟

"二期课改"十多年，语文教学一直存在着去知识教学、去理性分析、去思维训练的三个"去"向。不敢妄言学者们的研究，仅就一线教学看，这三个"去"向，非常显眼，带来的恶果也很刺眼。

与淡化知识教学形成对比的，是片面强调语感养成。为了对抗知识无度的膨胀，对抗所谓的"知识中心"，语感培养被提上议事日程。但问题在于，"知识膨胀"只能说我们对知识的内涵与边界的把握出了问题，结果板子却打在了知识教学身上，显然这是打错了地方。任何一门学科，如果缺乏基本的知识体系与核心概念，这个学科的存在就是值得怀疑的，其发展也一定会乱象横生。这应该是一个基本共识，但似乎有人乐于将语文排除在这个共识之外，通过否定语文知识的系统性来否定知识教学的价值。

在语言学习上，一线教师似乎患上了知识恐惧症，特别是在公开教学中，尽可能避开知识教学，这几乎成了一线教师的共识与默契。但问题在于，上课你可以"避嫌"，考试你却无法逃避，这种莫名其妙的"去知识"倾向，给教学带来了很多麻烦。以上海高考为例，文言文总会考查词类活用、特殊句式等语法现象，文言翻译题也会涉及词法与句法。很显然，做这样的题目，没有必要的语法知识是很困难的，至少在做题的效率与准确率上会受到影响。

片面地强调整体感悟，而轻视文本的理性分析，尤其是文本的深度分析。这些年来，在阅读教学上张扬整体感悟的声音很高，这对于改变长时间占主导地位的"碎尸万段"式阅读发挥了积极的作用。曾几何时，对文本的随意肢解，对文本的粗暴而粗糙的凌剐，到了"泛滥成灾"甚至"天怨人怒"的地步。不知大家是否还记得,"泛滥成灾""天怨人怒"这样大尺度的词语,在20世纪初的语文教育讨论中,不仅"泛滥成灾",而且还一度引发了很多人的共鸣,足见这种机械而烦琐的肢解教学荒腔走板到了何等程度。

在千呼万唤之中,"整体感悟"几乎像灵丹妙药一样登场,备受恩宠。这个极有传统文化色彩的概念,一经提出,便激发了广泛的共鸣与期待,似乎有了"整体感悟",我们便能阻遏"碎尸万段"的泛滥与侵蚀了。但问题在于,真正的文本分析,不仅不是"碎尸万段",反而是"碎尸万段"的敌人。糟糕的是,我们在诅咒"碎尸万段"的时候,将文本分析也随手给扔了。我们似乎患上了"分析恐惧症",在教学中,我们不敢分析,不敢细腻地分析,唯恐破坏了文本的整体生命与灵魂。

于是,出现了这样一种莫名其妙的课堂模式:执教者或亲自出马,或调动学生,放音乐、演小品、诵读、演讲、辩论,使出浑身解数,目的是为了让学生达成对作品的"整体感悟"。可以想象,因为缺乏有效的文本分析与技术介入,学生总也不能"整体感悟"。上课的流汗,听课的着急,学生还是不为所动。没有分析的阅读教学还是教学吗?取消了文本细读与深度分析,几乎就等于取消了思维的价值。

缺乏知识根基的语言教学,沉醉在浪漫想象与随性感悟之中的阅读教学,让语文学科的面目变得浪漫而模糊。

在语感、感悟和性灵相当于"政治正确"的背景下,知识、理性、思维的边缘化几乎是必然的。

但是,语感究竟从何而来?语言能力自然不是靠知识堆积出来的,与思维建构也不能同日而语,但其中有没有知识与思维在发挥作用?语感看起来是不假思索的,但后面有没有思维的作用?这个作用的机制是

走向理性与清明 | 整本书阅读之思辨读写

什么？

整体感悟能力究竟从何而来？据说陶渊明、诸葛亮都是直觉顿悟的高手，一者"好读书，不求甚解"也能"欣然会意"，一者"观其大略"就能把握精髓，高人一等。那么，这种直觉顿悟能力从何而来？如果缺乏文本细读与理性分析的训练，这种感悟能力是否可能？这让我想到了庖丁解牛。"庖丁"以神遇而不目视就能游刃有余，但我们不能只看到庖丁解牛的娴熟，却看不到他"解牛"无数的知识与经验积累。不做细致的文本分析，而一味地逼使学生感悟，是否就可养成感悟能力？这让我想到了某"大师"引导幼儿读经的"六字真经"："小朋友，跟我念。"这种充满神秘主义乃至蒙昧主义色彩的教学秘技，与现代教育的理念相差甚远。

张扬直觉、性灵的人，喜欢将这些东西贴上"生命""人性"的标签，而他们抨击的往往是理性化带来的人性的失落与诗意的丧失。这是很有蛊惑力的。但是，知识与理性也是生命与人性的一部分；张扬理性的精神与力量，也是对生命与人性的礼赞。

也有老师拿"在游泳中学习游泳"比附语言学习，似乎在语言实践中就能学好语言，以此来否定教学的价值。这里其实有个隐喻陷阱。"下水"只是学好游泳的必要条件，要是你不"下水"，你在岸边再怎么折腾，也是学不会游泳的。但"下水"并不排斥必要的知识学习、技能训练与理性分析。语言学习也一样。你不开口，不实践，自然是学不好语言的，但要养成良好的语感，除了日复一日地实践与积累，知识传授、思维训练、理性分析也是很重要的。

还有个说法：李白杜甫也没学什么语言知识，估计也没接受过文本分析训练，人家语感不也很好吗？这样的说法经不起推敲。谁敢肯定李白、杜甫没有接受过相应的知识教育与阅读训练？传统的小学、经学、诗词格律，不就是语言知识吗？我们只能说他们没有接受过现代的知识教学和分析训练。另外，在一个教育普及的时代，再以少数杰出人才的个案说事，在逻辑上也是有问题的。语言能力是有天分的，有的人没受过多少语言训练，也能写出不朽的作品，莫言就是一个例子。不可否认的是，这样的人在语言上具有很强的元认知能力，能够迅速而敏捷地将各种经验（直接的、间接的）转化为合理的知识。他们不是没有知识，只是获取知识的方法与路径有异于常人而已。

我们讨论的，只是人的语言发展的一般规律。

阅读教学的知识性、理性与技术性诉求，应该得到尊重；如同语感的培养与性灵的张扬在语文教学中应得到尊重一样。以往那种片面强化某一个维度，坚定不移地走到无路可走，再折回头换条路从头再来的做法，破坏性大，杀伤性强，无助于教育的积累与进步，该退场了。

近十多年，"训练"这个词也被污名化了。刷题式的训练是机械的、反复的、无效的，它不利于知识建构与素养养成，反而会窒息人的思维活性，扼杀人的学习热情。但是，不能因错误的训练带来了很多恶果，就去否定训练的价值。在教学中，训练的价值是无可替代的，尤其是思维能力与表达能力，没有合理的训练，就难以形成良好的认知结构，高阶思维也就成了奢谈。

与观念上的缺陷相应的，是分析素养的欠缺。缺乏理性分析的习惯，也缺乏相应的能力，分析论证的谬误很多。

已有的、习用的分析工具，有些已显得陈旧与粗糙，亟待改良与完善。人物、情节与环境"三要素"是小说分析的基本框架，但在一些探索性、实验性小说的文本分析中，就未必管用。在这方面，中小学语文教育

走向理性与清明

整本书阅读之思辨读写

亟须引入新的学术资源，吸纳最新的学术成果，以改良和完善现有的分析与认知工具。一个很有启示的案例，就是关于议论文"三要素"的讨论。议论文"三要素"的框架沿用很久，人们也习以为常，但"三要素"的具体内涵是什么，评估"三要素"的标准是什么，三个要素之间的关系又是怎样，这些问题并未厘清，甚至语焉不详，一线教师也习焉不察，给议论文教学带来了诸多偏差和错误。有感于这个框架的粗糙及谬误，潘新和先生甚至主张废除旧的"三要素"，以价值性、发现性、说服性的新要素取而代之。① 当然，推陈出新亦非易事，在这个问题上，孙绍振先生主张在保留"三要素"框架的基础上，进行必要的改造，他主张"以具体分析统率三要素"。② 无论是废除还是修补，希望改造现有的分析框架与分析工具，使之趋向合理与完善，则是共同的目的。在语文学科中，有很多类似的分析"要素"。它们究竟是否合理，在教学中是否有效，需要不断地追问和探寻。

当然，分析工具只能提供一个认知的框架与路径，在阅读中如何运用，还得靠"具体分析"。正是在这个意义上，孙绍振先生提出的"以具体分析来统率三要素"的命题，超越了议论文写作的范畴，具有广泛的启发和借鉴意义。如果不能具体分析，而是生搬硬套，再完备有效的工具也注定无用。比如在叙事类文本的人物分析中，一个常用的分析框架是：从外貌特征、言行举止、细节反应等入手，分析人物的心理特征与个性内涵，进而分析人物的社会属性与个人品德，最后进行政治、道德和社会评价。如下图所示：

---

① 潘新和. "议论文三要素"的重构[J]. 语文建设，2012(6): 15-19.
② 孙绍振. 用具体分析统率"三要素"[J]. 语文建设，2012(9): 14-18.

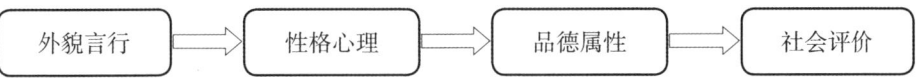

这个框架的逻辑假设是，人的外貌言行反映了人的内心世界，进而表现了人的品德与社会属性；通过对人物言行举止的分析，我们就能达成对人物的理解与评价。抽象地看，这个逻辑假设是合理的，合乎人们的生活常识，生活中就有"言为心声""相由心生""性格决定命运"等说法，总体上符合人们的生活经验和感受；同时，也合乎人类的认知规律，我们对人的认知总是由表及里，由浅入深，由模糊到清晰。但问题在于，外貌言行、性格心理、品德属性之间，究竟是怎样的一种关联呢？可以肯定的是，并没有一个恒定不变的关联模式。有人外貌形似李逵，而实际上心细如发；有人性格怯懦，事到临头却能果敢坚毅；有人言行看似高尚，实则心灵肮脏；有人举动粗野，内心却温柔似水。这就是人的复杂性。

但与人性的复杂形成悖论的，是人类思维的惯性与惰性。我们总是倾向于将复杂的"关联"简单化、公式化、普遍化，各种谬误也在不经意间产生。

没有理性的分析，就谈不上独立思考，没有理性的分析论证，就谈不上真正的文本解读。这一点在阅读测评中尤为重要。以高考常见的史传文测评为例。有一种人物分析的题型多次在多省市命题中出现，姑且举其中一例，见下表所列。表格中的"√"表示给定内容，"？"表示考生要填写的内容。

相关事迹	性格或品德	社会评价
√	？	？
？	√	√
……	……	……

走向理性与清明

整本书阅读之思辨读写

上述考核也可以其他形式出现，比如填空、简答等，但基本思路都是要求考生根据给定信息，推断其他项目的内容。比如给定相关事迹，要求考生根据传主的事迹推断其性格特征或品质品德等，再作出相应的社会评价，以此类推。这样的测试包含了多少思维的风险？试想，在考场这一特殊环境和考试这一特殊事件中，让学生对一个历史人物进行真正的分析与论证，还要作出评价，实在是强人所难，匪夷所思。我们知道，只有在全面、细致、综合、有深度的分析论证的基础上，我们才可能对人物作出相对公允的评价，考试与考场显然不能满足这些条件。

换个角度想，即便在现实生活中，要给一个人作出评定，也是一件艰难与慎重的事情。迫于考试的现实功利性与条件限定性，考生所能做的，也只能根据在高考训练中所掌握的公式化的分析框架，对人物作出贴标签式的分析与判断，这种分析论证基本上是机械的、刺激反应式的。关于这一点，在一些所谓的备考名师的辅导经验中也能见出端倪。他们宣扬的经验是，先确定文本对传主的评价是褒是贬，譬如是乱臣贼子、奸佞小人，还是忠君报国、不二忠臣，只要确认了这个褒贬态度，剩下来的事情就很简单，是好人就刚正不阿、清正廉洁、善待同仁……是坏人就冥顽不化、虚伪狡诈、朋比为奸……这让我想到历史上上演了无数次的闹剧：已经盖棺论定的人物被新君鞭尸，一切关于他的史传都得重新修订。同样的史实，因为新君的金口玉言，便有了截然不同的解释。实在解释不了，也还有最后一个永远立于不败之地的解释：大奸似忠。这不就是典型的"结论先行""观点先行"吗？

三、积极冲突与消极共鸣

从阅读体验看，思辨性阅读是一个既与作品产生共鸣，又不断发生冲突的复杂过程。

共鸣，或者说"艺术共鸣"，指的是阅读者与作品在价值理念与情感态度上达到了同声相应、同气相求、物我两忘的心灵感应状态。它的基本表现是爱作家所爱，恨作家所恨，与作品中人物同悲欢、共休戚。这是一种愉快的阅读体验，常常给读者带来深刻的情感冲击与精神感染。

"冲突"则正好相反，它意味着阅读者的价值判断和情感态度，与作品存在着缝隙甚至尖锐的矛盾。这样的状态，往往让读者感到沮丧和苦闷，难以释怀，倍感压抑。对于多数人来说，这恐怕是一种不太愉快的阅读体验。尤其是在以趣味或消遣为目的的阅读中，这种"找罪受"式的阅读，往往不受待见。

但在思辨性阅读中，冲突与共鸣的体验同等重要，它们都是思辨得以生长的重要契机。

武松是《水浒传》里的一个好汉形象，光彩夺目，深受读者喜爱。在一百零八个好汉中，武松排在三十六天罡星之第十四位，但金圣叹特别偏爱武松，他说武松当为"第一人"：

然而此一百六人也者，固独人人未若武松之绝伦超群。然则武松何如人也？曰："武松，天人也。"武松天人者，固具有鲁达之阔，林冲之毒，杨志之正，柴进之良，阮七之快，李逵之真，吴用之捷，花荣之雅，卢俊义之大，石秀之警者也，断曰第一人，不亦宜乎？①

金氏才子称武松为"天人"，显然是因为武松独特的个性魅力吸引了这个狂放不羁的金圣叹。

那么，究竟该怎样评价武松这个人物呢？不妨梳理他的人生轨迹与

---

① 施耐庵，罗贯中.水浒传［M］.北京：中华书局，2009：219-220.

走向理性与清明

整本书阅读之思辨读写

事迹。

武松的故事主要发生在第二十一回至第三十回,这著名的"武十回",可算是"好汉武松"的一个传记。

武松的天性中有一种不服、不从、不依、不饶、天不怕、地不怕的好汉气质。即便沦落天涯,也不改浪子之心;即使寄人篱下,也不自矮三分。你看,武松的出场先声夺人,当时他为了躲避官司,窝在柴进庄上。恰逢宋江酒醉,走路趔趄,无意间冒犯了他。武松一"触"即发,大发雷霆。有人劝他"不得无礼",因为此人乃柴大官人的"亲戚客官"。武松听了,却是火上浇油,愤愤不平地说:"'客官','客官',我初来时也是'客官',也曾'最相待'过,如今却听庄客搬口,便疏慢了我,正是'人无千日好'!"① 他就不去想一想,你在人家庄上一住就是一年多,惹是生非,搞得鸡犬不宁,还想人家待若上宾?可武松不这样想,他自说自话,自视甚高,不容别人对他有一丝的挑衅、羞辱和蔑视。

武松的这个性格,在"景阳冈打虎"一节中表现得最为突出。先是"三碗不过冈"的酒幌让他心里不服,是英雄,就不能服输。死缠烂磨,软硬兼施,硬是喝了整整十五大碗。仗着这股酒劲儿,武松不顾"吊睛白额大虫"的告示和店小二的劝告,硬是上了山。到了山神庙,看到官府的榜文,"方知端的有虎"。怎么办?要是换一个人,也就灰溜溜地原路返回了。但武松不是这样,他怕人耻笑,他不能输了这口气,他要的是面子。

小说写到这里,武松的倔强性格已是一目了然。武松一路上山,固然是因为内心的疑虑,他怀疑这老虎是酒店揽客留客的花招,但更是因他那不服输、不服软的性格。这样的性格反过来强化了他对酒店的猜疑。就这

---

① 施耐庵,罗贯中.水浒传[M].北京:中华书局,2009:184.

样，他硬是自己制造了一个与老虎狭路相逢的机会。

武松自视甚高，却也有他自大的本钱。在景阳冈，武松硬是凭着自己的神力，赤手空拳打死了那只吊睛白额大虎，为民除害，受到了猎户与官府的褒奖。武松不仅功夫了得，人品也是一流，他为民除害却不居功，谢绝了县令的赏赐，将钱财分给了那些被老虎祸害得倾家荡产的猎户。仅凭这一点，就足够让读者喝彩。阳谷县令夸奖武松"忠厚仁德"，其实这也是作家施耐庵的评价。读到这里，读者对武松的形象认知，一定会与作品产生高度的共鸣。尽管我们也知道，并非每个读者都喜欢武松的直性子，但一个敢作敢当、为民除害、仗义疏财的英雄形象，已经在读者的心里萌芽了。

武松的形象在随后的情节推进中得到了进一步的表现。面对潘金莲的诱惑，武松恪守人伦之道，谨遵叔嫂之分；而他的处理方法，也算是冷静、干脆、周全而体面。这说明武松不仅武艺高强，心眼也足够灵活。毫无疑问，这样一位正气凛然而处事妥当的好汉，又让读者平添了几分好感。

在"武松杀嫂""血溅鸳鸯楼"等情节中，武松的理智与机警得到了进一步凸显。武大对武松有养育之恩，兄弟俩虽是手足，实则长兄如父。面对兄长的惨死，武松并没有因悲伤而丧失理性，他不动声色，先去找何九叔拿到了"两块酥黑骨头，一锭十两银子"的物证，然后找到郓哥，落实了人证。在确证了西门庆与潘金莲合谋杀死武大的奸情之后，才去官府告状。武松很理智，利弊得失盘算得一清二楚，做起事来思路清楚，有条不紊，滴水不漏。他带着物证人证到县衙告状，他诉诸法律，而非拳头。这是武松与多数梁山好汉的不同之处。武松原本是个重法律、讲道理的人。设想一下，这样的事情发生在李逵的身上，情况将会怎样？

在替兄复仇的过程中，武松也显示了过人的细心与分寸。在"杀嫂"现场，武松"请"来左右邻舍，现场见证，此刻的武松对法律依然存有敬

走向理性与清明

整本书阅读之思辨读写

畏之心，他不希望落个滥杀无辜的恶名。他杀了潘金莲与西门庆，独独留下了王婆，这也显示了他的周全——既留下了一个活口，又在很大程度上减轻了自己的罪责。要知道，潘金莲是他的嫂子，在中国这样一个讲究宗法秩序的社会，家族惩罚往往能得到国家法律的宽容；西门庆是通奸案与凶杀案的主使，除掉他，也能得到民意的同情。而王婆，尽管心眼坏透了，但说到底也只是一个拉皮条的掮客。跟潘金莲比，她是个外人；跟西门庆比，她也只是一个帮凶。杀了她，意义不大，反而加重了自己的罪责。留下王婆，可见武松的心计与分寸。

可贵的是，武松在为兄复仇之后，主动到官府自首，承担自己的责任，再一次体现了敢作敢当的好汉精神。拿武松与满嘴忠义的宋江之流对比，就可看出武松的英雄气概——宋江误杀了阎婆惜之后，仓皇逃命，留下老父在家对付官府的捕快。

对于武松杀嫂，我们不能站在现代法治的高度来苛责他，毕竟他生活在法律不彰、黑白颠倒的时代，毕竟他已经在法律的框架里做了最大的努力。此刻的武松与一忍再忍的林冲一样，总体上是值得肯定与敬重的。有些学者批评武松践行的是杀人偿命的原始观念，不够宽恕与忍让，①这显然脱离了武松所处的时代与他的具体处境。②

就这样，武松的形象一步一步站立起来。武松一身正气，武艺高强，头脑聪明，遇事不慌神，做事看机会、看得准、出手快、行得稳。他最后被从轻发落，脊杖四十，刺配孟州，保全了性命。读到此处，读者为武松松了一口气。毕竟是命案，能如此发落，也算是万幸的了。

---

① 黄玉峰.如何看待经典及如何看待思辨［J］.语文学习，2015（1）：4-8.
② 余党绪.关于《水浒传》的阅读与教学［J］.语文学习，2015（1）：8-12.

在这个解读过程中，读者体验更多的是与人物同悲同喜的共情与共鸣。这样的共鸣，超越了时代与地域的局限，体现了人性中普遍的爱恨情仇，体现了对公道与正义的向往与追求。读者的愿望得以实现，而被压抑的情感也得以宣泄，在阅读中获得的，毫无疑问是善有善报、恶有恶报的快感。在民间曲艺、评书和影视剧中，这些桥段都是要浓墨重彩表现的，因为它的情节起伏与读者的情感起伏保持了高度的一致，很容易获得读者和观众的喝彩。

共鸣让人愉快，但在思辨性阅读中并非总是积极的。在阅读中，一味追求与作品共鸣，可能会让人丧失独立思考与判断的意识；而在阅读教学中，一味要求学生体验作家的体验，理解作家的理解，追求所谓的共情与公理，强调沉浸与兴会，也可能会葬送学生的质疑与反思意识。

特别是在经典名著的阅读中。经典看起来高不可攀，具有强大的势能，读者往往自觉不自觉地将自己置于从属的、被动的位置，作为模仿者、练习者和体悟者而存在。很多人将共鸣当作经典阅读的最高境界，读《论语》《孟子》这些原典更是如此。一味追求体验与认同，缺乏质疑与对话意识，时间久了，自由精神就被消磨了。现在市面上很多解读《论语》的出版物，他们的解读逻辑是：孔子总是对的，如果有问题，那问题就出在读者身上。鄢烈山曾经举例说：

孔子说"三人行，必有我师"，又说了"无友不如己者"。我的理解是，前一句是说我们要虚心，取人之长，补己之短。后一句的意思是不要跟不如自己的人交朋友。有学者非要说"不如己者"不是这个意思，似乎这样理解显得孔子很势利，有损老夫子的形象。[①]

作为经典，肯定有其超越时代与民族的价值与意义，但任何经典都不

---

① 鄢烈山，余党绪.批判性思维是指向公正的思维方式——"关于公共说理与批判性思维"的对话[J].语文学习，2015（5）：9.

走向理性与清明

整本书阅读之思辨读写

可能放之四海而皆准。因此，包括经典的阅读在内，思辨性阅读才是合理的阅读之道。思辨性阅读强调读者以主体的姿态切入文本，不以共鸣为目标，而以平等对话为桥梁，追求个人理解的完善与超越。这必然是一个不断质疑、论证、反思和评估的过程，也是一个反复的、螺旋式发展的过程。

一个读者，如果失去了独立思考与判断能力，完全沉浸在作品之中难以自拔，这就等于被作家给控制了。越是高明的作家，越能通过各种手段与技法操控读者。像《水浒传》的作者施耐庵，那是一等一的高手，他的语言驾驭能力，他对人情世故的练达程度，他对社会生态的洞察力，都是超一流的。这些能耐成就了一部传世名著，但施耐庵的价值观念与思维方式的局限，也因此被隐藏得更深了。

就武松来说，施耐庵要塑造的是一个侠肝义胆、有勇有谋的好汉形象。为了这个目的，在每一个细节与关合之处，施耐庵都会用心与用力。正是在他的"看不见的手"的推动下，我们对武松的好感越来越多，共鸣越来越多，我们几乎成了武松的"粉丝"。

但是，问题恰恰就出在这种惯性的共鸣与共情上。当我们还沉浸在这种共鸣的愉悦状态时，错误已经开始滋长和蔓延了。

接着看武松。

武松的确敢作敢当，但他有一个致命的弱点，那就是吃软不吃硬，而缺乏明确的是非观与善恶观。只要你对他服软，俯首称臣，给他戴高帽子，用心奉承与恭维，武松就心花怒放，什么是非善恶，全不在他的思虑之中。金圣叹一语道破了武松的心事："武松平生一片心事。只是要人叫声'好男子'。"①

---

① 施耐庵，罗贯中.水浒传[M].北京：中华书局，2009：254.

正是因为这个致命的弱点，武松随后的行为越来越偏离了正常的轨道。先是在十字坡遇张青、孙二娘夫妇，这公婆二人开的是人肉店。武松识破了孙二娘的伎俩，正与孙二娘揪打之时，张青出现了。小说写道：

（张青）说道："愿闻好汉大名！"武松道："我行不更名，坐不改姓，都头武松的便是！"那人道："莫不是景阳冈打虎的武都头？"武松回道："然也！"那人纳头便拜道："闻名久矣，今日幸得拜识。"武松道："你莫非是这妇人的丈夫？"那人道："是小人的浑家'有眼不识泰山'，不知怎地触犯了都头。可看小人薄面，望乞恕罪！"武松慌忙放起妇人来，便问："我看你夫妻两个也不是等闲的人，愿求姓名。"那人便叫妇人穿了衣裳，快近前来拜了都头。

武松道："却才冲撞，嫂嫂休怪。"那妇人便道："有眼不识好人。一时不是，望伯伯恕罪。且请伯伯里面坐地。"①

孙二娘用蒙汗药麻翻了押解武松的两个公人，武松看穿了这是家黑店，这才将孙二娘打翻在地。可是，张青的一句话和一个动作，就让武松立刻换了一个面目——"景阳冈打虎的武都头"的恭维和"纳头便拜"的服输，正好满足了武松的精神需要。武松不仅不再追问这两口子干的缺德事，而且慌忙扶起孙二娘，向她道歉。武松道的是哪门子歉？这样的武松，还能跟他共鸣吗？

武松的糊涂在"义夺快活林"这一节中更是暴露无遗。施恩是个什么货色？在第二十八回《施恩重霸孟州道　武松醉打蒋门神》，施恩自己介绍说：

小弟此间东门外有一座市井，地名唤做快活林。但是山东、河北客商

---

① 施耐庵，罗贯中.水浒传［M］.北京：中华书局，2009：247.

走向理性与清明

整本书阅读之思辨读写

们都来那里做买卖。有百十处大客店，三二十处赌坊兑坊。往常时，小弟一者倚仗随身本事，二者捉着营里有八九十个拼命囚徒，去那里开着一个酒肉店，都分与众店家和赌钱兑坊里。但有过路妓女之人，到那里来时，先要来参见小弟，然后许他去趁食。那许多去处，每朝每日，都有闲钱，月终也有三二百两银子寻觅，如此赚钱。①

说到底，施恩不过是个依仗父亲的权势，欺行霸市、强买强卖的地头蛇，与西门庆、蒋门神没什么区别。但是，因为施恩的不断笼络与收买，武松全然不顾是非曲直，毫不犹豫地上演了一出"醉打蒋门神"。在黑吃黑的争斗中，武松冲锋陷阵，无所畏惧，这样的武松还算什么好汉呢？小说写施恩"把武松爷娘一般敬重"，武松沉溺在被人吹捧和豢养的甜美之中，不能自拔，却不知道大祸正在降临。

施恩的好酒好菜可以收买武松，张都监的几句好话，武松当然也会信以为真。原文这样写道：

张都监便对武松道："我闻知你是个大丈夫，男子汉，英雄无敌，敢与人同死同生。我帐前见缺恁地一个人，不知你肯与我做亲随梯己人么？"武松跪下称谢道："小人是个牢城营内囚徒，若蒙恩相抬举，小人当以执鞭随镫，伏侍恩相。"②

可以想象，武松此刻一定心花怒放，情不能已，晕晕乎乎就中了人家的奸计。一个打虎英雄，原来如此不堪。武松打虎，我们为他捏一把汗；武松斗杀西门庆，我们为之叫好；武松醉打蒋门神，你还为他热血沸腾吗？张督监陷害武松的时候，还值得为他痛心吗？

还有武松的暴虐，在"血溅鸳鸯楼"这一节，令人发指。为了报仇，

---

①② 施耐庵，罗贯中. 水浒传 [M]. 北京：中华书局，2009：247，255.

武松竟然一口气杀了15个人，而其中多数人都与他无冤无仇，多数人也没去妨碍他报仇。甚至，武松杀人也不是为了逃命，他在杀人现场写下"杀人者打虎武松也"8个大字，说明他已全然无所顾忌。杀了15个人，武松才道"我方才心满意足，走了罢休"，如此凶狠毒辣！他公然宣称："一不做，二不休，杀了一百个，也只一死。"这不就是亡命徒的逻辑吗？

可叹的是，施耐庵在叙写武松的杀戮场景时，始终保持着沉着、酣畅的笔调，就像鲁迅笔下的那些看客一样，冷漠而无情。这样的施耐庵，缺乏对生命最起码的悲悯与尊重，我们有什么好与他共鸣的呢？

一个大写的读者，必须是一个能与作家对抗的人。无论他是谁，都不能无条件地仰视或俯视，必须进行平等的对话与对抗。施耐庵是几百年前的一个书生，他不知道世界上还有人道主义、尊重妇女、儿童本位，如果说他落后的价值观念还能得到宽容与谅解的话，今天的读者还能为自己的糊涂寻找理由与借口吗？

不独对古代经典，对外国经典，对所有的经典，都需持平等的对话态度。对话伴随着冲突与共鸣，伴随着冲突与共鸣的，就是对文本的不断追问与对自我的不断反思。

当我们与作品产生了共鸣，阅读并没有完成，我们要深思：为什么会产生共鸣？这种共鸣是积极的，还是消极的？如果是积极的，我们需要反思与沉淀；如果是消极的，我们要思考共鸣何以产生。此刻，我们既要反思自己的价值观念与情感态度，又要对文本可能的缺陷进行分析与批判。

当我们与作品产生了冲突时，请注意，千万不要轻易放过它，或者总是停留在自我检讨的层面。我们需要追问的是：冲突何以产生？是误解（消极冲突），还是确有冲突（积极冲突）？如果冲突因作品存在缺陷而起，作品的问题在哪里？如果因我的价值理念与情感态度存在瑕疵，那么

走向理性与清明

整本书阅读之思辨读写

我的问题又在哪里？

阅读的过程就是这样一个对话的过程，在共鸣与冲突的双重奏鸣中，我们向文本掘进，也向自我掘进。如下图所示：

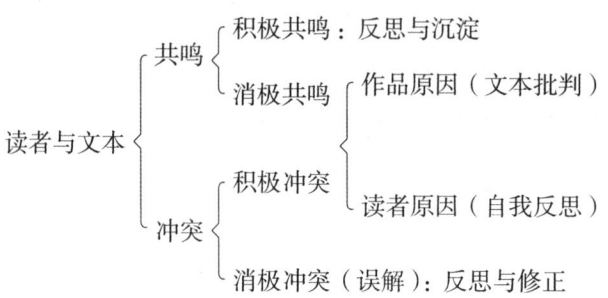

四、体验无边与论证有限

思辨性阅读主张在事实与逻辑的基础上展开深入的分析与论证。分析与论证是思辨性阅读的锐利武器。那么，在文本解读中，分析与论证是不是就是无所顾忌和所向披靡的呢？

至少在文学作品的阅读中，答案是否定的。文学是人学，生命是理性的，生命也是感性的，理性并不能穷尽生命的全部。理性不仅不能穷尽生命的全部，而且在非理性的生命现象面前，理性还要学会敬畏与礼让，恪守自己的边界。

体验无边，论证有限。没有深度的分析与合理的论证，文本理解就会陷入肤浅与片面；而知识的狂妄和理性的僭妄，则可能以生硬的逻辑切割丰满的生命，以冰冷的事实疏离敏锐的感情，造成对文学的阉割与悖离。因此，在文学文本的解读中，既要充分发挥环境分析、性格分析、情节分析等逻辑分析的作用，又要为人的情感与感觉保留一点空间。这是非理性的领地，可以想象与阐释，却难以论证与决断。

《悲惨世界》里有个"公案":沙威会不会自杀?或者换一个问法:沙威自杀可不可信?譬如梁晓声就认为沙威是不会自杀的:沙威投河自杀是雨果设计的一个过于理想化的结局,因为沙威纯粹是法律的工具,根本没受过人文精神熏陶,被社会秩序异化得毫无人性,以将穷人绳之以法为乐,这样的人不可能因为冉阿让救了他就被感动,更不可能为此自杀。这是梁晓声在《未死的沙威》这篇随笔里提到的,并未展开充分的论证,结论显得仓促和简单了些。不过,他确实提出了一个好问题。

同样的话题来自托尔斯泰的《安娜·卡列尼娜》。据说,托翁因为"写死"了安娜而痛苦不堪。被他的哭声弄得莫名其妙的朋友说:你把她"写活"不就行了?为什么自己"写死"了她,反过来又号啕大哭?想必很多读者都有这样的疑惑。作家掌管着人物的"生死"大权,死活不就是一句话的事情吗?为什么非要跟自己过不去呢?

在草婴译本序里,译者这样转述托尔斯泰的话:

这个意见使我想起普希金遇到过的一件事。他对一位朋友说:"你想想,我那位塔吉雅娜跟我开了个多大的玩笑!她竟然嫁了人!我简直怎么也没有想到她会这样做。"关于安娜·卡列尼娜我也可以说同样的话。总的说来,我那些男女主人公往往做出一些违反我本意的事来:他们做了在实际生活中常有的和应该做的事,而不是我所希望他们做的事。[1]

在草婴看来,"托尔斯泰说这话首先是表明他的创作信条:严格遵守现实主义方法,忠实表现生活的逻辑;同时也说明他对安娜的态度"。托尔斯泰严格遵循现实生活与人物性格的逻辑,让人物"做了在实际生活中常有的和应该做的事,而不是我所希望他们做的事",不用自己的主观意

---

[1] 列夫·托尔斯泰.安娜·卡列尼娜[M].草婴,译.南京:译林出版社,2010.

走向理性与清明

整本书阅读之思辨读写

愿去干预人物的行为逻辑,精确地体现了现实主义的创作原则。这就是托尔斯泰的创作心理:情感上为安娜之死而痛心,而逻辑上则没有办法改变这一命运。

托尔斯泰的轶事让我们津津乐道,大师的严谨与缜密让我们折服。按照文本推进的逻辑,安娜非死不可,这才合乎现实社会与情节逻辑的真实。

事实上,如果回到文本,我们的确能为安娜的死亡找到看起来无比充足的理由。从社会到文化,从安娜的处境到她的人际关系,从她的家庭到她的出轨,等等,每一个证据都能表明,安娜必死无疑。这样的论文也是多如牛毛,论者都在强调一个逻辑:安娜之死具有必然性。安娜不死,就违反了这个必然性,小说的艺术真实性与艺术震撼力就会黯然失色,这部经典或因此而沦为二流产品。

托尔斯泰在谈到他创造《安娜·卡列尼娜》的"念头是怎样产生"时,这样说道:

> 是的,就像现在这样,饭后我独自躺在这张沙发上,吸着烟……我不知道我是在竭力思索呢,还是在与瞌睡作斗争,突然有一条非常漂亮的贵妇人的光胳膊在我面前掠过,我不由得仔细看看这个幻影。接着出现了肩膀、脖子,最后是一个美丽的女人的形象,她身穿白衣裳。她那双含怨带恨的眼睛看着我。幻影消失了,可是我已无法摆脱它,它日夜跟踪着我。为了摆脱它,我必须给它找个化身。这就是写作《安娜·卡列尼娜》的起因。①

不知托尔斯泰当初构思这个"美丽的女人的形象"时,是否已经预设了她自杀的结局。如果是这样,安娜之死归根结底还是托尔斯泰安排的。

---

① 列夫·托尔斯泰.安娜·卡列尼娜 [M].草婴,译.南京:译林出版社,2010.

有了这样的预设，作家在情节推进的过程中，必然会做相应的渲染与铺垫，在最后关头，强大的势能也催逼着作家不得不把安娜写死。

从这个角度看，安娜之死确有必然性。这个必然性，就是由社会环境的逻辑与人物性格的逻辑所造成的一种趋势。

但即便如此，这个必然性依然值得追问——假设在生命的最后时刻，死亡的恐惧阻止了安娜，她终于打消了自杀的念头，她决定重新开始，有没有这种可能呢？这样的选择是不是一定损害了小说的艺术价值呢？

这种可能性是有的。姑且不论安娜对这世界还充满了迷恋，对沃伦斯基并没彻底绝望，她还有几个可爱的孩子……最为关键的，作为一个人，求生的力量无比强大，甚至可以战胜其他的一切。旁观者可以轻易地斥责安娜苟且偷生，但对于她自己，这生存的欲望——仅仅凭着这生存的欲望——也足以让她选择活着，坚韧地活着，即使像猪狗一样活着。

安娜之死，合乎艺术的真实，体现了情节发展的内在逻辑；安娜活下来，可能性也是存在的，这也是一种艺术真实，因为它体现了生命的本能的力量。人物的生存还是毁灭，关键取决于作家的创作意图；而人的生存与死亡，却牵涉本能的力量。现在，托尔斯泰写死了安娜，这显示了他的高明与深意；如果他换一种写法，其实也还是有极大的创造空间。

我的意思是，安娜之死，只是一种可能，没有必要上升到"非死不可"的高度与硬度。这里有一种比逻辑推理更强大的力量，那就是生命的本能。世界上固然有很多人在生活的压榨中选择了死亡，但更多的人还是选择活下去，无论这压力是来自哪里，无论生活多么艰难。求生是人的本能，正因为如此，有人才将苏格拉底的死亡称为"人类第一件具有文化意义的死亡事件"。因为苏格拉底本来有生存的机会，但他毅然决然地选择了赴死。在苏格拉底身上，文化的力量战胜了生命的本能。苏格拉底选择

走向理性与清明

整本书阅读之思辨读写

了死亡，但并不意味着，只有死亡才能成就其伟大。死亡，增加了苏格拉底的文化意义，但如果他选择活下来，也无损于他的伟大，正如司马迁的"苟活"一样。

生命的本能，同样值得尊重。

死亡是艺术经常触及的话题，艺术家们也喜欢用这种极端情节来彰显他们的想象力与思考力，死亡也确实能给我们以更强大与更持久的冲击与震撼，尤其是自杀，就像安娜之死。设想一下，如果安娜在最后一刻退缩了，逃避了，她还能怎样选择？当年鲁迅先生为《玩偶之家》的娜拉设想，娜拉出走之后，还有什么出路？不是回去，就是堕落……那么，安娜呢？似乎真的是无路可走了。

但是，这依然是一种逻辑上的推理。问题在于，生存的本能是超越逻辑的。艺术的真实不同于人性的真实，但艺术的真实必须尊重人性的真实。人性的真实才是最高的真实。安娜之死，不是一个论证性的问题，只是一个阐释性的问题。死亡是人的必然归宿，但在主观意愿上，"赴死"并不具有必然性。对于当事人来说，没什么"非死不可"的理由。活着，才是不需要理由的。

这其实涉及文本分析中的一个重要原则：有没有超越逻辑与情理的东西？逻辑的分析是否可以穷尽生命的一切？

生命高于理性与逻辑。安娜的死，可以阐发出多种意义，却无法进行充分的论证。"安娜必死"不仅逻辑上不成立，而且也不合乎生命的人道法则。体验无边，论证有限，对于生命，对于情感，对于人的行为，逻辑分析只能无限地接近真相，却永远无法涵纳生命的一切。这恰是生命的神秘与高贵之所在。任何试图以分析与论证穷尽生命现象的努力，都注定是失败的。这不是因为逻辑无力，而是因为生命无限。

这也在提醒我们，当我们面对生死问题，我们可否换一种谈论方式：少一点论证的生硬与无情，而多一点理解和阐释的温情与关怀？

对于安娜之死，读者是惋惜与痛心；而对于沙威的死，人们的态度就截然不同了：他活该，他死有余辜。想一想被他追捕一生的冉阿让和被他践踏的芳汀，沙威真是罪有应得。

但恶棍也是人，同样有着贪生怕死的本能。沙威选择了死亡，他的死亡就值得思考。有的人觉得，沙威恶贯满盈，罪大恶极，他该死，他不配活在这个世上，对于沙威的死一笑了之。这样的解读显然糟蹋了雨果的深意，在更高的层面上也违背了雨果在小说中始终弘扬的人性、人文与人道的精神。

沙威该不该死，与沙威会不会死，是两个问题，前者是读者的义愤，后者是沙威的选择。沙威会不会死呢？这个无法论证的问题，却需要严肃的阐释。

沙威是个独特的恶人。从特定程度看，他是冉阿让、芳汀的悲剧制造者。在这个意义上，他是"善"的敌人。但沙威是个立体的形象，他邪恶，但又有着显而易见的"美德"。一般情况下，这些美德让人尊敬和钦佩，比如他的信念、忠诚与坚韧。他对法律一片赤忱，对职业一片忠心，有虔诚的责任感，做事一丝不苟，他的自我约束、清心寡欲、韧性与严谨，都可与冉阿让媲美。雨果在叙述中也特意使用了忠贞、自信、坚定、果敢、执着、严肃、铁面无私这样的字眼来形容他。

沙威追捕冉阿让，不为名利，不为仇怨，仅仅源于他对社会秩序的尊重、对法律的信念和职业操守。小说写道，冉阿让在土伦监狱服苦役时，沙威已是副监狱官；而1832年巴黎起义时，二十多年过去了，沙威也还只是个探长。按照以往教科书上脸谱化的说法，沙威真的只是一只统治阶

走向理性与清明 | 整本书阅读之思辨读写

级的"鹰犬"与"走狗"而已。我们可推测,沙威并不为名利而活,他是一个为自己的信念而活着的人。

沙威的复杂性正在于此。他自认为是个有良知与原则的人,他对自己的人品和作为毫不怀疑。他以"善类"自居。有意思的是,关于沙威的"良心",不同的译本做了不同的处理。有一段沙威心理活动的描写,李丹、方于的译文是:

除此以外,沙威也还有他自己的顾虑,除了上级的指示,还得加上他自己良心的指示。他确是拿不大稳。①

而郑克鲁先生的译文则是:

另外,再重复一遍,沙威还有顾虑;除了厅长的叮嘱,还有自己内心的叮嘱。他确实有怀疑。②

"良心"与"内心",一字之差,恐怕反映了译者对沙威的理解与疑虑。其实,沙威自认为是有良心的,这一点毋庸置疑。他坚守和践行的是没有人性与爱的信念,虽无意作恶,甚至心存理想,但结果依然是作恶多端。

沙威在自杀之前,给警察局留下了一封信。这封奇特的遗书,既没有抒发人生沧桑,也不是交办后事,在生命的最后时刻,他思考的依然是与其职责有关的事情,从他的建议中可见其"敬业与用心",也可见出他的"公心与正直"。

兹摘录几条如下:

第二:当被拘押者从预审处来到时,是赤着脚站在石板上等待搜查。

---

① 雨果.悲惨世界[M].李丹,方于,译.北京:人民文学出版社,1992:466.
② 雨果.悲惨世界[M].郑克鲁,译.上海:上海译文出版社,2010:431.

很多人回狱后就咳嗽，这样便增加了医药的开支。

第四：不能理解为何要对玛德栾内特监狱作出特别规定，禁止犯人有一张椅子，付出租费也不准许。

第五：在玛德栾内特监狱食堂的窗口只有两根栏杆，这样女炊事员的手就可能让犯人碰到。

第六：有些被拘押者，被人称作吠狗的，他们负责把其他被拘押者叫到探监室去，他们要犯人出两个苏才肯把名字喊清楚。这是种抢劫行为。

第七：在纺织车间，一根断线要扣犯人十个苏，这是工头滥用职权，断线对纺织品无损。

第九：我们在警署的院子里，确实每天都能听到警察在谈论司法官审问嫌疑犯的内容。警察应是神圣的，传播他在预审办公室里听到的话，这是严重的不守纪律。

第十：亨利夫人是一个正派的女人，她管理的监狱食堂十分清洁，但让一个妇女来掌握秘密监狱活板门的小窗口则是错误的。这和文明大国的刑部监狱是不相称的。①

小说特别强调沙威"用他最静穆工整的书法写下了这几行字，不遗漏一个逗号，下笔坚定，写得纸在重笔下沙沙作响"。

沙威这个人物形象的内涵，绝非简单的"恶"能解释。雨果将沙威比作动物中的狗，颇为神似。作为一只恶狗，沙威有狗的忠诚与尽职的一面。

沙威是个恶人，但他从没有觉得自己是个恶魔。这才是沙威最可怕的地方。他"对自己的成功和地位的重要有一种直觉，他，沙威，人格化了

---

① 雨果.悲惨世界［M］.李丹，方于，译.北京：人民文学出版社，1992：1308-1309.

走向理性与清明

整本书阅读之思辨读写

的法律、光明和真理,他是在代表它们执行上天授予的除恶任务。他有无边无际的权力、道理、正义、法治精神、舆论,满天的星斗环绕在他的四周。他维护社会秩序,他使法律发出雷霆,他为社会除暴安良,他捍卫绝对真理……他愉快而愤恨地用脚跟踏着罪恶、丑行、叛逆、堕落、地狱。"

换个角度看,沙威会不会自杀,并非只有一个选项。即使沙威不死,小说的艺术价值也未必就因此而黯然失色。死亡,当然确证了沙威内心的迷惘与痛苦,但如果选择活着,也未必就意味着他的内心依然漆黑一团。事实上,冉阿让放走沙威的那个瞬间,沙威就再也不能像以前那样浑浑噩噩地生存了。小说描写了他内心的交战:

冉阿让使他困惑……沙威感到一种可怕的东西侵入了他的心,那就是他对一个苦役犯感到钦佩。去尊敬一个劳改犯,这可能吗?他因而发抖,但又无法摆脱。经过无效的挣扎,他在内心深处只得承认这个卑贱者的崇高品质。这真令人厌恶。

一个行善的坏人,一个有着同情心的苦役犯,温和,乐于助人,仁慈,以德报怨,对仇恨加以宽恕,以怜悯来替代复仇,宁可毁灭自己而不断送敌人,救出打击过他的人,尊崇高尚的道德,凡人和天使他更接近天使!沙威被迫承认这个怪物是存在的。①

显然,是冉阿让的神圣与高贵刺激了沙威阴暗的心灵。沙威之死,恰恰是雨果的某个隐喻性的寄托——冉阿让的良知与善行,能够照耀沙威黑暗的心灵。

这就足够了。如前所述,如果安娜坚强地活了下来,可以理解;如果沙威苟且偷生地活了下来,依然可以理解。

---

① 雨果.悲惨世界[M].李丹,方于,译.北京:人民文学出版社,1992:1302-1303.

并非只有死亡才能证明沙威内心的那一丝觉醒。

不过，既然沙威以一种决绝的方式死了，那么，我们就不能因为他是个坏人，就无视其选择的意义。沙威之死，显然并非心血来潮，并非激情冲动，因此，在讨论沙威之死时，我们不能用情感代替判断，用惯性代替思考，而是要深入人物的内心世界，探寻其内心世界的秘密。

对于一个以死亡来赎罪的人，即便他死有余辜，我们依然要保存一点敬畏与怜悯之心。

生与死，爱与恨，既有理性的因素，又有非理性的因素。这就是文学的魅力。

五、文本有界与多元解读

"一千个读者就有一千个哈姆雷特"这句话，最近十几年颇为流行。它反映了人们主体解放、思想解放、审美解放的内在诉求。以往，文本解读被权力、权威和尊长所主宰，他们的理解成了神圣不可侵犯的标准，任何游离在"标准"之外的理解，都是错误的，甚至是危险的。正是因了这长久的压抑、封锁与禁锢，"一千个哈姆雷特"的说法特别能够捕获人心，它从理论上保证了我们解读文本的自由与自主的权利。

但是，权利与责任总是密切相关的，文本解读也是如此。一味伸张权利，而无视自身的责任与能力，文本解读就会失去必要的严肃性。如果为了趣味或者消遣，这样的恣意妄为自然无可厚非；但如果是为了获取知识与能力的增长，或者是为了解决具体的问题，这样的自由会带来什么结果呢？如果对文本的阐释没有任何禁忌，那么，所谓的自由，带来的只能是狂妄、无知与蒙昧。

近十多年来，许多传统的、经典性的篇目，经常会出现一些让人眼

走向理性与清明

整本书阅读之思辨读写

前一亮的"新解",像《愚公移山》《背影》《廉颇蔺相如列传》《过秦论》《项链》等,都曾经享受过这样的待遇。但是,"新解"未必是"正解",有些解读新则新矣,但在学理上未必经得起反驳与推敲。比如《项链》中的玛蒂尔德,原来被认为是一个有着虚荣心的小资产阶级女性,但有些新解带着为她平反昭雪的心态,完全否认她的虚荣心的存在。玛蒂尔德到底有没有虚荣心呢?看看原文,就一目了然。小说开头部分这样描述玛蒂尔德:

> 她觉得她生来就是为着过高雅和奢华的生活,因此她不断地感到痛苦。住宅的寒碜,墙壁的黯淡,家居的破旧,衣料的粗陋,都使她苦恼。这些东西,在别的跟她一样地位的妇人,也许不会挂在心上,然而她却因此痛苦,因此伤心。她看着那个替她做琐碎家事的勃雷大涅省的小女仆,心里就引起悲哀的感慨和狂乱的梦想。她梦想那些幽静的厅堂,那里装饰着东方的帷幕,点着高脚的青铜灯,还有两个穿短裤的仆人,躺在宽大的椅子里,被暖炉的热气烘得打盹儿。她梦想那些宽敞的客厅,那里张挂着古式的壁衣,陈设着精巧的木器,珍奇的古玩。她梦想那些华美的香气扑鼻的小客室,在那里,下午五点钟的时候,她跟最亲密的男朋友闲谈,或者跟那些一般女人所最仰慕最乐于结识的男子闲谈。

如果这都不算有虚荣心,什么才是虚荣心呢?在我看来,不承认玛蒂尔德有虚荣心,与我们对虚荣心的理解相关。虚荣心当然不是个好东西,但它是人性中固有的成分,就像对功名的欲望、对美貌的渴求,都是正常的人性内容。虚荣心,男女老少,尊卑贵贱,人人有之,它是人类的一种普遍心理。对于人性,我们何必如此忌讳和痛恨?人性需要警惕,但不必忌讳,更不必诅咒。我们要警惕虚荣心作祟,但没必要否认它的存在。有虚荣心的玛蒂尔德,没什么值得苛责和诅咒的;值得批评的,是她在虚荣心的驱使下丧失了理智。而玛蒂尔德之所以值得我们的肯定，更在于她终于摆脱了虚荣心的控制，勇敢面对自己的弱点与过错，承担了自己应该承担的责任。

"一千个哈姆雷特"只是一种文本解读的可能性，但要使自己的那个"哈姆雷特"成立，还需要多方面的分析与论证。每一个读者都有着人格、心理、知识、价值观方面的缺陷，这些缺陷一定会妨碍自己的认知。因此，自己看来是合理的，未必是真的合理。

另一个有影响的案例是《愚公移山》的阅读教学。

《愚公移山》选自《列子·汤问》。《列子》向来被视为道家之书，晋张湛注为"至于大人，以天地为一朝，亿代为瞬息，忘怀以造事，无心而为功"。在《汤问》一节中，《愚公移山》与《夸父逐日》并出，告诫人们要以愚公的"忘怀以造事，无心而为功"为榜样，以夸父的"期功于旦夕""恃能以求胜"为警戒。愚公不期得失，名虽为"愚"，却以看似违背常理、实则接近大道的方式获得了成功，他那种超出日常限度的恒心与专注，与庄子笔下的那位承蜩的佝偻一样，切中了"用志不分，乃凝于神"的体"道"之道；而智叟，名虽为"智"，乃"俗谓之智者，未必非愚也"，他的"聪明"与心机，停留在感觉、经验与常识的层面，终似浮云蔽日，恰恰构成了求"道"的障碍。总之，摒弃急功近利之心，杜绝旁逸斜出之念，方能不断接近"道"。

有意思的是，后世对《愚公移山》的阐释，却与这散发着浓厚的黄老气息的观点渐行渐远。特别是当《愚公移山》脱离了《列子》这个略显杂乱的文本系统，以一个独立的寓言故事出现后，它被迅速地、几无痕迹地纳入了儒家的主流话语。最典型的当数宋人陆游。据詹丹老师统计，陆游在诗歌中不下十次咏及愚公，或抒壮怀如《杂感》："蹈海言犹在，移山志

走向理性与清明

整本书阅读之思辨读写

未衰。何人知壮士,击筑有余悲",或抒愤懑如《自嘲》:"太行王屋何由动,堪笑愚公不自量"。① 显然,陆游将自己的悲鸣投射到愚公身上,在他的吟诵中,愚公也成了矢志不渝、壮志难酬的悲剧英雄。这些理解显然已经离开了列子的本意。

在现代,《愚公移山》被植入了新的观念,甚至被纳入了现代性的革命话语体系,成了革命动员和政治激励的兴奋剂。

毛泽东将这个传统的神话故事变成了政治寓言,寄托了他"下定决心,不怕牺牲,排除万难,去争取胜利"的豪情壮志。毛泽东的阐释充满了再创造,愚公由单数变成了复数,成为"中国人民"的代名词,而"两座大山"也成为帝国主义与封建主义的指称。这显然是一种政治化的解读。

毛泽东对《愚公移山》的另一种意义上的阐释,是改变穷山恶水。他的"愚公移山,改造中国"原本是为一个乡村的题词,结果却成了改变国家面貌的政治口号。

关于《愚公移山》的理解千差万别,但核心还是愚公持之以恒的奋斗精神。从一个"体道"的寓言故事,到一个砥砺践行的励志寓言,这固然与儒家文化、革命文化强大的容纳与整合功能相关,但归根结底,还是根源于《愚公移山》的文体形式和叙述结构。虽然有"一千个哈姆雷特"的差别,但无论怎样,愚公的精神内涵还是相对稳定的。由此也可看出,正是因为《愚公移山》的基本内涵是稳定的,尽管不同时代的人们,根据表达的需要,赋予了它诸多政治、文化与精神意义,但依然呈现出一种前后一致的继承性与发展性。

但是,也有另外一种解读,那就是否定愚公几千年来的基本面目,试

---

① 詹丹.愚公形象的寓言式解读与现代主体的建构[J].上海师范大学学报(哲学社会科学版),2012(1):87.

图颠覆人们对《愚公移山》的基本认知。譬如，有老师认为，愚公解决了自己"惩山北之塞，出入之迂也"的麻烦，但"山阻碍人的出路"并未从根本上解决。换句话说，原来阻挡自己的山，如今阻挡别人去了，愚公只是利了自己，却害了他人，由此可见愚公的自私自利。

再如，愚公告诫自己的子孙后代挖山不止，这是贻害子孙，因为愚公"把个人的意志，强加给了他子孙，剥夺了他子孙生活的自由"，导致后人"不能去实现自己的想法"，因此而断言愚公是"害群之马"。当然，还有更离谱的说法：愚公明知自己无法完成移山的重任，还是故意表演给老天爷看，所以，"愚公移山"不过是上演给天神看的一出"苦肉计"；甚至也不排除他与天神还有"更多的不可告人的东西"，借此"帮助建立帝的秩序"。由此得出愚公狡猾、毒辣、可怕，是阴谋家等评断。①

这样的解读很自由，但已经不能算是"哈姆雷特"了，而是异化为哈利·波特了。

《愚公移山》原本是一个寓言故事，这是解读《愚公移山》必须尊重的基本事实。文体，决定了人们理解文本的基本路径和方向。遗憾的是，我们常常混淆寓言与历史，又常常模糊传记与传说的界限。更糟糕的是，反过来又以历史的眼光苛求寓言，拿传记的标准否定传说，文本解读的随意与乖谬可见一斑。什么是寓言？简单地说，就是为了宣扬某个道理而刻意编的故事，一般说来，这个故事简洁、清晰，结构的指向性明确。在古希腊文中，寓言是"其他"与"言说"的合体，即"另外一种言说"；寓言就是从思想观念的角度讲的或者写的一个故事。② 显然，编寓言就是为

---

① 郭初阳.《愚公移山》课堂实录[J].教师之友，2005（3）：39-46.
② 罗良清.寓言和象征之比较[J].中国文学研究，2009（1）：12.

走向理性与清明
整本书阅读之思辨读写

了说道理。

既然如此，寓言的编法，就与一般小说创作不同，它要服从讲道理的需要，或者说，要服从要讲的那个道理的逻辑，而非一般意义上的生活逻辑与社会逻辑。比如《伊索寓言》中的《农夫和蛇》，它刻意渲染农夫之善与僵蛇之毒，以此说明不恰当的善心只能招来祸患。其他细节，如"冻僵"，就不合乎蛇的冬眠习性；冬眠的蛇也不大可能睡在路边；农夫的善良也超出了正常的限度，不合乎生活常识与常理。但是，有谁会去指责它违背了自然规律与社会常识呢？人们津津乐道的就是这个故事所包含的明辨善恶的道理。

是寓言就该以寓言的方式来阐释。其他目的的解读或者其他方式的阐释，比如上述政治化、革命化的阐释，都应该以此为基础。

《愚公移山》是个典型的寓言结构。故事的结构很简洁，就是两个对比：一大一小的对比与一智一愚的对比。弱小的人最终移动了巨大的山，愚蠢的老头才是真正的智者，这个对比结构的张力很大。无论是老子的"无为而不为"，还是孔子的"明知其不可为而为之"，都能在其中找到解释的空间；荀子的"天行有常，不为尧存，不为桀亡"与《易经》的"天行健，君子以自强不息"，也都能在此找到逻辑上的支点。但显然，基于日常伦理与功利情怀的儒家，比起道家来，更能在其中找到共鸣。这也就解释了为什么一个道家的寓言演变成为儒家的箴言，而原初的写作动机反倒被人忽略了。

《愚公移山》就是通过这两个对比，传达了关于保持定力与"力行"的道理。《愚公移山》的解读，必须以《愚公移山》的文本为依据。离开这个骨架而在某些细节上有意引申、夸大和附会，显然有悖于寓言的文体阅读规律。

《愚公移山》并非历史文献，虚构、夸张、移情乃是寓言的基本创作手法，而这也恰恰是《愚公移山》独特、别致和匠心之所在。不搬家，而是固执地选择移山，那才是愚公；子孙无穷，挖山不止，那才是"愚公精神"。正是这种违背常识与常理的情节设置，才使寓言有了深远的寄托。阅读教学，应该给这些不合常理的情节一个合理的解释，帮助学生把握这个故事非同寻常的寓意，准确地理解愚公的精神实质。不去揣摩情节设置的独特用意，不去理解故事的用意与匠心，反而怪罪它不合常理，那真是误解加上曲解，背离了文本解读的基本原则。

关于愚公与帝的勾结问题，已超出了正常的文本解读范畴，属于"戏说""水煮""恶搞"一类，无中生有，不足道也。

文本解读，无论是建构，还是解构，无论是"立"，还是"破"，首先要尊重文本自身的要素、结构与逻辑，基于客观的文本说话，基于文本的事实说话，基于文本的逻辑说话，这就是文本解读的边界。

关于文本有界与多元解读，赖瑞云这样写道：

近十年，语文界有关"多元解读"问题的讨论中，绝大多数论者对任意解读都持否定态度。我们说，多元解读不提"界"，就很难防止陷入无意义、无真理的绝对相对主义的陷阱，至少在语文界可能导致放弃艰苦卓绝地研究客观文本，放弃教师的教育引导。我们还要进一步说，如果此"界"并非文本本身而另作他设，这样的"多元有界"同样可能使教学目标的设置掉进主观主义的泥潭，甚至出现"无哈姆雷特"的怪现象。看来，仅提多元有界还不行，还应理直气壮讲"文本中心"。文本中心依旧是一千个读者有一千个哈姆雷特，但导向力求读出"最哈姆雷特"的结果。文本中心更迫使学生你追我赶，充分施展其主体个性和创造性，乃至催生出超越他人见解、敢于挑战权威的创新解读。这样的"多元"才

走向理性与清明 | 整本书阅读之思辨读写

"多"得有价值,这样的"有界"才"界"在要害上。①

尊重"一千个哈姆雷特"的多元理解,更要坚持不懈地求索"最哈姆雷特"的结果,这才是文本解读的真谛。

---

① 赖瑞云.多元有界与文本中心[J].语文学习,2015(10):7.

第三章

整本书阅读之思辨读写

传统的阅读教学过分迷恋混沌的感觉,膜拜笼统的感悟,而真实的阅读思维过程被忽视了。这样的阅读应对篇章阅读已很勉强,应对整本书阅读更是力不从心。面对整本书,必须改变我们的阅读习惯与思维方式,从感性走向理性,从混沌走向清明,从感知—印证式阅读走向分析—论证性阅读,即思辨性阅读。

思辨性阅读,需要合理的课程设计与教学安排,需要合理的阅读规划与必要的思维引导。

杜威说,思维具有目的性,真正的思维活动必然聚焦明确的议题与问题,有着明确的运动方向与目的,而非散漫无边,不着边际;思维具有连贯性,真正的思维活动必然意味着推理活动的连贯性与持续性，有着清晰的过程与路径，因果相连，环环相扣，步步推进；思维具有反思性，真正的思维活动必然意味着主体对思维的自我监控与自我评估，有着明确的评价标准与评估方法。

以思辨读写切入整本书阅读，就要创造条件，为学生的思考提供适切的方向、路径与抓手，提供自我评价与反思的标准。

母题、议题与问题，所谓"三题定位"，定的是课程的方向与内容，定的是教学的框架与抓手。作为一个课程策略，其目的在于将阅读的过程就转化成为思考的过程、建构的过程、发现的过程，让经典资源成为学生文化与精神成长的资源；作为一个教学策略，通过基于问题解决的思辨读写，以读写推动思辨，以思辨推动读写，最终达成读经典、练读写、学思维的三位一体的综合效益。

以思辨读写切入整本书阅读，在教学范式、评价方式上也会带来新的因素。但无论怎样，阅读思维中的逻辑性、思辨性与批判性，都是思辨读写教学的焦点。

第一节

教学之难

整本书阅读在现有的课程与教学体系中,还是一种稀有和陌生的存在。它的开展,对现有语文教学理念与实践体系的挑战是毋庸置疑的,而对教育者的教育观念、知识结构与思维方式的挑战,随着探索的不断深入,也会显现出越来越强大的冲击力。这样的挑战一定会伴随着切肤之痛,但在阵痛之后,或有望带来涅槃式的转身。

与现行以课文为主体、以教为主导的教学不同,整本书阅读教学至少需要每一个执教者考虑下面四个问题——在传统的课文教学中,这些问题往往在事先以某种权威的、程式化的方式给定了答案。

一、价值评估:从文本价值到教学价值

二、内容确定:从文本资源到教学内容

三、文本关联:从独立文本到互文关联

四、教学方式:从体验阅读到思辨读写

一、价值评估

任何文本,无论是古圣先贤的传世经典,还是洛阳纸贵的流行读物,要进入教学,就要接受价值的审查与评估。这既需要一般意义上的政治与伦理辨析,又需要文化与学术意义上的审查,更需要对文本的教育价值与教学意义进行专业性的评估。

走向理性与清明
整本书阅读之思辨读写

文本的价值与文本的教学价值是两个不同的概念，不能混同。文本价值是多面、多维、多层的，像《三国演义》《红楼梦》这样内容庞杂、人物众多、线索繁复的作品，包罗万象，其价值算得上人见人殊；而我们要考虑的，则在于它是否有益于当代学生的精神成长与语文素养的培育。这就要在文本的价值与学生发展的需求之间，寻找到恰切而有效的结合点，以实现作品的教学价值。在文本价值与教学价值之间，需要的是执教者的眼光与智慧。

在传统的语文教学中，教师不用担负这个责任。像传统的"读经"教育，"四书五经"的价值既源于社会传统的势力，又依仗国家权力的保障，教师仅仅是这种权威性解释或者意识形态性阐释的传声筒，个人并没有权利介入对经典的价值追问与审查。现代语文教育虽然摆脱了"读经"教育，但又落入了教科书的窠臼。虽然教科书不同于"四书五经"，但渗透在其中的文化权力关系并没有发生实质性的变化。教什么文章，教什么内容，教科书有明确的规定，教师依然是教学大纲与教科书的执行者与贯彻者，没有实质意义上的话语权。

整本书阅读的情况则有所不同。至少在目前的课程标准里，整本书阅读还是一个开放的系统。从书目的选定，到教学目标的设定，再到教学内容的选择和教学实施，课程标准都只做了一些原则性的与策略性的引导，而没有硬性的规定，教师尚有很大的选择权和裁量权。自由意味着责任，这对教师的价值思辨与判断提出了更高的能力要求。

文本的价值审查，首要的是对其政治与伦理价值的辨析与判断。语文教育不可能回避政治与伦理问题，回避政治与伦理道德的语文一定是苍白和肤浅的。在语文教育史上，政治的过分渗透与干扰，确曾给语文教学带来了诸多消极影响，有的教师因此而更愿意局限在语言与艺术的层面来讨论教学，这样的顾虑与担心可以理解，但并没有实质的意义——政治与伦理道德问题始终是社会生活的主题，绕是绕不开的，躲是躲不了的。理智的做法，就是直面它，辨析它。

一般而言，经典名著承载着人类文明的精华，即便有些缺陷，总体上也不会妨碍其经典的意义，比如《三国演义》，尽管它的帝王视角、宫廷政治、权力斗争、暴力倾向，以及无处不在的"骗术、权术、诡术、心术"[1]，与现代文明格格不入，与当代学生的核心素养存在着尖锐的冲突，但回到历史的场域，它的积极意义还是非常明显的：通过塑造和精心维护刘备这个人物，小说集中传达了儒家的政治观念与人格理想，宣扬仁政，反对暴政，鼓吹民本，祈愿和平，这样的主旨毫无疑问具有一定的超越价值。

但也有例外，《水浒传》就是一个典型的例子，它宣扬的价值观野蛮、丑陋、落后，在它诞生后的几百年里，禁绝其传播的声音一直绵延不绝。理性地说，这些声音并不是没有道理。

但问题在于，文化的留存与传播是一个历史的过程。在中国，《水浒传》已经是一个客观的存在，你拒绝不拒绝，反对或赞同，它都在那里。事实上，它以各种各样的方式，像空气一样渗透在我们的文化与日常生活中，根本无法将它与学生隔离开来。在一个开放与开明的时代，与其避而不谈，讳莫如深，不如坦然直面，深入剖析。

因此，文本的价值审查，并非为了简单地否定与剔除，而是为了更好地思辨与汲取。2014年，我和黄玉峰老师有过一个关于《水浒传》教学的争论。其实，我们对《水浒传》的认识和判断都是一样的，但在中学生

---

[1] 刘再复.《三国演义》批判——权谋、权术与人性 [J]. 书屋, 2010（6）: 4.

走向理性与清明

整本书阅读之思辨读写

是否要读《水浒传》的问题上，则分歧明显：黄老师基于对《水浒传》的价值性否定，认为不应进入教学；我则倾向于正视其流行与传播的客观事实，主张以教学来澄清《水浒传》的价值混乱。

在我看来，拒绝《水浒传》进入课堂教学，并非明智之举。我们应该在现代文明的烛照下，尽可能给学生提供多元的阅读内容和文化滋养，让学生在复杂的文化矛盾与冲突中学会思考、学会判断、学会选择。黄老师基于个人的教育理想和文化理想，试图按照自己的理解，给学生建构一个只有阳光、空气和水的温室，将雾霾、粉尘和垃圾都给清除掉。这个出发点是值得尊重的，因为教育确实应该保持必要的乌托邦，让学生与社会保持一定的距离，与现实保持适当的疏离，在相对单纯和理想的环境中成长。但问题是，这个乌托邦应该保持在必要的限度之内。否则，当我们将学生与那些我们认为有害的东西隔绝开来的时候，我们也就剥夺了他们直面现实与真相的机会，也因此使他们失去了思考、理解和选择的机会，这样的学生，最有可能患上文化软骨病和精神畸形症。一个在美妙的童话中长大的孩子，能否养育出强壮的精神人格？独立自主、责任担当、批判精神……这样的现代公民能在温室中培养出来吗？

再说，《水浒传》一直被选入教材，课程标准也将其列入学生阅读的推荐书目，像《鲁提辖拳打镇关西》《林教头风雪山神庙》等篇目，曾经反复出现在各种版本的教材中。这恰好说明了《水浒传》作为文学经典的复杂性，以及人们对其认知的复杂性。因此，简单的拒绝和否定并不可取。

《水浒传》的教学，首要的便是价值的审查与澄清。至少有三个方面值得关注。

第一，不断挑战人类的生命底线与文明底线，这是《水浒传》的原罪，无法用任何理由为它辩护。

《水浒传》存在着大量践踏人性与人道底线的内容，而且小说不加掩饰，甚至大加渲染，主要表现为对暴力的病态迷恋、对复仇的肆意渲染、对女性的羞辱践踏，等等。任何一个直面文本的人，都会产生强烈的心理刺激，甚至伴随着龌龊的生理反应。

梁山好汉信奉的是弱肉强食，依仗的是拳头与权谋，这样的组织及其运行，天然具有反人类、反人性、反人道的基因。这些所谓的好汉，行侠仗义的少，为非作歹的多；官逼民反的少，作奸犯科的多。小说中到处是烧杀掳掠，尸横遍野，惨不忍睹。糟糕的是，小说却给他们的杀戮行为披上道德外衣，将梁山的杀戮行为合理化，赋予它光明正大的色彩。譬如第七十三回《黑旋风乔捉鬼　梁山泊双献头》，李逵受狄太公之请，奉命捉鬼。结果，李逵发现闹鬼的是狄太公的女儿及其情夫。小说这样写道：

> 李逵拔两把板斧在手，叫人将火把远远照着。李逵大踏步直抢到房边，只见房内隐隐的有灯。李逵把眼看时，见一个后生搂着一个妇人在那里说话。李逵一脚踢开了房门，斧到处，只见砍得火光爆散，霹雳交加。定睛打一看时，原来把灯盏砍翻了。那后生却待要走，被李逵大喝一声，斧起处，早把后生砍翻。这婆娘便钻入床底下躲了。李逵把那汉子先一斧砍下头来，提在床上，把斧敲着床边喝道："婆娘，你快出来。若不钻出来时，和床都剁的粉碎。"婆娘连声叫道："你饶我性命，我出来。"却才钻出头来，被李逵揪住头发，直拖到死尸边问道："我杀的那厮是谁？"婆娘道："是我奸夫王小二。"李逵又问道："砖头饭食，那里得来？"婆娘道："这是我把金银头面与他，三二更从墙上运将入来。"李逵道："这等腌臜婆娘，要你何用！"揪到床边，一斧砍下头来。把两个人头拴做一处，再

走向理性与清明

整本书阅读之思辨读写

提婆娘尸首和汉子身尸相并。李逵道:"吃得饱,正没消食处。"就解下上半截衣裳,拿起双斧,看着两个死尸,一上一下,恰似发擂的乱剁了一阵。①

李逵残忍地杀死了这对情人,还义正词严地谴责悲伤至极的狄太公。李逵骂道:

打脊老牛,女儿偷了汉子,兀自要留他!你怎地哭时,倒要赖我不谢。我明日却和你说话。②

李逵杀了人,但因为死者"偷了汉子",似乎就变得合理合法了。在李逵看来,我杀了你家淫邪的女儿,你应该感谢我,视我为恩人。这是什么逻辑?小说为这种滥杀行径寻找理由和托词,暴露了作家内心深重的瘢痕,非常丑陋。

那些反复出现的吃人肉的细节,小说热衷用精细的动作描写诸如挑、挖、剜、剔、捅等来渲染,让人毛骨悚然。摘录几个如下:

李逵拿起尖刀,看着黄文炳,笑道:"你这厮在蔡九知府后堂且会说黄道黑,拨置害人,无中生有撺掇他。今日你要快死,老爷却要你慢死!"便把尖刀先从腿上割起,拣好的就当面炭火上炙来下酒。割一块,炙一块。无片时,割了黄文炳,李逵方才把刀割开胸膛,取出心肝,把来与众头领做醒酒汤。

众多好汉看割了黄文炳,都来草堂上与宋江贺喜。③

李逵捉住李鬼,按翻在地,身边掣出腰刀,早割下头来。拿着刀却奔前门寻那妇人时,正不知走那里去了。再入屋内来,去房中搜看,只见有

---

①②③ 施耐庵,罗贯中.水浒传[M].北京:中华书局,2009:620,620,353.

两个竹笼,盛些旧衣裳,底下搜得些碎银两并几件钗环,李逵都拿了。又去李鬼身边搜了那锭小银子,都打缚在包裹里。却去锅里看时,三升米饭早熟了,只没菜蔬下饭。李逵盛饭来,吃了一回,看着自笑道:"好痴汉,放着好肉在面前,却不会吃!"拔出腰刀,便去李鬼腿上割下两块肉来,把些水洗净了,灶里抓些炭火来便烧。一面烧,一面吃。吃得饱了,把李鬼的尸首拖放屋下,放了把火,提了朴刀,自投山路里去了。①

小说还频繁出现开人肉店、卖人肉包子的情节,张青、孙二娘、朱贵、李立等人,都干过这罪恶勾当。这是武松在孙二娘人肉店里看到的场景:

张青便引武松到人肉作坊里看时,见壁上绷着几张人皮,梁上吊着五七条人腿。见那两个公人,一颠一倒,挺着在剥人凳上。②

这是不能容忍的罪恶。岂不说对待同类,即使是面对猪羊,人类也有"不忍之心",不忍心当众宰杀,不忍心目睹它们毙命时的痛苦。可是,这帮高喊忠义、高举"替天行道"大旗的好汉,却是如此暴虐地对待同类。历史上,人吃人的事情也发生过不少。古代社会,生产力低下,防御自然灾害的能力很弱,尤其在战争频仍的乱世,往往会发生大范围的饥荒。饥民动辄数十万、上百万,流离道路,饿殍遍野,"人相食"甚至"父子相食"的惨剧时有发生。即便在20世纪,世界范围内有记载的人吃人现象,也并不少见。

问题在于,《水浒传》在描写这些人吃人的血腥情节时,使用的都是正面的、肯定的甚至欣赏的口吻,他的逻辑是,恶人就该生吞活剥,就该食肉寝皮,吃了他才是正义之举。不是说小说不能写吃人的细节,关键看

---

①② 施耐庵,罗贯中.水浒传[M].北京:中华书局,2009:372,238.

走向理性与清明

整本书阅读之思辨读写

作家站在什么立场以什么方式来表现。如果将《水浒传》与《鲁滨逊漂流记》中的"吃人"描写进行比较，就不难发现两者在价值观上的差别。

梁山好汉的嗜血行径比比皆是，而作家对暴力的美化也无处不在。且不说好汉们对仇人与官军的杀戮，单看他们拉人入伙的伎俩，就可见出他们的残暴。小说中有一个被"赚上梁山"的人物系列：秦明、萧让、金大坚、李应、朱仝、徐宁、关胜、安道全、卢俊义等，他们都是梁山不择手段"赚"上山的。每"赚"取一人，就杀人无数，造孽无数。为了找到他们想要的"人才"，他们真是不择手段，丧尽天良。

为了赚取朱仝，在宋江、吴用的策划下，李逵竟将朱仝带管的4岁小衙内用蒙汗药麻翻，用斧头"劈做两半个"，如此暴行，令人发指。看小说的这段描写，让人头皮发麻：

朱仝跌脚叫苦，慌忙便赶。离城约走到二十里，只见李逵在前面叫道："我在这里。"朱仝抢近前来，问道："小衙内放在那里？"李逵唱个喏道："拜揖节级哥哥，小衙内有在这里。"朱仝道："你好好的抱出来还我！"李逵指着头上道："小衙内头须儿却在我头上！"朱仝看了，慌问："小衙内正在何处？"李逵道："被我拿些麻药抹在口里，直拖出城来，如今睡在林子里，你自请去看。"朱仝乘着月色明朗，径抢入林子里寻时，只见小衙内倒在地上。朱仝便把手去扶时，只见头劈做两半个，已死在那里。①

请注意，这个小衙内才4岁。无论为了什么目的，无论宣讲什么理论，都不该殃及一个无辜的孩子。事后，柴进却若无其事般地给朱仝解释："见足下推阻不从，故意教李逵杀害小衙内。先绝了足下归路，只得上山坐把交椅。"②

---

①② 施耐庵，罗贯中.水浒传[M].北京：中华书局，2009：442，443.

为了赚取朱仝上山,杀死了一个4岁的无辜孩子;为了逼迫神医安道全上山,杀了4个无辜的人。安道全是神医,为了赚他上山给宋江看病,张顺的手段更绝:他杀死了安道全迷恋的娼妓李巧奴,以及虔婆和两个使唤丫头。在血案现场的粉墙上,张顺写了数十处"杀人者安道全也"的字样,将安道全逼到绝路。

第二,梁山好汉的社会观、人生观与价值观,都是畸形的,对于当代青少年具有腐蚀性和诱导性,不能不澄清,不能不辨析,不能不批判。

作为一个组织,号称"官逼民反"的梁山与官府自然是对立的。其实,它与主流社会,与广大民众也是对立的。他们割据一方,要获取社会资源与经济资源,就必须借助非法的手段,聚财敛财。所谓的"劫富济贫",只是他们掩饰其罪恶的口号而已。晁盖一伙"智取生辰纲",那些钱财最后落入了谁的腰包?济贫了吗?"三打祝家庄",除了莫名其妙的复仇借口,还有一个重要目的,就是钱粮。小说第四十六回宋江说道:

> 我也每每听得有人说,祝家庄那厮要和俺山寨对敌了。哥哥权且息怒,即目山寨人马数多,钱粮缺少,非是我等要去寻他,那厮倒来吹毛求疵,因而正好乘势去拿那厮。若打得此庄,倒有三五年粮食。非是我们生事害他,其实那厮无礼……若不洗荡得那个村坊,誓不还山!一是山寨不折了锐气,二乃免此小辈,被他耻辱,三则得许多粮食,以供山寨之用,四者就请李应上山入伙。①

宋江反复提及"钱粮",这才是他们三打祝家庄的深层动机,至于为时迁、石秀复仇,那只是个借口而已。梁山好汉们大碗喝酒,大口吃肉,"论秤分金银,整套穿衣服",人们只看到他们的豪爽、侠义与快活,但想

---

① 施耐庵,罗贯中.水浒传[M].北京:中华书局,2009:409.

走向理性与清明

整本书阅读之思辨读写

过没有,这些钱财到底从哪里来的?

如果说梁山好汉们打家劫舍,劫掠的仅仅是钱粮,那么,他们所鼓吹的生活方式与价值观,则散发着腐朽堕落的气息,严重地污染了社会的文化风气。中国人崇尚的传统生活,乃男耕女织、自给自足,是诚意正心、修齐治平,梁山好汉们放弃了这种传统,他们追求的是今朝有酒今朝醉,看人不爽就杀头。小说反复渲染的"快活",所谓"大碗喝酒,大口吃肉",说白了就是追逐口腹之欲,图一时之欢。小说中,"酒肉""筵席"是高频词,几乎每回都出现,"宰了两头黄牛,十个羊,五个猪,大吹大擂筵席"之类的炫耀也非常显眼。

上层人物如宋江、卢俊义、吴用等,自然不止于大鱼大肉,他们有更远大的人生目标,但说到底,也不过就是谋个功名身份,光宗耀祖,封妻荫子。宋江这些人最终都算修成了"正果"。小说写道:

> 再说上皇具宿太尉所奏,亲书圣旨,敕封宋江为忠烈义济灵应侯,仍敕赐钱于梁山泊,起盖庙宇,大建祠堂,妆塑宋江等殁于王事诸多将佐神像。敕赐殿宇牌额,御笔亲书"靖忠之庙"。济州奉敕,于梁山泊起造庙宇。①

宋江确实实现了"忠义两全,建立祠堂,四时享祭"的人生目标,有了牌坊。但是,为了这个功名,宋江自己丢了命,毒死了所谓的兄弟李逵,还断送了众多兄弟的性命。所有这一切,宋江声称都是为了"忠义",把自己打扮得无比高尚。但是,如果仔细回溯一下宋江的人生履历,我们就会发现,他就是一个不折不扣的野心家和伪君子,利欲熏心,心理阴暗,手段卑鄙。为了实现"封妻荫子""青史留名"的人生美梦,宋江可

---

① 施耐庵,罗贯中. 水浒传[M]. 北京:中华书局,2009:901.

以无视人伦道义，可以践踏法律公义，可以牺牲一切。

宋江原本不过是郓城县的小吏，其貌不扬，地位卑微，虽然"刀笔精通，吏道纯熟"，但归根结底也不过是个刀笔小吏。但他原本就是个不安分守己的人，所谓忠孝节义，不过嘴巴上的说辞而已。从这个角度看，宋江最后落草为寇，并非"逼上梁山"，而是有隐藏很深的动机。他口口声声为国尽忠，为君分忧，可时时刻刻都在践踏法律，羞辱人伦。如果真的忠君报国，晁盖劫夺生辰纲，作为公人的宋江，就不该去通风报信，而应该大义灭亲；怒杀阎婆惜之后，宋江就不该逃避法律的惩处，而应该甘受王法的制裁。在这一点上，宋江连他那敢作敢当的兄弟武松都不如。

不仅宋江们的行径离经叛道，大逆不道，而且小说所渲染的社会风气，也是污浊不堪。在那里，贪赃枉法，徇私舞弊，贿赂公行，金钱万能，枉法滥法，糟糕的是作者对此缺乏清醒的认识和批判。小说中，"通关节""打点""作活"这样的词语频繁出现。监狱里的管营、节级与差拨，看起来人微言轻，微不足道，但决不可小觑，所谓"县官不如现管"，不管你是达官贵人，还是英雄豪杰，一旦落到他们手里，不死也要脱层皮。

在权力与金钱的作用下，贿赂公行，司法一片黑暗。身为公差，宋江为晁盖通风报信；朱仝、雷横以执法为名，假公济私，放走晁盖；武松孟州入监，施恩为之上下打点；宋江郓城杀人，朱仝为之上下打点；宋江充军江州，吴用为之上下打点；卢俊义北京蒙难，柴进、李固都去打点，不过，一个是要他活，一个是要他死。只要有案子，就会有打点；只要有打点，就会有枉法。在《水浒传》里，这已经是司法界流行的潜规则，个个遵守，人人奉行，没有人觉得有什么不对，作者在叙述这些事的时候，口吻也是平淡无奇，像吃饭穿衣一样再正常不过。

走向理性与清明

整本书阅读之思辨读写

《水浒传》自身的价值混乱带来了理解与评价上的混乱与乖谬。李逵，集中暴露和体现了人性中野蛮、血腥、粗鄙的一面，但得到那么多的赞赏与钟爱。以异端自居的明朝思想家李贽，竟然也为李逵塑造金身，称"李逵者，梁山泊第一尊活佛也"，是"上上人物"，说他"一片天真烂漫到底"，是"富贵不能淫，贫贱不能移，威武不能屈"的典范。即使到了今天，还有教科书称李逵是"人见人爱"的角色。以现代文明的眼光看，人是有思想的动物，有灵魂的动物，有精神的动物，有教养的动物，人的价值在于此，人的高贵也在于此。将一个不知善恶、不辨是非、没有头脑、不知文野的屠夫莽夫，看作天真烂漫的赤子，是不是文学的堕落呢？

《水浒传》对待女性的畸形态度，也折射出了小说的卑污与邪气。小说中的女性，或者被男性化，或者被妖魔化，或者被淫邪化了。其中母夜叉顾大嫂与母大虫孙二娘，两个绰号强调的都是她们的凶狠、暴烈与粗俗，强调的是夜叉的杀气与大虫的凶猛，"女"字不过是个无关紧要的修饰语。她们只会弄棒舞枪，杀人放火，说起来是女性，但无论是穿着打扮，还是外形气度，与男性都没什么区别。显然，小说要突出的是她们杀人越货的"英雄本色"，而非女性的性别色彩与意义。一丈青扈三娘虽然容貌美丽，似一朵"天然美貌海棠花"，却被宋江许配给了王矮虎。不是说美女嫁丑男有什么不对，但小说的这个情节安排，足以说明在作者眼里，女人不过是男人的附属物。作为英雄，扈三娘在一百零八将中自有她的名次；作为女人，她不过是宋江奖赏给兄弟玩儿的一个礼品、一个物件。

另一类则是由潘金莲、潘巧云、阎婆惜、贾氏、白秀英等人组成的淫妇群像，这是小说中最像女人的女人群体，但糟糕的是，这些最像女人的女人，无一例外都是美丽的淫妇、漂亮的毒妇。这个逻辑，就是典型的"红颜祸水"。愈是美丽的女子,对男人、对社会的危害愈大;倾城倾国之貌,带来的常常是国破家亡。殷商的灭亡是因为妲己的美貌,周的灭亡源于褒姒的嫣然一笑,唐朝的衰乱起因于杨贵妃,陈圆圆倾国倾城,才有了吴三桂的"冲冠一怒为红颜"。这样的观念在传统社会根深蒂固,《水浒传》不过是以一系列偷人养汉的女人形象,印证了这个歪理邪说而已。

第三,从《水浒传》的题旨看,小说所表现的"忠义观",不仅与传统家国观念相抵牾,与自由的生命意志相悖逆,而且自相矛盾。

关于小说的题旨,历来都认可忠义之说。《水浒传》又称"忠义水浒传",寓意也在于此。所谓"忠",就是忠君之心;所谓"义",便是兄弟之谊。在宋江眼里,"义"必须服从于"忠",但落草为寇,对抗官府,杀人越货,如何才算得了"忠"?在发配江州途中,宋江途径梁山泊,坚决不让花荣为他开枷,理由是"此是国家法度,如何敢擅动",拒绝落草,认为那是"做了不忠不孝的人"。分析这话,处处都透出虚伪与狡诈。既然知道落草就是不忠不孝,为什么还要与这些不忠不孝的匪徒们称兄道弟?

"忠"虚伪,"义"也虚弱。小说中,确实看不到好汉们为了金银财宝起内讧,为了座次而吵嚷,为了女人而争风吃醋。但既然是一个军事政治组织,维系这个组织的,就不可能全靠一个抽象的"义"字。其实,宋江鼓吹的所谓"忠义",早就取代了兄弟间的情义;而兄弟间的情义,又无情地取代了每个人的独立意志。说到底,"义"既无法维系组织的存在,也无法解决个体的人生出路与生命价值的问题。林冲对高俅恨之入骨,恨不食肉寝皮,但兄弟们并没因此而成全他,他眼巴巴地看着高俅扬长而去。此时此刻,"兄弟"在哪里?"义"又在哪里?

走向理性与清明

整本书阅读之思辨读写

一部弘扬忠义的作品，没见到忠义的意义，倒显出了它的悖谬与冲突，足以见出《水浒传》内容之畸形，价值之混乱，题旨之倒错。基于上述分析，我给《水浒传》的教学定位，第一就是"消毒"，引导学生认识它在价值理念上与文化观念上的有害之处。

以"消毒"的姿态介入《水浒传》的阅读，这几乎是个个案，但这样的"消毒"是必须的。推演开来，所有的经典名著，无论它在文学史上的地位有多崇高，一旦要成为中小学的教学书目，对它的价值审查与思考就应该是严苛的。正因为如此，经典阅读更要强调对话、反思与批判，而不应一味地强调浸淫、共鸣与沉溺。有人试图用"读了《水浒传》就会有'水浒气'吗""读了《三国演义》就会奸诈吗"这样的反问来消解人们的隐忧，但显然，这个似乎无法证实的事情，同样也无法证伪。无论如何，我们不能否定精神产品对人的或深或浅的影响。

还有老师认为，像《水浒传》这样的作品，其积极价值在于其艺术形式与表现技巧，而糟粕在于它的某些内容与精神，教学时可以清浊分明，分道扬镳，各行其是。显然，这是一厢情愿的想法，艺术形式岂能离开内容而独立存在？

二、内容确定

偌大的整本书，到底该教哪些内容？这就需要从文本内容到教学内容的转化。

中小学生的认知能力与阅读能力是有限的，时间与精力也是受限的，这是任何一个教学者都不得不考量的因素。同时，从教育的角度看，中小学生的阅读未必一定要面面俱到——教育总要追求合宜的、具体的目标，因材施教才能产生积极的效益。从我的实践看，面面俱到的阅读教学，反而因为忽视了学生的兴趣与现实的需要，更易被学生冷落。

二十年前，我曾开设过鲁迅《呐喊》的阅读教学，从鲁迅其人到鲁迅其事，从《呐喊》的写作背景到创作缘起，从小说的内容到艺术形式，再到小说的地位与影响，可谓面面俱到，武装到牙齿，希望将《呐喊》一网打尽。但教学效果并不理想。一方面，时间精力有限，难以从容展开；另一方面，相关知识的梳理与介绍多了，直面文本的机会就少了。后来反复摸索、实验，我才提出了一个策略："管锥原则"，即选择最佳角度切入作品，在特定的范畴上解读作品，所谓"以管窥天，见之则明；以锥插地，入之则深"是也。这样的阅读看起来牺牲了文本的某些价值，但因为视角的集中和理解的聚焦，让学生对作品有了更深切与清明的把握。我们常常看到了"管"与"锥"的局限，比如"管"妨碍了我们的视野，"锥"限制了触及的面积，但忘记了它的优势："管"窥才能聚焦，"锥"入方能深刻。

在中小学阶段开展整本书阅读，恰当地限定阅读的角度，恰当地限定理解的范畴，将问题的讨论聚焦在特定的范围内，不仅是必要的，而且是必须的，这与学生的认知水平相关，也与阅读的教育功能相关。学生的自由阅读固然重要，鼓励学生的多元理解也很重要，但学生的认知有高有低，理解有对有错，如果听任他们的理解而不予以辨析，鼓励学生的见解而不加以引导，在很大程度上等于放弃了教育的责任。

同时，并非所有的角度、维度与层次都适合学生，我们必须充分尊重和考虑学生的认知能力与接受水平。比如《西游记》，各有各的读法，各有各的理解。有人认为它演绎了传统的"五行生克"之理，有人认为它的主题是"安天医国"或"诛奸尚贤"，还有学者认为它宣扬的是"儒道佛三教合流"。从学术研究或者自由阅读的角度看，每种理解都有其价值，但作为初中生的读物，从这些角度切入《西游记》，一定会遭遇更多的认

走向理性与清明

整本书阅读之思辨读写

知困难。

教育必须因材施教，阅读教学也必须因人而异。考虑到初中生的学段特点和知识结构，在多次尝试之后，我选择从"成长与成功"的角度探求文本。将《西游记》当作"成长"之书，古已有之。清朝的张书绅就说："《西游记》一书，自始至终，皆言诚意正心之要，明新至善之学"，"《西游记》一百回，亦一言以蔽之曰：只是教人诚心为学，不要退悔"，"《西游记》是把《大学》诚意正心、克己明德之要，竭力备细，写了一尽，明显易见，确然可据，不过借取经一事，以寓其意耳"。张书绅站在儒家的立场，认定《西游记》讲述的是"诚意正心修齐治平"的修身之道、成长之路。其实，站在现代人的角度看，这本书同样可理解为唐僧师徒四人的成长史。取经之路，就是成长之路；受难的历程，就是唐僧们的心路历程。最后，唐僧被加封为旃檀功德佛，孙悟空为斗战胜佛，猪八戒为净坛使者，沙和尚为金身罗汉，就连驮经的白龙马也被封为八部天龙马。这是他们成功的标志，也是成人的标志。

在小说中，唐僧师徒四人都是戴罪之身，都在自救或等待救赎，他们或主动或被动，走上了取经路。一路上，他们翻山越岭，栉风沐雨，斩妖伏魔，在与自然、妖魔鬼怪、自我的斗争中，不断成熟，不断成长，终获成功。这是思考"成长与成功"的一个经典标本。而唐僧与孙悟空，则象征了"成长"的两重内涵。

对于唐僧来说，成长就是寻找和发现自我。小说中的唐僧始终在寻找，少年时寻找父母，破解自己的身世之谜；长大后寻找西方的精神圣地，寻找心中的终极真理，即佛法。终其一生，唐僧寻找的，就是自己，就是回归的路：他原本是如来佛祖座下的金蝉子。唐僧最终找回了自己，重新拥有了自己。

而孙悟空的生命历程则象征着成长的另一重含义：成长就是不断地否定自我，突破自我，超越自我。他原本是一只毛猴，当上猴王是他的理想；如愿以偿当上了美猴王，又希望突破生命的局限，长生不老；一笔勾销了生死簿上的名字之后，又想摆脱一切束缚，绝对自由，凌驾于一切权力之上，这就有了与冥府、天庭和佛界的大战。孙悟空的故事揭示了成长的另一重含义：成长的过程就是不断否定自我、超越自我的过程。

这样的理解，就将一部经典之作，与学生"成长的烦恼""成功的焦虑"关联起来，切合了学生心理成长与知识扩张的需求，也满足了他们的精神渴求与文化需要。

在阅读教学中，我们喜欢讲自由、开放、自主，而不敢或不愿讲精确、合理与限定。有的人一见到"限定"，就认为它会束缚学生的手脚，妨碍学生的思考。在我看来，合理的限定，恰恰给学生的思考提供了明确的方向与范畴，让思维一开始就远离空疏与浮泛，走向具体与合理。

阅读不能漫无目的，没有方向的阅读不可能走向确定；思考也不能宽泛无边，没有边界的思考难以走向清晰；思维也不能没有明确的焦点，没有聚焦的思维难以走向精确。在篇章教学中，因文章主题的相对集中和内容的相对单纯，限定的缺失往往不会带来明显的思维混乱；而在整本书阅读中，当我们面对诸如《红楼梦》《三国演义》《悲惨世界》这些主题和内容都纷繁复杂的文本时，限定思维的条件与范畴就很重要了。这些宏大的作品，往往包孕着多元、多维的认知意义与教学价值。

有了明确的方向与范畴，阅读就有了一个具体而清晰的目标。打个比方，人们常说，在启蒙的意义上，我们如何理解《阿Q正传》；在国民性的意义上，我们如何理解《阿Q正传》；在革命的意义上，我们如何理解《阿Q正传》，云云。"在……的意义上"，就等于给《阿Q正传》确定了一

走向理性与清明
整本书阅读之思辨读写

个思考的方向与理解的范畴。现在的人们热衷于鼓吹打破思维的边界,奢谈头脑风暴的创造魔力,却忘了如果连基本的思维建构能力都没有,打破边界有何意义?君不见,课堂上的很多头脑风暴,让学生陷入了更深的茫然与惶恐。

设定一个合理的理解角度,限定一个合理的理解范畴,才能让学生摆脱混沌的感受与想象,保持理性而清明的思辨,读出作品的深度与广度。

在思辨读写的探索中,我以"母题"与"议题"来确定阅读理解的视角、范畴和具体教学内容。

三、文本关联

整本书阅读是语文学习的一个新领域,但不应该成为孤零零的存在。日常阅读的很多书,因为缺乏有效的关联,结果就像孤岛一样,最终淹没在茫茫大海之中。语文学习是一个长时段的学习,也是一个系统性的学习,只有在与其他内容的关联与整合中,整本书阅读才能有效地参与学生语文素养的建构。

将一个独立文本关联到其他文本,形成或对照、或互补、或拓展等不同的关系,是整本书阅读教学的基本功之一。比如《三国演义》,将整本书阅读与教材中的《群英会蒋干盗书》《赤壁赋》(苏轼)、《赤壁之战》(司马光),以及古诗文中众多与三国相关的典故和历史关联起来,既有助于课文的教学,又推动了整本书的阅读与教学。

关联的方式很多,主题、题材、内容、人物、故事情节、历史背景、艺术特点,都可作为关联的线索。不同的关联产生不同的认知框架,也会刺激不同的比较与思辨。比如,通过"野心"这个母题,就可将《红与黑》《哈姆雷特》《麦克白》《水浒传》等众多作品关联起来。来自底层的平民青年于连，因为偶然原因而野心勃发的麦克白，为了实现野心而杀兄弑君的克劳狄斯，还有号称义薄云天的宋江，等等，都以自己的生命诠释了"野心"与生命的矛盾。关联能产生意义，而且能产生新的意义。

在前述《水浒传》的教学中，我深刻领会了关联的价值。单纯剖析《水浒传》的病态价值观，并不一定能引发学生的关注。但若将这种病态与《鲁滨逊漂流记》中的"吃人"情节比较一下，文明与野蛮的对垒立刻分明起来。鲁滨逊流落到加勒比海的孤岛上，遭遇了保持着吃人习俗的"野人"。小说这样写道：

> 我对这一情景是感到如此震惊，以至于在一段时间里我完全忘记了自己可能会面临的危险。我的恐惧感都被淹没在了对这种地狱般的、毫无人性的野蛮行径以及人性的退化的思考中。虽然我过去也常常听说这样的事，但是我从来没有这么近距离地看到过。最后，我转过头去，不忍心再看这可怕的场面。我的胃里直往上翻，觉得恶心。就在我要晕倒时，本能帮助我解除了胃里的难受。在一阵剧烈的呕吐后，我觉得身体好受了点儿。不过我一刻也不能在那个地方再待下去了，于是我又尽快地上了山，走上了回家的路。①

这是一个文明人目睹吃人场景后的生理与心理反应，这是文明人的正常反应。对于文明人来说，吃人是不可思议的。相比之下，宋江之流生吞活剥，茹毛饮血，却谈笑自如，自诩为"替天行道"，这是多么邪恶的事情。

再来看看鲁滨逊对杀戮的态度。鲁滨逊一开始对野人充满了恐惧，但

---

① 丹尼尔·笛福.鲁滨逊漂流记[M].王晋华，译.上海：学林出版社，2017：189.

走向理性与清明

整本书阅读之思辨读写

后来，他发现，自己对野人拥有不可挑战的战斗力，他可以任意地消灭这些吃人的野人。那么，这些吃人的人，到底该不该杀？鲁滨逊经过反复的质疑与思考，最终改变了自己的决定：

> 我开始更冷静、更客观地看待我打算要做的这件事。我有什么权利和资格去充当法官，把他们作为罪犯进行处决呢？这么多年来，连上帝都认为他们可以不受惩罚地这样继续下去，让他们相互残杀来实行上帝的判决。这些人侵犯到我了吗？我有什么权利参与他们之间混乱的血族复仇？我经常和自己争论这个问题："我怎么知道上帝自己对这件事会如何裁决呢？可以肯定的是，这些人并不认为这是犯罪，他们这样做既不会受到他们自己良心的谴责，也不会违背他们的认知和做人准则。他们并不知道这样做是违背圣训的，是对神律的公然蔑视。他们并不是故意去犯罪的，就像我们大多数人犯罪时一样。"①

鲁滨逊认识到，吃人确实不能容忍，但这是野人所处的文明观念所决定的。"他们不认为杀掉一个从战斗中抓来的俘虏是犯罪，就像我们并不认为杀掉一头牛是犯罪一样；同样他们认为吃人肉，就像我们吃羊肉一样，也不是犯罪。"于是，鲁滨逊宽恕了他们，放下了威力无比的火枪。

再说《水浒传》张扬的复仇情节。复仇是古今中外的艺术家最热衷表现的题材，《美狄亚》《威尼斯商人》《基督山伯爵》《呼啸山庄》《三个火枪手》《双城记》都贯串着复仇的线索。中国古代的《赵氏孤儿》《窦娥冤》等也涉及复仇。而《水浒传》，主旨就是官逼民反，就是逼上梁山，就是报仇雪恨，就是快意恩仇。一百零八将，大多有着奋争与反抗的经

---

① 丹尼尔·笛福.鲁滨逊漂流记［M］.王晋华，译.上海：学林出版社，2017：193-194.

历，有着复仇与雪耻的过程。林冲一忍再忍，终于忍无可忍，最终杀了陷害他的陆谦与富安，而对罪魁祸首高俅，恨不食肉寝皮；武松对西门庆、潘金莲及张都监等人毫不手软，打杀他们如同追杀猛虎；宋江高举"替天行道"的旗帜，名义上是除暴安良，而实际上斩杀黄文炳、三打祝家庄、荡平曾头市这些行动，无一例外都是为了报仇，或为自己，或为兄弟，或为组织。

应当说，当罪恶还得不到法律与制度的规约与制裁之时，依靠自身的力量维护自己的生命与权利，伸张正义，惩奸除恶，也具有一种崇高和悲壮的道义之美。有人讽刺说中国人有三个梦，所谓的明君梦、清官梦与侠客梦，意思是愚民们总将自己的命运寄托在明君、清官和侠客身上。其实，中华民族也是有血性的民族，历史上从来不乏睚眦必报的好汉子，也不乏以生命求自由、以鲜血求正义的好男儿。

复仇具有天然的合理性，但不意味着复仇具有天然的正当性。相反，随着人类文明的进步，复仇的反文明、反道德与反生命的消极意义越来越被人们所认识。从惩治罪恶的角度看，以暴制暴以恶制恶式的复仇，虽然能够惩治恶人，但难以消灭罪恶的土壤。复仇的本能往往让人丧失理智，使复仇的行为扩大化、盲目化，手段与方式往往更加血腥，更加残忍，常常殃及无辜，危害社会，危害人心。在古代作品中，复仇者不仅要让作恶者偿付相应的代价，而且还要让他付出加倍的代价，这样才能洗雪耻辱，从心理上抚慰罹难者，从精神上激励受害者。伍子胥为报杀父之仇，竟然将死去的楚平王掘墓鞭尸，足见复仇的残酷性与野蛮性。而《水浒传》中的好汉们，常常为了报一箭之仇而族灭一姓，甚至诛灭整个村镇。那些被极力美化的复仇行为，往往只能给人以一时的、肤浅的快感，而不能给人以道义上和精神上的冲击。

走向理性与清明

整本书阅读之思辨读写

如果我们将《水浒传》所渲染的复仇与《哈姆雷特》《悲惨世界》等表达的复仇理念比较一番,则更能理解《水浒传》的局限。宋江与黄文炳,一官一匪,二人并无私怨。黄文炳追杀宋江,不过是履行自己的职责而已。黄文炳最先注意到宋江,是宋江题诗浔阳楼。诗是这样写的:

自幼曾攻经史,长成亦有权谋。恰如猛虎卧荒丘,潜伏爪牙忍受。不幸刺文双颊,那堪配在江州!他年若得报冤仇,血染浔阳江口!①

显然,按照当时的政治与文化逻辑,宋江的这首诗属于"反诗"。黄文炳是个"通判",算是国家工作人员,要去追查也是其本分,这不是为黄文炳辩护,只是回到历史现场而已。有人说黄文炳是搞文字狱,侵犯了宋江的表达自由——请注意,这也是现代人的理解,阅读作品依然要回到历史的现场。事后,宋江伪装成"疯魔",被黄文炳识破;戴宗与梁山串通,伪造蔡京的笔迹,又被黄文炳发现……难道黄文炳有错吗?作为一个公务人员,识破宋江戴宗的诡计,岂非他的本职?黄文炳伪造事实了吗?诬陷宋江了吗?都没有。除了编造"耗国因家木,刀兵点水工"这样的行为确实阴暗险恶,黄文炳的其他行为恰恰是一个公务人员的分内之事。但看宋江得手之后的疯狂表现,足见此人的狭隘与暴虐。宋江不仅灭了黄文炳全家(独留下其兄黄文烨,也只是不想背负虐杀"善人"的恶名),而且用其心肝做了醒酒汤。宋江的所谓复仇,正义性在哪里!

宋江在活剐黄文炳之前,照例还来了一段审判。他义正词严地痛骂黄文炳:

黄文炳!你这厮!我与你往日无冤,近日无仇,你如何只要害我?三回五次,教唆蔡九知府杀我两个。你既读圣贤之书,如何要做这等毒害的

---

① 施耐庵,罗贯中.水浒传[M].北京:中华书局,2009:332.

事！我又不与你有杀父之仇，你如何定要谋我？①

宋江自己怎么就不反思一下，人家与你"往日无冤，近日无仇"，为什么要几次三番捉拿你？你伪装疯魔，与匪徒串通，怎么就不该拿你？遗憾的是，宋江不会这样想，《水浒传》的作者也不会这样想。

我们再看《哈姆雷特》与《悲惨世界》中的类似情节。《哈姆雷特》也是一个复仇的故事，而且涉及三桩错综复杂的仇杀。但作者显然不在渲染复仇的快感与满足。实际上，剧本渲染的，始终是仇恨带来的焦虑，是杀戮之后的罪恶感（连剧中最大的恶人克劳狄斯也不例外），是报仇过程中不堪承受的精神压力。单从报仇的角度看，哈姆雷特并不是一个"称职"的复仇者，他总在延宕，总在迟疑，有人甚至说哈姆雷特是个懦夫，是"思想的巨人，行动的矮子"。但实际上，哈姆雷特对复仇的理解远远胜过梁山好汉们，他追求的，不是复仇的效率，他更在乎的是正义，他要借复仇来彰显正义与公道。

另一个与宋江形成天壤之别的是冉阿让。若将梁山好汉的逻辑行之于冉阿让，冉阿让完全不可理喻。按照"梁山法则"，冉阿让完全有理由去报复他的那些仇人。他可以眼睁睁看着割风爹爹被活活压死，因为割风爹爹曾经害过他；他可以借商马第金蝉脱壳，从此高枕无忧，《水浒传》里多的就是这种移花接木的诡计；他当然可以杀死德纳第，这个无赖不仅反复敲诈他，还意图借刀杀人，差点要了他的命；当然，对于沙威，那简直就要碎尸万段方解心头之恨，要知道，冉阿让的一生，几乎都毁在这个恶人的手里。

但冉阿让做了完全相反的选择。读《水浒传》让人血脉偾张，快意恩

---

① 施耐庵，罗贯中.水浒传[M].北京：中华书局，2009：353.

走向理性与清明

整本书阅读之思辨读写

仇,因为作者强化了复仇的合理性与必要性;而读《悲惨世界》则让人凝神,让人沉思,因为它强调了爱与宽恕的高贵与力量。

与《哈姆雷特》《悲惨世界》相比,《水浒传》有太多反人性、反人道的内容;就是与《三国演义》相比,《水浒传》的缺陷也是显而易见。《三国演义》中也有一些糟糕的情节,让人反感,如刘安杀妻款待刘备,小说的叙述与态度颇为暧昧。第十九回《下邳城曹操鏖兵 白门楼吕布殒命》写道:

> 一日,到一家投宿,其家一少年出拜,问其姓名,乃猎户刘安也。当下刘安闻豫州牧至,欲寻野味供食,一时不能得,乃杀其妻以食之。玄德值曰:"此何肉也?"安曰:"乃狼肉也。"玄德不疑,遂饱食了一顿,天晚就宿。至晓将去,往后院取马,忽见一妇人杀于厨下,臂上肉已都割去。玄德惊问,方知昨夜食者,乃其妻之肉也。玄德不胜伤感,洒泪上马。刘安告玄德曰:"本欲相随使君,因老母在堂,未敢远行。"玄德称谢而别,取路出梁城。忽见尘头蔽日,一彪大军来到。玄德知是曹操之军,同孙乾径至中军旗下,与曹操相见,具说失沛城、散二弟、陷妻小之事。操亦为之下泪。又说刘安杀妻为食之事,操乃令孙乾以金百两往赐之。①

为了塑造仁德爱民、美名在外的刘玄德的光辉形象,小说以刘安主动贡献妻肉的行为来衬托与渲染,如小说所言:"但到处,闻刘豫州,皆争进饮食。"刘备事后得知真相后,却只是"不胜伤感",而曹操听说,则"以金百两往赐之"。两个枭雄似乎都被刘安的义举所感动,那个被吃掉的女人,却并未引起他们的哀悯。这样的细节在古典小说中时不时出现,折射出我们传统文化观念中反生命、反人道的糟粕。

---

① 罗贯中.毛宗岗批评本·三国演义[M].长沙:岳麓书社,2015:141.

不过，相较而言，《三国演义》虽然也渲染暴力、血腥与屠杀，但至少作者站在儒家人伦与政治的立场，通过"拥刘反曹"这一政治标准，确立了一些基本的人道与政治底线，对暴力与血腥有着价值的评判与褒贬，而非一味地欣赏与迷恋，这就拉开了与《水浒传》的距离。曹操劫持了徐庶之母作为诱饵，威逼徐庶离开刘备，北上为自己效力。请看小说中孙乾与刘备的对话：

> 孙乾密谓玄德曰："元直天下奇才，久在新野，尽知我军中虚实。今若使归曹操，必然重用，我其危矣。主公宜苦留之，切勿放去。操见元直不去，必斩其母。元直知母死，必为母报仇，力攻曹操也。"玄德曰："不可。使人杀其母，而吾用其子，不仁也；留之不使去，以绝其子母之道，不义也。吾宁死，不为不仁不义之事。"①

从军国大事看，孙乾的分析不能说没有道理，但刘备秉着"不为不仁不义之事"的原则，冒着军国风险让徐庶归了曹营。这个情节的艺术真实性究竟怎样，人们见仁见智；但小说试图通过这样的情节来彰显人道的底线，则是一目了然。我认为，《三国演义》确实存在着"欲显刘备之长厚而似伪，欲状诸葛之多智而近妖"的弊端，但它至少确立了一个是非善恶的底线，这就远非《水浒传》所能比拟的了。

关联创造奇迹，联系催生奇迹。

四、教学方式

在传统阅读教学中，占据主导地位的是感知—印证式阅读；与这种阅读方式相适应的教学，是"满堂灌"的一统天下。阅读是为了印证某

---

① 罗贯中.毛宗岗批评本·三国演义[M].长沙：岳麓书社，2015：285.

走向理性与清明

整本书阅读之思辨读写

个感觉到的结论,教学就是为了印证某个预设的结论。这样的阅读是伪阅读,这样的阅读教学也是伪教学,它们的共同缺陷就在于没有真正的思考参与。

不能不说,传统的篇章阅读为"满堂灌"提供了丰厚的土壤,而应试教育又添柴加火,"满堂灌"遂得以如火如荼。比如,它的教学目标是既定的,譬如《廉颇蔺相如列传》,目标就是理解蔺相如的智勇双全、公忠体国,这个"理解"到了教学过程中,就悄然变成了"印证"。从教学课时看,这篇课文多则4课时,少则2课时,教学根本无法充分展开,更不要说充分地分析论证了。从教学资源看,教科书及教参提供的信息也极为有限,而且角度单一——都是那些能够印证蔺相如美德的信息。众多的原因迫使教师放弃了细读与思辨,而选择"多快好省"的感知—印证式阅读。

但问题也在这里,很多关于蔺相如的疑问、猜测也都被一笔带过了。

我的教学就遇到过来自学生的挑战与质疑。学生质疑的正是我想强调的"爱国英雄"这个结论。学生说,蔺相如出使秦国,本应该以国家安全为重,国宝次之,最后才要考虑面子。可蔺相如却处处挑衅秦王,不像个谋求和平的使者,倒像个逞强使气的莽汉。这样的人怎可能消弭战端,带来和平?他们甚至由此怀疑蔺相如出使的动机。

要不要直面学生的质疑呢?一种做法,无视学生的质疑,不管不顾,直奔结论;另一种做法,停下来,解决学生的疑问。而解决疑问的路径也有两条:一条就是想方设法为蔺相如辩护,看似解决问题,实际上依然在回避问题;另一条就是理性的、反思的态度,细读文本,综合研究各种看法,寻找事实与逻辑的交汇点,在重新评价蔺相如的基础上,赋予他以现代教育的意义。

其实,关于蔺相如的质疑并非我的学生所独有,明人王世贞,宋人杨时、司马光等也都有类似的指责,只是在以前的教学中,为了"多快好省"地达成预设目标,我们无意或者有意地将这些信息给屏蔽了。事实上,王世贞等人对蔺相如的批评远比我的学生严厉。他们斥责蔺相如轻重不分,为了一块无足轻重的和氏璧,竟然反复挑衅和激怒秦王,将赵国推到了战争的边缘。

根据冯友兰先生"抽象继承法"的理论,蔺相如身上的忠信持守与道义担当,是当代人进行爱国教育的宝贵资源,但前提是蔺相如的忠信与道义能够得到事实上与逻辑上的支撑。如果蔺相如仅仅是个传说或者假象,这样的爱国教育就是可疑的,甚至是有害的。遗憾的是,独立思考意识的缺乏,感知—印证式阅读的惯性,让我们看重结论的正确,而忽视思考的过程。

阅读是一个求真的过程,是一个理性的反思的过程。理查德·保罗说:"我不会随意认同任何信念的内容,我只认同自己形成这些信念的过程。我是一个批判性思维者,而且,正因为如此,我随时准备摒弃那些不能为证据或者理性思考所支持的信念。我已经准备好了紧紧跟随证据和推理,任凭它们把我引领至何方。"[1]"紧紧跟随证据和推理",这正是思辨性阅读的精髓。

从感知—印证式阅读到思辨性阅读,这是阅读教学方式转变的重要一步。多年前,当我决定直面学生的这个问题时,我面临两个困难,一是如何解决我的教学与教科书的冲突,二是如何解决课时问题——为了解决学生的疑问,我足足多用了4节课。但是尝试之后,我才品尝到了阅读教学的真正乐趣,那是智力的游戏,是思维的竞技,是学术的精研。我相信,

---

[1] 理查德·保罗,琳达·埃尔德.批判性思维:思维、写作、沟通、应变、解决问题的根本技巧[M].乔苒,徐笑春,译.北京:新星出版社,2006:17.

走向理性与清明

整本书阅读之思辨读写

品尝过这个滋味的人，很难再回到以前的浅尝辄止与混沌暧昧。

历史是复杂的，文本也是复杂的。面对复杂的历史与同样复杂的文本，感知—印证式阅读只能把我们导向肤浅与弱智。关于蔺相如，司马迁赞美他"名重太山，其处智勇，可谓兼之矣"；而质疑与否定的人，如王世贞则认为蔺相如鲁莽愚笨，"畏而复挑其怒"的行为完全不可理喻，"完璧归赵"靠的完全是天意和运气；司马光与杨时更指责他不分轻重缓急，因为"贪无用之器"而"贻宗庙之忧"，其行为无异于以卵击石、螳臂当车。面对这对立的观点，面对双方的理由与根据，浅薄的思维无法作出合理的取舍，惯性的印证无法应对反方的驳难，唯有全面、综合的深度分析，才能厘清事件发生与发展的逻辑，还原一个真实的蔺相如。

在充分考察了战国时代的国际形势、秦赵两国的战略路线、赵王与秦王的性格特征、蔺相如的出身与背景等一系列因素之后，我和我的学生确认了蔺相如的智与勇，论证了他的信与义。我们的断言是：蔺相如不走寻常路，看起来像个莽夫，实则有着缜密和周全的考虑，他进退有据，张弛有度，展示出一个政治家超群的胆识与出类拔萃的谋略。对于学生来说，这是一个挖掘事实与厘清逻辑的论证过程，也是一个道德推理与精神反思的内省过程。一句话，既是一个智育的过程，也是一个德育的过程。

这些分析与论证，我足足用了7节课的时间，而自己所付出的心血，远超于照本宣科。一个问题解决之后，新的问题接着产生了；此处的逻辑融洽了，彼处的逻辑又出了漏洞；刚完成一轮分析，新的事实又出现了，于是新一轮的论证又开始了……这是一个不断思考、不断反思的过程，是一个不断完善、不断否定的过程。

我相信，经过了这样一轮思考与探究，学生对蔺相如的智勇双全、公忠体国一定有了真切的理解。一个爱国者的形象，终于变得有血有肉了。

所谓学习方式的变革，本质上就是让学生从被动的接受者，变为主动的思考者、判断者和选择者。整本书本身是一个开放与复杂的系统；而它的教学目标、教学内容、教学课时等，也都是开放的。设想一下，如果不是《廉颇蔺相如列传》，而是气势恢宏的《三国演义》；如果不是两三节课的匆忙与草率，而是一个长时段的分析与探究，那么，教学的格局会有怎样的变化呢？

显然，在《三国演义》《红楼梦》《悲惨世界》这样的鸿篇巨制面前，教师的知识优越感与权威感，一定会大打折扣；而学生的情感与思维，则可能因文本提供的广阔空间而被激活。这样，居高临下、耳提面命的训导变得困难了，标准答案式的灌输与一成不变的操练也会因此失去实际效应。在整本书阅读中，再靠一本教参、一个教案，恐怕是难以为继了。

这会不会也能倒逼教师重新思考师生关系与教学方式呢？

整本书阅读，也一定会将批判性思维与思辨性阅读推向前台。在篇章教学中，很多人热衷于混沌的整体感悟，强调笼而统之的整体把握，迷信印象式的瞬间感觉与个体感受，崇拜才子式的直觉顿悟。在整本书阅读中，这样的直觉把握客观上存在着难以逾越的障碍，这就迫使我们充分使用我们的理性，转而趋向分析与论证、思辨与评估。这也是我选择"思辨读写"作为整本书阅读策略的一个考虑。

整本书阅读的深入开展，或将带来课程与教学观念的震动，带来课堂教学格局的改变，促使我们反思习以为常的文本解读理念和课堂教学方式。

在这个意义上，整本书阅读或将成为语文教育改革的"发动机"。

第二节

母题：阅读的角度与范畴

我引入"母题"这个概念，来确定理解的角度与范畴。

母题这个词语不好定义，但容易理解，使用也比较普遍。它的内涵近似于题材或话题，是神话、艺术和文学中最基本的题旨范畴，如冒险、成长、生存、爱情、死亡、战争、复仇、野心、命运、堕落、苦难、救赎等。这些题旨在不同时代、不同民族的文学作品中反复出现，而几乎所有的文学作品皆可涵纳在这有限的母题之中。目前，关于文学母题的种类，尚未有广泛认可的说法。在使用这个概念的时候，我们应更多地关注它的立意——母题是最基本的题旨范畴；而对具体的母题，则持谨慎的开放态度。

母题是最基本的题旨范畴，一个母题往往不能穷尽一部作品的所有内涵，比如《鲁滨逊漂流记》，显然属于"冒险"母题，但它又不仅属于"冒险"这个母题，它同时还涉及成长、生存、救赎等母题。从成长的角度理解《鲁滨逊漂流记》，也是一件极有意义的事情。鲁滨逊从一个不听父母教诲、执意冒险的叛逆少年，成长为一个理性、智慧的冒险家，成为一个有信仰的人，这就是一个成长过程，包含了很多关于成长的规律与哲理。

与此同时，一个母题可以涵纳众多的作品，比如"成长"母题，以我的《经典名著的人生智慧》一书涉及的几部作品为例：《鲁滨逊漂流记》

《西游记》《红与黑》《三国演义》《复活》《俄狄浦斯王》，皆可包括在其中。鲁滨逊在冒险与生存的斗争中成长，唐僧师徒四人在取经的磨难中成长，于连在野心与尊严的交战中成长，刘备在权力与道义的纠结中成长，聂赫留道夫在堕落与救赎中成长，俄狄浦斯在自我身份的寻找与确认中成长。这些来自不同语言、文化、时代，且题材与主题各异的作品，从不同的角度阐释了成长的内涵与意义，丰富了关于成长的理解。这样，母题本身就成了文本关联的一个重要纽带。

特别要说明的是，为什么不用主题而用母题这个概念。很多老师倡导主题阅读，从教学思路看，与母题阅读异曲同工。但主题与母题的重要区别在于，母题是一个排除了主观因素的概念，它只是说明了作品的题旨范畴，而不指涉具体的观点与判断；而主题，则包含着具体的观点与判断，包含了作者的主观因素。如《三国演义》，我定位的母题是"功名与道义"，这意味着，这部作品是围绕"功名与道义"展开的；而其主题，则是弘扬儒家的政治伦理与人伦道德。显然，母题只是给阅读与理解提供了一个方向与范畴；主题则包含了作者的主观意图与作品呈现的具体的价值指向。相比之下，母题这个概念更为开放，更适合内容庞杂、主题复杂的整本书阅读教学，也更适合认知能力与思维能力更高的人群。

确定母题，要遵循以下三个原则。

一、基于文本

文本是提炼母题的基础与根据，母题的确定必须以文本为基础，必须基于文本自身的内容与结构，而非主观臆造或者强行粘贴。不能抓住作品中的某个片段、某些细节甚至个别词句，就妄加断言。以《骆驼祥子》为例。有人将其纳入"野心"这个母题。在我看来，这是不合适的。祥子说

走向理性与清明

整本书阅读之思辨读写

起来也有野心,他的野心就是靠自己的劳动与节俭,买一辆属于自己的车,过上自食其力的生活。因此,这里所谓的野心,充其量也就是个生活愿望而已。祥子不断碰壁,三起三落,最终失败了,堕落了。老舍感慨万千,说祥子是"个人主义的末路鬼"。表面看,祥子的失败与堕落和于连这样的野心家有相似之处,但仔细阅读原文,不难发现,祥子对生活的要求很低,不过温饱而已,根本不能称之为野心。小说这样写道:

> 他必须能多剩一个就去多剩一个,非这样不能早早买上自己的车。即使今天买上,明天就失了,他也得去买。这是他的志愿,希望,甚至是宗教。不拉着自己的车,他简直像是白活。他想不到做官,发财,置买产业;他的能力只能拉车,他的最可靠的希望是买车;非买上车不能对得起自己。他一天到晚思索这回事,计算他的钱;设若一旦忘了这件事,他便忘了自己,而觉得自己只是个会跑路的畜生,没有一点起色与人味。无论是多么好的车,只要是赁来的,他拉着总不起劲,好像背着块石头那么不自然。……是的,收拾自己的车,就如同数着自己的钱,才是真快乐。他还是得不吃烟不喝酒,爽性连包好茶叶也不便于喝。……有时候他真想责骂自己,为什么这样自苦;可是,一个车夫而想月间剩下俩钱,不这么办怎成呢?他狠了心。买上车再说,买上车再说!有了车就足以抵得一切![1]

祥子挣扎在社会的最底层,仅仅为了温饱与生存,就已经被折磨得人不像人,鬼不像鬼,与于连完全不可同日而语。祥子"他想不到做官,发财,置买产业",而于连不仅想要摆脱出身带来的卑微与耻辱,更希望飞黄腾达,他要爱情,要尊严,要权力,要金钱,还要贵族身份。为了温

---

[1] 老舍.骆驼祥子[M].北京:北京师范大学出版社,2015:41-42.

饱，祥子连一包好茶叶都舍不得喝，而于连则依仗出众的外貌与才华，征服了两个贵族女人，借机上位，甚至获得了贵族的身份。祥子缺乏野心家的素质，他只是一个进城务工的农民，身无长物，除了勤劳苦干，一无所有；目光短浅，除了买车，其他概不关心。祥子的"奋斗"更近乎挣扎，在恶劣的生存环境下被动地苦苦地煎熬与抗争；而于连，才华横溢，个性鲜明，胸怀大志，敢作敢当，一直在成功，一直在挑战，于连才是一个主动出击的"野心家"形象。因此，我在解读《骆驼祥子》的时候，更强调"抗争与堕落"的题旨；而在解读《红与黑》的时候，更着意于"野心与尊严"的交战。

二、学生本位

教育领域的所有要素，无论是课程，还是教学，只有当它与学生的学习和生活有了内在的、深刻的关联，它才是有价值的。教育的根本目的，是促进人的反思与成长，在这个意义上，我们给学生创设的是帮助他们反思与成长的环境与资源，整本书阅读的价值也理应做如是理解。在教育的意义上，整本书阅读的价值，正在于为学生的成长与发展提供丰厚的文化与精神资源。

母题的确定，除了对文本的严格遵循，还要充分考虑学生成长与发展的价值需求，考虑学生的认知能力与接受能力。基础教育，主要是基础性、常识性、通识性的公共价值与理念的教育，这一点正切合了母题的内涵——母题所关注的，正是人类生活中最具有普遍性的公共话题。像成长与成功、功名与道义、野心与尊严、苦难与罪恶等，都是人生在世必然要面临的问题，躲无可躲。在整本书阅读教学中，通过经典名著来讨论这些问题，传达一些基础性的价值理念，对于学生的发展是有意义的。没有足

走向理性与清明

整本书阅读之思辨读写

够思想资源的人,难以应对复杂的人生。

写作何尝不是如此?思想资源的贫乏,是导致写作能力低下的重要原因。就以高考写作为例,技能训练、语言训练、审题训练……这些都很重要,但如果缺乏必要的思想资源,烂熟的技能也不能起死回生。在我看来,当下学生最缺乏的就是思想资源,而非技术资源。

思想资源的贫乏,是语文教育的痼疾。整本书阅读既是思想资源的宝库,又是价值传导与思想启蒙的最佳途径。在母题的引领下,能够聚焦某个思想范畴与某些思想领域,给学生提供一个相对清晰的认知框架,对于学生的写作极有意义。以《三国演义》的"功名与道义"为例,看看它对于写作的意义。先看2015年高考语文四川卷的作文题目:

在一次班会课上,同学们围绕"学会做人:我看老实和聪明"展开了讨论。

甲:老实是实诚、忠厚,聪明是机智、敏锐。

乙:老实和聪明能为一个人兼而有之。

丙:老实是另一种聪明,聪明未必是真聪明。

这个题目看起来很复杂,但若能将"聪明"与"老实"分别归之为"智力"与"道德"范畴,或者"能人"与"好人"的范畴,问题就变得清晰了。以《三国演义》为例,曹操显然属于聪明但不老实的人,刘璋则属于老实而不聪明的人,而刘备则属于兼顾聪明与老实的人,吕布属于既不聪明又不老实的人。刘备的老实成为他的"另一种聪明",而吕布的聪明却未必是"真聪明"。吕布先拜丁原为义父,继认董卓为干爹,看起来很聪明,会算计,结果落了个"三姓家奴"的恶名,终被世人遗弃。再看吕布嫁女,几番反复,看起来会算计,很聪明,结果却把自己葬送了。

抽象地讨论智力与道德的关系,因其抽象而显得晦涩,学生往往难以展开有内涵、有结构的思考；而一旦进入文学作品，栩栩如生的人物形象赋予抽象概念以具体内涵，思考的闸门就打开了。

在写作教学中，很多老师喜欢将经典名著当作写作的素材，这是值得商榷的。素材是用来加工的，往往会牺牲作品的完整性与有机性。带着找素材的心态读书，学会的就是寻章摘句，死记硬背，这种机会主义、功利主义的态度，对于整本书阅读是不利的。正确的态度是，将整本书阅读当作思想与文化的资源来开掘，着眼于学生的思想启蒙与认知改进，化整本书为生命的有机因素，让整本书阅读成为学生认识世界和人生的窗口。

从教学的现实环境考虑，让整本书阅读教学服务于学生的中高考无可厚非，但必须摆脱那种短视的、投机性的"素材心态"。让整本书真正成为学生的思想资源与文化资源，这才是真正的"学生本位"。

三、人生关怀

近二十年前，我开始为学生开设经典阅读课。我相信，引导学生在高中读上三五本经典，总会有其奠基意义的；而读法，也从早期的注重知识与解构，转向了对人生图像和生命形式的思考。我把自己定位于一个"陪伴者"，我的任务就是陪学生一起读几本名著，一起思考几个人生问题。

通过经典看人生，通过人生看经典，这是我在整本书阅读教学中非常用心的地方，也是我体会最深的地方。我选择了9本名著，聚焦人生路上的9个问题，以此来阐述我理解的"经典名著中的人生智慧"。这9个问题其实就是我选择的母题：

《鲁滨逊漂流记》：冒险与生存

《西游记》：成长与成功

《三国演义》：功名与道义

走向理性与清明

整本书阅读之思辨读写

《红与黑》：野心与尊严

《水浒传》：反叛与规训

《哈姆雷特》：使命与命运

《悲惨世界》：苦难与罪恶

《复活》：堕落与拯救

《俄狄浦斯王》：命运与担当

这9个问题，是一个人在生命历程中必然要遭遇的问题，其实也可看作人生的母题。年轻时谁没有鲁滨逊那样的梦想？在成长与成功的路上，谁没有唐僧师徒所遭遇的磨难与诱惑？刘备在功名利禄与忠义信爱之间徘徊，于连在实现野心与维护尊严之间游走，《水浒传》的好汉们在张扬自我生命与归顺社会道德礼俗之间取舍……人生就是一道选择题，永远在两难之间选择。哈姆雷特肩负使命，最终却未能摆脱命运之网；冉阿让饱受苦难，却凭借良知战胜了罪恶；聂赫留道夫一脚跌入了污浊的大酱缸，靠精神与信仰的力量实现了自我救赎。人生没有通途，苦难与罪恶始终伴随着我们。无论命运多么险恶，人生都得靠自己去创造。

一本书，只有当它能够与现实的人生发生深刻而丰富的关联时，它对读者的价值冲击和思维撬动才是最直接和最有力的。母题的确立，应充分考虑作品与人生之间的深层关联，这样才能在学生与文本之间建立更加深切的关联。

《三国演义》是一部丰富性与复杂性同在的作品，其母题可作多元与多维的理解，而且每个母题的切入，都可能产生良好的教育价值与效益。我尝试过以"历史规律"切入，也尝试过以"英雄"切入，但最终我选择了从"功名与道义"的角度切入。

有人认为《三国演义》反映了中国人对历史规律的体认与归纳，如果

聚焦历史规律的思辨,教学的想象空间也是很大的。小说开头即讲"话说天下大势,分久必合,合久必分",结尾呼应说:

> 自此三国归于晋帝司马炎,为一统之基矣。此所谓"天下大势,合久必分,分久必合"者也。后来后汉皇帝刘禅亡于晋太康七年,魏主曹奂亡于太康元年,吴主孙皓亡于太康四年,皆善终。①

罗贯中的确有一种野心,就是想证明历史是循环与轮回的。小说不仅反复强化这种观念,而且情节与细节的设计上,都反复渲染这种循环、轮回、报应的逻辑。小说第一百○九回《困司马汉将奇谋 废曹芳魏家果报》中,司马师用白练绞死张皇后,小说感慨:

> 当年伏后出宫门,跣足哀号别至尊。司马今朝依此例,天教还报在儿孙。②

等到司马师废除了曹芳,立曹髦为帝,小说又感慨:

> 昔日曹瞒相汉时,欺他寡妇与孤儿。谁知四十余年后,寡妇孤儿亦被欺。③

这些言论中包含了浓厚的循环与轮回的色彩,虽然哀叹的是人与人之间的爱恨情仇,但与"分久必合,合久必分"的历史逻辑是高度一致的。大到宇宙万物,小到世间百态,无不体现了循环与轮回的规律。

毛宗岗也发现了小说中诸多照应与循环的细节。他写道:

> 《三国》一书,有首尾大照应、中间大关锁处。如首卷以十常侍为起,而末卷有刘禅之宠中贵以结之,又有孙皓之宠中贵以双结之:此一大照应也。又如首卷以黄巾妖术为起,而末卷有刘禅之信师婆以结之,又有孙皓之信术士以双结之:此又一大照应也。照应既在首尾,而中间百余回之内

---

①②③ 罗贯中.毛宗岗批评本·三国演义[M].长沙:岳麓书社,2015:943,864,865.

走向理性与清明

整本书阅读之思辨读写

若无有与前后相关合者,则不成章法矣。于是有伏完之托黄门寄书,孙亮之察黄门盗蜜以关合前后;又有李傕之喜女巫,张鲁之用左道以关合前后。凡若此者,皆天造地设,以成全篇之结构者也。然犹不止此也,作家之意自宦官妖术而外,尤重在严诛乱臣贼子,以自附于《春秋》之义。故书中多录讨贼之忠,纪弑君之恶。而首篇之末,则终之以张飞之勃然欲杀董卓;末篇之末,则终之以孙皓之隐然欲杀贾充。①

毛宗岗评点的是小说的结构之妙,首尾照应,前后关合。但结构上的"照应"与"关锁",不也暗示了历史的循环与轮回吗?

汉王朝分崩离析,体现了"合久必分";而三国归晋,体现了"分久必合"。在朝代的兴亡与更替之中,完成了一轮历史循环。那么,这样的历史解释合理吗?"分久必合,合久必分"到底是个事实,还是个规律?从乱世到治世,从治世再到乱世,这样的轮回给国家和人民带来了多少灾难?难怪鲁迅先生感慨,千百年的历史本质上只有两个时代,即暂时做稳了奴隶的时代与欲做奴隶而不得的时代。从过往的历史看,这样的循环确乎是事实;但能否打破这种"其兴也勃焉,其亡也忽焉"的铁律呢?

也可以将《三国演义》的母题理解为"英雄传奇"。小说塑造了众多的人物形象,但居于舞台中央的,毫无疑问是以曹操、刘备、孙权为代表的帝王将相,至于那成千上万的士兵与百姓,始终只是小说的背景和无足轻重的道具,作家并无意做正面的表现。以"英雄"切入文本,也可展开很有张力的讨论,比如,谁是英雄?什么是英雄?英雄与历史的关系究竟如何?

我在教学中,非常关注的一个问题是"图王者"对待百姓的态度,这

---

① 罗贯中.毛宗岗批评本·三国演义[M].长沙:岳麓书社,2015:10.

是我判断英雄的基本立足点。董卓十恶不赦，而他最大的恶，也表现在他对待老百姓的态度上。在第六回《焚金阙董卓行凶　匿玉玺孙坚背约》，董卓听从李儒的建议，迁都长安。司徒荀爽谏曰："丞相若欲迁都，百姓骚动不宁矣。"董卓大怒，贬荀爽为庶民，并公然宣称："吾为天下计，岂惜小民哉。"这可看作董卓的政治宣言。董卓的逻辑何其荒谬，连毛宗岗都禁不住问道："没有小民，何来天下？"正是在这种流氓逻辑的支配下，从洛阳迁都长安途中，董卓及其部将士卒的行径令人发指：

遂下令迁都，限来日便行。李儒曰："今钱粮缺少，洛阳富户极多，可籍没入官。但是袁绍等门下，杀其宗族而抄其家赀，必得巨万。"卓即差铁骑五千，遍行捉拿洛阳富户，共数千家，插旗头上，大书"反臣逆党"，尽斩于城外，取其金赀。李傕、郭汜尽驱洛阳之民数百万口，前赴长安。每百姓一队，间军一队，互相拖押，死于沟壑者，不可胜数。又纵军士淫人妻女，夺人粮食，啼哭之声，震动天地。①

在暴乱中，死于沟壑的，死于饥饿的，死于暴虐的，不计其数。董卓的暴行，天怒人怨，人神共愤。小说对董卓这样的霸王持彻底的否定态度，不仅特意描写了董卓死后被戮尸的场面，还刻意渲染了"三次改葬，皆不能葬"的狼狈之状：

又下令追寻董卓尸首，获得些零碎皮骨，以香木雕成形体，安凑停当，大设祭祀，用王者衣冠棺椁，选择吉日，迁葬郿坞。临葬之期，天降大雷雨，平地水深数尺，霹雳震开其棺，尸首提出棺外。李傕候晴再葬，是夜又复如是。三次改葬，皆不能葬，零碎皮骨，悉为雷火消灭。天之怒卓，可谓甚矣！②

---

①② 罗贯中.毛宗岗批评本·三国演义［M］.长沙：岳麓书社，2015：41，69.

走向理性与清明

整本书阅读之思辨读写

与董卓的暴行形成鲜明对比的，则是刘皇叔爱民如子。刘备的仁义美名，与他的"民本"思想密切相关。小说顺便提及刘备曾师事郑玄、卢植，这两位都是一代大儒，刘备的仁政民本观看来也是其来有自。小说反复渲染下面的情节：

（刘备任安喜县尉）署县事一月，与民秋毫无犯，民皆感化。①

却说张飞饮了数杯闷酒，乘马从馆驿前过，见五六十老人，皆在门前痛哭。飞问其故，众老人答曰："督邮逼勒县吏，欲害刘公。我等皆来苦告不得放入，反遭把门人赶打！"②

（陶恭祖三让徐州）玄德固辞。次日，徐州百姓拥挤府前哭拜曰："刘使君若不领此郡，我等皆不能安生矣！"③

玄德自到新野，军民皆喜，政治一新。④

这样的渲染，目的在于为刘备的帝王梦寻找天理人心的合法性。当然，封建时代的霸王们，无论怎样标榜，其民本政治都是有限的，都充满了虚伪性。宣扬民本思想的《三国演义》着眼于大时代、大事件、大人物，对于小人物的生死情仇着墨极少。在"图王者"的眼中，即使是以仁义著于天下的刘玄德，老百姓于他，归根结底也不过是工具和资源而已。刘备是小说极力颂扬的人物，譬如与董卓驱赶百姓形成鲜明对照的，是"玄德携民渡江"的感人情节。在曹操大兵压境的紧急情况下，刘备带着十万百姓，逃亡江陵。但是，凭什么老百姓心甘情愿追随刘备，不远千里万里，不惜风里雨里？仅仅因为刘玄德的仁德？这样的理解也太简单化了。事实上，有两个因素不可不察：一是曹操向有"屠城"的恶名，当年曹操为了给死去的父亲报仇，在徐州"杀戮人民，发掘坟墓"，恶名远扬。

---

①②③④ 罗贯中.毛宗岗批评本·三国演义[M].长沙：岳麓书社，2015：12，13，85，268.

现在曹贼南下，谁愿引颈待戮？二是新野县城已经被诸葛亮给烧了，百姓的家园没有了。小说写道：

  正商议间，探马飞报曹兵已到博望了。玄德慌忙发付伊籍回江夏整顿军马，一面与孔明商议拒敌之计。孔明曰："主公且宽心。前番一把火，烧了夏侯惇大半人马；今番曹军又来，必教他中这条计。我等在新野住不得了，不如早到樊城去。"便差人四门张榜，晓谕居民："无问老幼男女，愿从者，即于今日皆跟我往樊城暂避，不可自误。"……又唤赵云："引军三千，分为四队，自领一队伏于东门外，其三队分伏西、南、北三门，却先于城内人家屋上，多藏硫黄焰硝引火之物。曹军入城，必安歇民房。来日黄昏后，必有大风；但看风起，便令西、南、北三门伏军尽将火箭射入城去；待城中火势大作，却于城外呐喊助威；只留东门放他出走。"①

  这是刘备逃离新野之前的一段对话。诸葛亮意识到"新野住不得了"，决定"火烧新野"。当我们感动于刘备"携民渡江"的时候，有没有追问过老百姓何以流离失所？为了实现自己的政治野心，不惜焚毁百姓的家园。这究竟算不算仁义呢？相比之下，另一个被骂作"守户之犬"的刘璋，倒是宁肯投降，也不愿伤及百姓。那么，刘备与刘璋，究竟谁才是英雄？

  鲁迅先生曾经感慨："中国一向就少有失败的英雄，少有韧性的反抗，少有敢单身鏖战的武人，少有敢抚哭叛徒的吊客；见胜兆则纷纷聚集，见败兆则纷纷逃亡。"鲁迅说"中国一向少有失败的英雄"，那么，刘璋算不算一个失败的英雄呢？这样的思考，或能重新认识《三国演义》的价值观。

---

① 罗贯中.毛宗岗批评本·三国演义[M].长沙：岳麓书社，2015：318.

走向理性与清明

整本书阅读之思辨读写

或者立足于历史规律的讨论，或者着眼于英雄的反思，这些视角都足以支撑起《三国演义》的阅读。但这样的教学，始终与学生的人生经历与生命体验有一道鸿沟。如何才能弥合这道鸿沟呢？根据"人生关怀"的原则，我最后选择了"功名与道义"这个视角。

《三国演义》人物众多，帝王将相，贩夫走卒，樵夫野老，每个人性格各异，行迹有别，但体察他们的人生起落与生命，无不体现了"功名与道义"的冲突。主公们梦想登上龙位，文武们想出将入相，降将们择主而从，家奴们朝三暮四，展现了一幅"天下熙熙，皆为利来；天下攘攘，皆为利往"的人生图景。小说对追名逐利总体上持一种开明的态度，并不因有功名之心就予以否定；小说的褒贬主要还是取决于人物的言行，这就有了另一个评价的维度，那就是"道义"。功名与道义的冲突，始终贯串在人物的行为之中；而历史人物的正邪两分，也主要取决于他们对道义的态度。

人生在世，来自本能的、习俗的、利己的功名追求，如果没有道义与理性的引导与调节，很难进入更高的道德境界，更不用说天地境界了。（冯友兰语）在传统文化中，野心意味着僭越与贪婪，被视作洪水猛兽，乃欺师灭祖的兽行。但野心云云，包含着浓厚的血统论、等级制和宿命论色彩。野心主要是相对于血统与名分讲的，一个人有什么血统，就有什么名分。超越了名分的欲念，都算非分之想，都是野心。同样是"图王"，若以皇权的政治伦理与规则看，曹刘二人都是大逆不道，刘备作为"汉室宗亲"的稀薄的血统关联，也不能证明其称帝比曹操有更多的合法性。但在礼崩乐坏的东汉末年，刘备与曹操"图王"，希望统一国家，安定社会，同时为个人攫取权力，动机不算高尚，也谈不上卑劣。因此，纠结于曹刘二人的野心没有什么意义；在确认野心的一定程度的正当性的基础上，再来讨论曹刘的道义，倒是比较合乎社会与人生的实际。有人说曹操是"真小人"，因为他不掩饰自己的权欲，不掩饰自己的野心；说刘备是"伪君子"，因为他极力掩饰自己的帝王美梦，实际上又怀揣野心。这就是逻辑上的一个悖论，将野心与道义对立起来，将事功与道德对立起来。在现代文明的意义上，有野心并不可怕，关键是如何对待野心，怎样实现野心，这才是曹刘的根本区别。

为了实现野心，曹操无所不用其极，完全无视底线与伦常，视天下人为刍狗，玩弄天下人于股掌；而刘备则追求手段的合法性与合理性，在实现野心的过程中，坚守底线，有所敬畏。很多人看到了刘备的虚伪，却没有看到刘备虚伪后面的道德渴望与道德焦虑。在曹操那里，道德就是一块遮羞布，是一把杀人剑，道德也成了工具；而在刘备这里，道德则是他处世的底线与准则，这才使他陷入了功名与道义的矛盾。要想在乱世中建功立业，就要突破现有的道德观念，为人所不敢为，为人所不愿为，为人所不能为，把整个世界作为自己的资源，拿别人当自己的工具，像曹操那样，这是曹操能够"成事"的重要原因。而刘备总是顾东忌西，不敢像曹操那样为所欲为。从功利的角度看，徐州、荆州、西川他都想要；从道德角度看，要徐州，就要乘人之危，趁火打劫；要荆州与西川，就要对同宗同族无情无义。同样，蜀汉称帝是他功利追求的顶峰，但从道德角度看，这样做与他的忠君观念存在着尖锐的冲突。这样的刘备，当然要哭，要装，要虚伪，会焦虑。刘备的尴尬与焦虑，正源于他内心的功名欲望与道德信念之间的矛盾，这样的虚伪不正折射出了传统文化观念某些内在的矛盾吗？

在今天这样一个不再耻于谈论功名利禄的时代，理解功名与道义的关系，对于每一个人都是人生的必修课。读三国，如果我们仅仅执着于所谓

走向理性与清明

整本书阅读之思辨读写

的历史规律的探讨，胶着于所谓的英雄形象的剖析，而无视它所包含的道德分析与辨析的人生资源，岂不是一种浪费？

今天，人们不再羞于言利，而是光明正大地追求功名与利益。但刘备、曹操、诸葛亮等人为之焦虑不安的功名与道义的矛盾，依然在纠缠着现代人。现代社会普遍的焦虑，普遍的压力与挫败感，社会上的某些动荡与青少年犯罪等，多与利益冲突相关。理性地把握功名与道义的关系，对于个人生活与社会建设都极有意义。通过《三国演义》的教学，通过三国时代那些鲜活的人物形象的讨论，引导学生全面而深刻地理解功名与道义的复杂关系，这正是教学的一个落脚点。

母题的探讨，有助于在学生个体与人类文化之间建立深刻的联系。文化，说到底就是一个民族的价值观与生活方式。人类文化，无论是中国传统文化，还是其他国家的优秀文化，都会凝结在一些基本的命题与范畴的理解上。譬如谈到中国传统文化，人们会自然联想到阴与阳、义与利（功名与道义）、内圣与外王，等等，这些母题性的范畴，凝结了中国人的价值观和生活方式。《三国演义》是对传统文化故事化、形象化的阐释，通过它来探讨义与利的关系，远比干巴巴地背诵一些"君子喻于义，小人喻于利"的名言警句来得深刻。

第三节

议题：课程的内容与结构

整本书阅读教学的一个难点，在于整本书的体量与目前教学体制之间的矛盾。一篇课文，花上两三节课即可完成；一本书，无论怎样精心规划，也不可能毕其功于一役。因此，教学内容的"切割"势在必然。只有将作品内容"切割"成不同的内容单元，才能化整为零，有计划、有步骤、有逻辑地推进教学。也只有这样，才能从整体到局部，再由局部到整体，如此反复，螺旋上升，从而全面而深刻地把握作品。

整本书的"整"，不仅意味着"非片段""非节选"，也意味着作品在内容与精神上的独立性、系统性与完整性。将如此整本的书，切割成一个一个的教学任务和学习内容，碎片化与零散化的风险很大。因此，有必要在课程的意义上，对整本书的教学内容做全面而合理的规划。

在课程内容的选择与确定上，我引入"议题"这个概念，通过"结构化议题"的设计，来规划课程内容。议题，其内涵近似于"命题"，但它是"有待论证"的命题，即有待于分析、论证从而作出判断的命题。议题是批判性思维的重要术语，以批判性思维的眼光看，一切未加论证的命题，都只能算是议题，议题的特点在于它的"未完成性"，或者说"有待完成性"。

将整本书内容议题化，以议题来组织教学内容，实现从文本内容向教学内容的转化，这是思辨读写的基本策略。

议题及议题间的关系，就构成了整本书的课程内容和结构。

走向理性与清明

整本书阅读之思辨读写

议题化的风险显而易见：如果议题偏离了作品的题旨即母题，教学就失去了方向；如果议题脱离了学生的认知需求，教学就无法实现文本应有的阅读价值；如果议题间的结构关系不当，教学就会杂乱无章，逻辑混乱，学生的阅读势必是一地鸡毛。因此，无论是议题的选择，还是议题与议题之间的结构安排，都需要综合考量与仔细权衡。

在议题的安排上，要考虑以下三个因素。

一、体现母题逻辑

在整本书阅读教学中，议题的讨论不是目的，母题的理解才是旨归。设置议题的目的是为了达成对母题的理解，因此，必须充分尊重母题自身的内在逻辑。

什么是母题的内在逻辑？即母题内在的因素及其关系。以"成长"为例。成长，即从幼稚走向成熟，从不完善走向完善，这是一个变化的过程，而且这种变化是积极的，否则就是堕落了。

"成长"必然包含下列三个因素：

```
起点：人物本来的状态，如出身、地位、德行……
         ↓
变化过程：经受各种挑战、磨难、诱惑、成功……
         ↓
终点：外在或内在的某些积极变化……
```

所有关于"成长"的作品，都会体现这一内在逻辑。《鲁滨逊漂流记》《西游记》《三国演义》《哈姆雷特》《红与黑》《复活》《俄狄浦斯王》，无不如此。如果以"成长"为母题来设计这些书的教学内容，必然要聚焦这些人物的起点、变化过程与最终所达成的样子。

依照这三个要素,《红与黑》的议题设置,应该考虑以下三个方面:

第一,于连:一个平民野心家。平民,强调于连卑微的出身与社会地位;野心家,强调于连超乎寻常的出人头地的野心。于连的一生,都渴望摆脱卑微的出身带来的阴影。他想获得贵族身份,他想挤进上流社会,他渴望权势,都是源于自卑情结。但是,这些梦想离他太遥远了。为了实现平步青云的野心,他选择了一条与众不同的搏击之路。

第二,三个场景,两段感情。在维里埃做家庭教师,在贝藏松做教士,在巴黎做贵族秘书,这是于连人生的三个场景;与德·莱纳夫人、玛蒂尔德小姐的纠葛,这是于连刻骨铭心的两段感情。这几乎就是于连人生的全部。于连的野心表现在两个方面:一是政治野心,二是爱情野心。前者决定了他要结交达官贵人,后者决定了他要混迹情场。这两个野心互为手段,互为目的,但归根结底,政治野心还是居于上风,主导着于连的人生。在于连看来,活在世上,要么像拿破仑那样叱咤风云,纵横捭阖,要么像主教大人那样居高临下,指点苍生。他追求贵族美女,固然因为处在青春期的于连对感情有着强烈的渴望,但最重要的原因,还在于这些贵族妇女不仅是他实现野心的最便捷的工具,也是他走向成功的重要标志和点缀。

设置议题时,关键在于引导学生思考,这些经历给于连带来了哪些成长的机会与资源。

第三,尊严战胜了野心。在阳光灿烂的日子,于连走上了绞刑架,走到了人生终点。他以肉体的消亡维护了人格的尊严。在生命的最后时刻,他领悟了生命的真谛,也领悟了爱情的真谛,这就是成长,精神性的成长。

走向理性与清明

整本书阅读之思辨读写

成长的内涵是多样的,刘备从一个"贩屦织席"的平民,成为九五之尊,这是成长;聂赫留道夫从一个堕落贵族,到灵魂救赎,精神升华,这是成长;于连付出了生命的代价,终于摆脱了被野心煎熬的屈辱,这也是成长。他们在一番人生的搏击与磨难之后,或外在或内在都发生了合乎道义的变化。

基于"成长"的内在逻辑,就形成了《红与黑》的课程框架。

再如"野心"。刘备、宋江、麦克白、于连都可归于"野心"的讨论范畴。首先,在传统观念中,野心意味着僭越,任何与自己的地位、身份不符的欲念,都被视为野心,即所谓"非分之想"。野心主要是相对于名分来讲的,一个人为什么会产生超越自己名分的野心呢?这是个关键问题。其次,普通人有了野心,未必会付诸行动,而真正的野心家,必然具有一些普通人不具备的素质,他甘愿为野心而搏斗,为了实现野心甘愿牺牲一些德行,宋江、刘备的虚伪,于连的堕落,麦克白的迷失,都是如此。因此,"怎样实现野心"就值得关注。最后,野心是个带有贬义的词语,那么,这样的追求究竟会带来什么?宋江被毒死了,麦克白被杀死了,于连被绞死了……野心究竟意味着什么?是荣耀,还是屈辱?是幸福,还是灾难?

由此设计议题,基本上可搭建出课程的内容框架。

下面以《鲁滨逊漂流记》为例,完整介绍一下从母题到议题的推演过程。先看看《鲁滨逊漂流记》的课程框架:

这个框架是怎样构建的呢？这要从母题说起。

我将《鲁滨逊漂流记》定位为初高中衔接的书，适合在初二、初三或高一教学。这是课标推荐的读物，多数学生都读过；但据我的观察与评估，他们的阅读还很浅表，尚需教学的介入，引导他们澄清一些认知误区，厘清一些观念偏差，整合一些多元分歧。如果说整本书阅读并不是一件无师自通的事情，那么，《鲁滨逊漂流记》正是一本入门级的好书。

更重要的考虑，则是《鲁滨逊漂流记》所蕴含的文化与教育价值，恰好满足了这个年龄段的学生在心理与精神发育上的某些需要：他们充满了对冒险、生存与生命的好奇与疑惑，也渴求理性的探索与精神的超越。

《鲁滨逊漂流记》是一部历险小说，我对故事的概括是"一个人，一座孤岛，28年的生存"。在同一题材的作品中，《鲁滨逊漂流记》的独特性主要表现在两方面：一是主人公冒险的动机，二是主人公的求生之道。阅读教学应聚焦和观照这些独特性，在其中挖掘潜在的教育意义与内涵。

历险，无论是出于自主还是迫于被动，都意味着在一定程度上脱离了日常的生活轨道和正常的社会关系，这也就意味着生命的再度扩张与生活的内涵重建。借助这个"非日常"的状态，我们可一窥生命与人性的秘密。《鲁滨逊漂流记》就可看作一部以艺术形式呈现的关于文明、理性与技术的社会实验报告——

方案设计者：笛福

实验参与者：鲁滨逊

实验内容：一个人，一座孤岛，28年的生存，何以可能？

实验设备：加勒比海的某孤岛＋来自文明世界的一艘船

实验思路：流落孤岛——生存抗争——重回文明世界

……

走向理性与清明

整本书阅读之思辨读写

笛福所处的时代正是科学革命与启蒙运动的时代。人们相信，通过科学，人类能够掌握世界的秘密；按照理性，人类能够建立一个完美的世界。鲁滨逊是这个时代的弄潮儿，他对未知世界的好奇，对探险及海外贸易的痴迷，对理性、技术与工具的执着，都能折射那个时代的风尚与思潮。小说让他在猝不及防的情况下流落到与世隔绝的蛮荒之地，靠有限的资源和无限的智慧来解决自身的生存问题，这是颇有深意的。鲁滨逊的生存活动，靠超人的体能，也靠不可知的宿命与偶然的运气，但更重要的则是人类的理性与知识、信念与智慧。

这是一本弘扬理性的书。鲁滨逊对理性与知识充满了信仰。他说：

理智是数学的本质和原理，所以通过运用理智、通过对事物作出最为明智的判断，一个人迟早能够掌握任何一种工艺。①

他坚信，只要给他必要的工具，他就能解决生存中的所有问题——我没有夸张，鲁滨逊确实能解决所有问题，当一条路走不通的时候，他总能开辟新的路径。这正是工业时代的人们的乐观信念，也是科技时代的人们对理性的信仰。

强调理性与知识的价值，在冒险小说中很少见。这一点，只要我们与《西游记》《金银岛》《汤姆·索亚历险记》等作品作比较，就不难察觉到。

小说的另一个魅力，则来自关于鲁滨逊历险动机的反复叙述与渲染——这是一种来自生命深处的神秘力量，一种发乎本能的源源不断的冲动。

小说这样写道：

尽管我的理智不止一次地作出我应该回家去的冷静判断，我却无力将其付诸行动。我不知道该称它为什么，也不知道它是否就是那一种神秘

---

① 丹尼尔·笛福.鲁滨逊漂流记[M].王晋华，译.上海：学林出版社，2017：78.

的、左右一切的、怂恿我们走向自我毁灭的天意。即便它就在我们面前，我们也会睁大着眼睛向它飞扑过去。毫无疑问，正是这个难以名状的东西注定了我们要遭受后来的苦难。正是这一无法避开的天意诱逼着我去反对理智或深思熟虑后所作出的冷静判断，让我不愿意从初次航海就遭受的两次灾难中汲取教训。①

作为一个文学形象，鲁滨逊对冒险的痴狂世所罕见。无论是家庭的阻挠、生死的考验，还是优裕生活的诱惑，都不能改变他对远方的执着。他无法不去倾听内心的声音。在这里，我们看到了非理性与理性的抗衡，看到了本能与文化的对话。鲁滨逊不仅有求生的本能，更有一种"找死"的冲动——为了寻找生命的乐趣，探寻生存的意义——他始终游走在"求生"与"找死"之间。他"找死"时的"冥顽不化"，与其"求生"时的胆识与理性构成了鲜明对比。鲁滨逊是一个既保持着原始的旺盛的生命力，同时又不断从科技与文明中汲取理性力量的健全的人。

笛福对鲁滨逊的冒险精神高度赞赏。冒险意味着摆脱庸常，超越凡俗，走向创造。在鲁滨逊精神的"家族谱系"上，我们可以开列一长串的人物，古希腊神话中历经千难万险的奥德修斯，中国的张骞、玄奘，开创新航路的麦哲伦、哥伦布，穿越南极的挪威人阿蒙森，发现新西兰及诸多太平洋岛屿的库克船长，等等。这些人不畏艰险，不惧死亡，用自己的脚丈量和拓展着人类的生存空间与思想空间。

除此之外，《鲁滨逊漂流记》也是一部充满哲学思考的作品。"找死"，让鲁滨逊经常处于死亡的临界点。面对死亡，鲁滨逊始终处在生存的焦虑与生活的反思之中，这让小说的理性内涵具有了更多的哲学意义。当鲁

---

① 丹尼尔·笛福.鲁滨逊漂流记［M］.王晋华，译.上海：学林出版社，2017：14-15.

走向理性与清明

整本书阅读之思辨读写

滨逊远离了他所疏离的文明之后，他不得不在蛮荒之地开始文明的重建工作；当鲁滨逊摆脱了一种琐碎之后，他不得不面临另一种琐碎：他必须用自己的双手，为自己获取小到一粒葡萄大到一只独木舟的用品。28年，他几乎独自面对了整个世界与生活，他不得不回到自己的内心世界寻找生存的意义——鲁滨逊始终在沉思，他冥思苦想，像哲学家一样——

我们天天见到的大地和海洋，它们究竟是什么？它们是怎么产生的？我和其他所有的生灵，驯化的和野生的，富于人性的和残暴的，又都是什么？又都是从哪里来的？①

孤岛绝境中的鲁滨逊，摆脱了庸常的碎屑与世俗的羁绊，让自由的思绪直抵生命最痛的地方。

在总体把握的基础上，我筛选出理解《鲁滨逊漂流记》的两个关键词，即母题：冒险与生存。

在教学目标上，我希望学生始终保持对这个世界的热情与梦想，始终保持旺盛的求知欲与超越的欲望，以此来对抗现代社会的高度科层制与数字化侵袭；我也希望他们像鲁滨逊那样有一个理性缜密的大脑，达到"合目的性"与"合规律性"的统一，抵达理性与文明的实践境界；当然，我更希望他们对生命有着理性而深刻的思考，做一个有超越精神的探索者。生命有没有意义？生活有没有意义？对于鲁滨逊这样的探索者来说，这些意义永远不会是空白，也永远不会苍白。

基于上述理解，我给《鲁滨逊漂流记》设定的教学目标是：

理解"冒险"对于人类生存与个体生命的意义；

理解"理性精神"在人类生存与发展中的价值；

---

① 丹尼尔·笛福.鲁滨逊漂流记［M］.王晋华，译.上海：学林出版社，2017：106.

理解"反思"在构建生命意义中的作用。

在"冒险与生存"这一母题之下,如何设定议题呢?基于文本内容,我着眼于母题的内在逻辑,按照"冒险动机——生存行动——冒险意义"来设置相关议题。

第一,冒险动机。一个基本的界定,冒险意味着我们脱离日常的、正常的生活秩序。日常生活意味着安全、安定、享受、平静,就像我们每天上学放学一样,虽然日复一日,重复、枯燥,但生活中危险因素很少,我们可以掌控,精神上也有安全感。而一旦离开了日常的轨道,来到陌生的、未知的生活,那就意味着很多不确定因素,很多动荡与风险,意味着更多的孤独、痛苦,甚至死亡。当然,冒险也意味着我们可能面临着新的刺激、新的挑战,认识新的世界和新的人。

对于冒险小说,动机的追问可能是最富有启发意义的。因为,动机在很大程度上决定了冒险的意义。有人为了真理而冒险,有人为了金钱而冒险,有人为了爱情而冒险,鲁滨逊为了什么而冒险呢?鲁滨逊是为了满足冒险的天性而冒险,这个理解对于人物的把握太有价值了。一个人为了爱情而冒险,体现的是爱情的价值;一个人为了金钱而冒险,体现的是金钱的价值;一个人为了真理冒险,体现的是真理的价值。一个人什么都不为,一天到晚一辈子都在折腾,而他自己为此而非常开心,非常有成就感,那么,体现的就是冒险的价值。我们的学生思考真理、金钱和爱情的价值多,而在这个议题下,就可以引导学生充分思考冒险的意义。这就达成了第一个教学目标。

第二,生存行动。冒险意味着失去了习以为常的生存资源与按部就班的生活秩序,诱惑激增的同时,风险也剧增。那么,如何生存就成了首要的问题。在冒险小说中主人公怎样对付风险,在很大程度上决定了小说

走向理性与清明

整本书阅读之思辨读写

题旨的走向。譬如《西游记》也表现孙悟空的历险，但我们不用为孙悟空担心。因为孙悟空既不会死，也不会败。在关键的时刻，总有观音菩萨驾到，再不行还有如来佛祖。他们会帮助孙悟空摆平那些妖魔鬼怪。这说明，怎样冒险并不是《西游记》的关键之处，关键在于孙悟空在不断地冒险，反复地经受磨难，九九八十一难必须一一经历。读《西游记》的人都会有一个感受，容易疲倦。唐僧师徒所遭遇的磨难，大同小异，征服妖魔鬼怪的方式也多雷同。这样的重复与反复让人心生厌倦。但是，从作品的题旨看，这样的写作并非败笔，让人厌倦的反复，恰好寄寓了关于"成长"的象征意义：人生在世，该经历的磨难一定得经历，否则你就得不到真正的成长，也不会成功。

但鲁滨逊不同，鲁滨逊面临的危险都是真实的，具有高度的生活真实性；没人帮助他，他是一个人在战斗；鲁滨逊也没有任何超自然的力量，他必须靠人的力量战胜一切困难，无论是来自自然的，还是来自人类的，无论是肉体上的，还是精神上的，否则，等待他的只能是死亡。

鲁滨逊的生存不是单个因素作用的结果，而是得益于他的综合素质，即生存智慧。鲁滨逊的生存活动，靠超人的体能，也靠不可知的宿命与偶然的运气，但更重要的，则是人类的理性与知识、信念与智慧。

在这个议题之下，我们可从鲁滨逊的心理建设、行动能力、资源利用、信念支持等方面来讨论，引导学生理解理性、智慧与信念在冒险活动中的重要意义。这就达成了第二个教学目标。

第三，冒险意义。因冒险取经有功，唐僧被加封为旃檀功德佛，孙悟空为斗战胜佛，猪八戒为净坛使者，沙和尚为金身罗汉，就连驮经的白龙马也被封为八部天龙马。这个结果反映了唐僧们冒险的价值。没有苦难，哪有如此荣耀？那么，鲁滨逊冒险得到了什么呢？除了带着星期五重返文明社会，他一无所有。没有得到唐僧那样的头衔，也没有获得什么财富。因此，不能用世俗的眼光看待鲁滨逊的冒险。他得到的，是精神上的满足。在《鲁滨逊漂流记》的续集中，他继续冒险，因此我称他为"注定死在路上的人"。这个议题又一次呼应了第一个教学目标：冒险本身就是生命的意义。

《鲁滨逊漂流记》的议题设计，围绕"冒险"而展开，体现了"冒险"这一母题的内在逻辑。

二、尊重文本个性

议题的设置，首先必须尊重母题的内在逻辑。但是，同样的母题，在不同文本中的表现是不一样的。遵循母题的内在逻辑，只能确定课程的大体框架；而具体的课程内容，则必须在充分把握文本个性内容的基础上进行选择。

譬如《水浒传》。它讲述的是一百零八个好汉"撞破天罗归水浒，掀开地网上梁山"的故事，以人物群像的塑造而著称；其人物塑造技艺精湛，达到了"人有其性情，人有其气质，人有其形状，人有其声口"的境界，个性鲜明、社会属性饱满的人物也有十来个，且同中有异，异中有同，很适合做人物的深度分析训练；小说的人物出场也颇有特点，写罢一个人物，引出下一个人物，连环相扣，素有"群山万壑赴荆门"之誉，像"鲁十回""武十回""宋十回""卢十回"等章节，几乎就是一个独立的人物传记。这种叙事上的节奏，让以人物分析为主要内容的教学也变得"有章可循"。同时，一百多个好汉，也可进行分类研究，像前述"赚"上山的秦明、安道全、卢俊义等，就可归入一个群体，看看他们"入伙"的共性，就可发现宋江之流的阴毒与邪恶。

走向理性与清明

整本书阅读之思辨读写

基于文本的个性特点来确定内容框架,才能让教学紧贴作品。如果游离在文本之外,为了母题的阐释而牵强附会,必然导致文本的失踪。以人物研究为切入口,是《水浒传》整本书阅读最节省、最有效的方式,也是最贴合文本特点的方式。

适合《水浒传》的框架,未必适合其他作品,比如《骆驼祥子》。《骆驼祥子》的主要人物只有一个,那就是祥子,其他人都服务于祥子这个形象的塑造。围绕着祥子的,有兵痞、侦探这些邪恶的力量,但更多的则是社会普通民众和底层人物。这些人在祥子的堕落中扮演了不同的角色。兵痞与侦探施加给祥子的,当然是直接的压榨与盘剥;老马与二强子,以他们自身的或悲惨或荒唐的命运,给祥子上了活生生的人生示范课;与虎妞、刘四爷和小福子的纠葛与恩怨,直接瓦解了祥子的自尊与活力;不同的主顾,也带给祥子不一样的际遇。总之,这是一个让人堕落的环境,像曹先生这样的一点温暖与曙光,也不足以支持祥子走向光明。

基于这个分析,《骆驼祥子》的课程框架,可根据祥子与其他人物的关系来搭建,如下图所示。也可按照祥子经历的主要事件来安排,如祥子的"三起三落"。在"三起三落"的分析中,会自然关联上述那些人物。

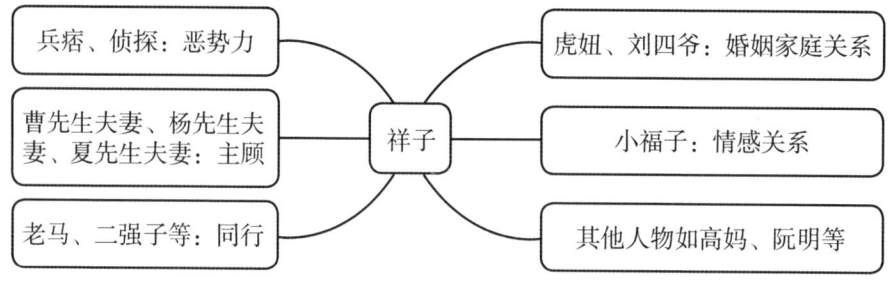

这里以《三国演义》为例,分析具体议题的确定。《三国演义》也以人物群像的塑造著称。根据小说的这个特点,我设计的内容框架如下:

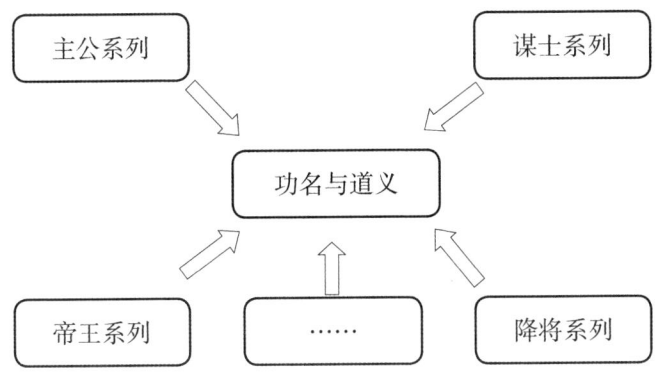

作为一部历史演义,《三国演义》继承了古代史学"纪传体"的特点,重点不在于历史事件的铺排,而在于表现历史舞台上的各色人等。小说中大大小小人物据说上千,而性格鲜明的人物也有上百。如果以"功名与道义"为母题,那么,人物的分类与分析应该是个合理的选择。按照我的理解,《三国演义》是洞察儒家政治伦理的一扇窗户,其教学价值就在于理解儒家政治的得与失,借此探寻传统文化的内在矛盾。文化是一个族群共同的价值观与生活方式,儒家政治与道德的内在矛盾必然会表现在各阶层各行业的行为之中,分析不同人群的言语行为,可以聚焦这个共同的文化观念,使教学基于具体人物的分析而又能够超越人物分析的局限,在更宏大的文化背景下反思历史人物的功过是非,起落沉浮。

根据"人物分类与分析"的思路,围绕下列内容设定《三国演义》的议题:

1. 主公系列

汉末乱世,家家欲为帝王,人人欲为公侯,这是一个激发野心而野心又能得到充分释放的时代,而最大的野心,当然就是"图王"。《三国演义》的舞台中央,汇聚的就是这帮"图王"的主公。曹操狂妄地宣称:"使天下无有孤,不知几人称帝,几人称王?"曹操颇为自负,其睥睨天下之

走向理性与清明

整本书阅读之思辨读写

状跃然纸上,但曹操的话是实事求是。在"煮酒论英雄"一节,曹操对天下英雄作了一番评点,这些人基本都可归入主公系列。

玄德曰:"淮南袁术,兵粮足备,可为英雄?"操笑曰:"冢中枯骨,吾早晚必擒之!"玄德曰:"河北袁绍,四世三公,门多故吏;今虎踞冀州之地,部下能事者极多,可为英雄?"操笑曰:"袁绍色厉胆薄,好谋无断;干大事而惜身,见小利而忘命,非英雄也。"玄德曰:"有一人名称八俊,威镇九州——刘景升可为英雄。"操曰:"刘表虚名无实,非英雄也。"玄德曰:"有一人血气方刚,江东领袖——孙伯符乃英雄也。"操曰:"孙策藉父之名,非英雄也。"玄德曰:"益州刘季玉,可为英雄乎?"操曰:"刘璋虽系宗室,乃守户之犬耳,何足为英雄!"玄德曰:"如张绣、张鲁、韩遂等辈皆何如?"操鼓掌大笑曰:"此等碌碌小人,何足挂齿!"玄德曰:"舍此之外,备实不知。"操曰:"夫英雄者,胸怀大志,腹有良谋,有包藏宇宙之机,吞吐天地之志者也。"玄德曰:"谁能当之?"操以手指玄德,后自指,曰:"今天下英雄,惟使君与操耳!"[1]

这段话可作为主公研究的提纲。

在曹操看来,英雄的第一个要件,便是"胸怀大志",有"包藏宇宙之机,吞吐天地之志",说白了,就是要有将天下纳入囊中的野心,那就是称王称霸,实现俗世社会中最大的功名。《三国演义》宣传的是"英雄史观","英雄创造历史"是小说的历史逻辑。那么,这些主公到底以怎样的方式参与历史,又给历史留下了什么呢?在他们的历史功过中,他们自身的性格与品质,又发挥了怎样的作用?在功名与道义的天平上,这些人究竟是英雄,还是罪人?

---

[1] 罗贯中.毛宗岗批评本·三国演义 [M].长沙:岳麓书社,2015:160.

在主公阵营中，有一个主公非常窝囊，几乎所有人都藐视他。那就是刘璋。曹操贬低刘璋，称他是"守户之犬"，其实，刘璋算不上合格的"守户之犬"——他并没有守住西蜀的大门。在小说中，不独曹操看不上刘璋，他的部下、对手都瞧不上他。

张松：

某非卖主求荣，今遇明公，不敢不披沥肝胆。刘季玉虽有益州之地，禀性暗弱，不能任贤用能；加之张鲁在北，时思侵犯；人心离散，思得明主。①

法正：

吾料刘璋无能，已有心见刘皇叔久矣。②

益州天府之国，非治乱之主不可居也。今刘季玉不能用贤，此业不久必属他人。③

阎圃：

益州刘璋昏弱，不如先取西川四十一州为本，然后称王未迟。④

诸葛亮：

刘璋失基业者，皆因太弱也。主公若以妇人之仁，临事不决，恐此土难以长久。⑤

今刘璋暗弱，德政不举，威刑不肃，君臣之道，渐以凌替。宠之以位，位极则残；顺之以恩，恩竭则慢。所以致弊，实由于此。⑥

这些人中有刘璋的部下，有刘璋的对手，但无一例外都是站在"图王"的角度评中说刘璋的。若从兼并土地、掠夺人民、争权夺利的角度看，刘璋的确是软弱无能；但如果换个角度，站在老百姓的角度看呢？小

---

①②③④⑤⑥ 罗贯中.毛宗岗批评本·三国演义[M].长沙：岳麓书社，2015：474，474，476，468，517，518.

走向理性与清明

整本书阅读之思辨读写

说有这样两个情节值得关注：

> 从事郑度献策曰："今刘备虽攻城夺池，然兵不甚多，士众未附，野谷是资，军无辎重。不如尽驱巴西梓潼民过涪水以西，其仓廪野谷，尽皆烧除，深沟高垒，静以待之。彼至请战，勿许。久无所资，不过百日，彼兵自走。我乘虚击之，备可擒也。"刘璋曰："不然。吾闻拒敌以安民，未闻动民以备敌也。此言非保全之计。"①

这个情节发生在刘璋与刘备交战的初期。此刻的刘璋，不仅面临着巨大的军事压力，而且精神上也饱受羞辱。刘备入川，显然不是为了助刘璋拒张鲁，而是为了吞并西川；而刘璋呢，对刘备坚信无疑，沉浸在"汉室宗亲"的虚幻想象之中，未做军事上的准备。黄权屡次劝谏，甚至在大殿门前用牙咬刘璋的衣服，把牙都顿落了两颗；王累用绳子把自己缚在城墙上，以生命来劝阻，可惜刘璋都听不进去。等到刘备撕破了面皮，刘璋不仅惊恐不安，而且恼羞成怒。即便在这样的时刻，刘璋依然有自己的底线。他不忍心驱赶老百姓，不敢"动民以备敌"。这大概就是诸葛亮所说的"妇人之仁"吧。小说写道：

> 却说玄德军马在雒城，法正所差下书人回报说："郑度劝刘璋尽烧野谷并各处仓廪，率巴西之民避于涪水西，深沟高垒而不战。"玄德、孔明闻之，皆大惊曰："若用此言，吾势危矣！"法正笑曰："主公勿忧。此计虽毒，刘璋必不能用也。"②

能够让玄德、孔明"大惊"，足见郑度的计谋非同一般；法正原是刘璋部下，他断言"刘璋必不能用也"，显然基于他对刘璋的了解。在乱世之中，有一个主公，情愿弃用一个让对手"势危"的机会，也不愿拖累百

---

①② 罗贯中.毛宗岗批评本·三国演义[M].长沙：岳麓书社，2015：508，512.

姓。看来,刘璋拒用此等毒计,既不是判断失误,也不是心血来潮,而是有他一贯的思想基础。

这样的人以失败告终,连拥刘贬曹的毛宗岗也禁不住感慨:"刘璋虽暗,亦有仁心,然从来有仁心者每每吃亏,每每失事,为之一叹。"①这样的结局,把我们的思辨引向历史的更深处:仁爱对于政治家来说,究竟意味着什么?

在成都被困的紧要关头,刘璋作出了人生的最重大选择:

璋曰:"吾之不明,悔之何及!不若开门投降,以救满城百姓。"董和曰:"城中尚有兵三万余人,钱帛粮草可支一年,奈何便降?"刘璋曰:"吾父子在蜀二十余年,无恩德以加百姓。攻战三年,血肉捐于草野。皆我罪也,我心何安?不如投降以安百姓。"②

刘璋选择了投降。他并不是完全没有机会反败为胜,也不是没有实力与刘备对抗,他选择投降,因为他觉得对不起西川百姓,他知道战争的最大受害者是老百姓。所以,"不如投降以安百姓"。这样的人,让宣称"休教天下人负我"的曹操,怎能看得上眼?

小说中类似的人极少,但也不是没有,如张鲁、陶谦。

张鲁见其势已极,与弟张卫商议。卫曰:"放火尽烧仓廪府库,出奔南山,去守巴中可也。"杨松曰:"不如开门投降。"张鲁犹豫不定。卫曰:"只是烧了便行。"张鲁曰:"我向本欲归命国家,而意未得达;今不得已而出奔,仓廪府库,国家之有,不可废也。"遂尽封锁。是夜二更,张鲁引全家老小,开南门杀出。③

曹操大兵压境,张鲁并不甘心自己的失败,但他知道"仓廪府库,国

---

①②③ 罗贯中.毛宗岗批评本·三国演义[M].长沙:岳麓书社,2015:508,516-517,532.

走向理性与清明 | 整本书阅读之思辨读写

家之有，不可废也"，对国家存有敬畏之心，没有采纳"放火尽烧仓廪府库"的建议。与董卓焚烧洛阳的兽行比较，主公与主公的差别，何其大也。

还有陶谦，曹操打着为父报仇的旗号，进犯徐州，要"洗荡徐州"，"但得城池，将城中百姓，尽行屠戮"，"杀戮人民，发掘坟墓"。陶谦无力应战，他决心以自己的身躯，换得百姓的安宁：

> 曹兵势大难敌，吾当自缚往操营，任其剖割，以救徐州百姓之命。①

虽然陶谦最后放弃了这种束手待毙的做法，但在关键时刻，他这种"保境安民"的勇气还是值得肯定的。

刘璋、张鲁和陶谦这样的主公，终因"心慈手软"而难成大事；而董卓这样践踏道义、无恶不作的奸贼，袁绍这样"色厉胆薄，好谋无断；干大事而惜身，见小利而忘命"的无能之辈，吕布这样反复无常、寡廉鲜耻的人，也终遭世人唾弃。

功名与道义，究竟是一种怎样的关系呢？毫无疑问，《三国演义》给了我们无限的想象空间与思辨的机会。这正是整本书阅读与篇章阅读的不同之处——至少在功名与道义的关系上，任何一个篇章，都不可能呈现出如此之多的复杂性与多样性。

2. 谋士系列

在波澜壮阔的三国争霸中，谋士们的存在在很大程度上影响着历史的格局与走向。以三大战役为例。在官渡之战中，曹操之所以取胜，与荀彧、郭嘉等人的谋划与激励相关，而袁绍对待许攸、田丰、审配、郭图的态度也昭示了失败的必然性。在赤壁之战中，联军的胜利离不开诸葛亮、庞统、阚泽等人的谋略与胆识，而曹操的失败与其谋士的集体失声也不无

---

① 罗贯中.毛宗岗批评本·三国演义［M］.长沙：岳麓书社，2015：73.

关系。曹操逃出华容道后,也不禁哀号:

"吾哭郭奉孝耳!若奉孝在,决不使吾有此大失也!"遂捶胸大哭曰:"哀哉,奉孝!痛哉,奉孝!惜哉,奉孝!"众谋士皆默然自惭。①

曹操不思己过,把责任都推在谋士身上,这是曹操的奸雄本色;但也须看到,随着郭嘉的过早离世,荀彧、荀攸被曹操疏远,谋士们对曹操的影响力越来越小,赤壁之战之所以失败,与智囊的低能不无关系。而在夷陵之战中,刘备之所以刚愎自用,与诸葛亮不在身边大有关系;陆逊能够脱颖而出,得孙权重用,阚泽的举荐是关键因素。三国的历史,无处不是谋士的身影。

谋士系列是透视传统知识分子的标本。总体看,他们既看重功名,也在乎道义。不过,鲜有在两者之间达成和谐统一的幸运者。陈宫重功名,"捉放曹"就是为了干一番大事;但他更重道义,在目睹了曹操"宁我负天下人,休教天下人负我"的嘴脸之后,断然抛弃了曹操。可惜的是,却错误地选择了吕布;兵败被捕后,断然拒绝曹操的劝降,决意慷慨赴死。荀彧、荀攸叔侄二人,为曹操谋划一生,可谓殚精竭虑,如履薄冰,曹操也投桃报李,给了他们无限的荣耀。可是,在他们的内心,功名的追求与道义的坚守始终在搏斗。他们无法放弃自己的政治底线,尽管对曹操忠心耿耿,却无法接受曹操称孤道寡。再如贾诩,先后侍奉过李傕、郭汜,李郭失败后又成为张绣的谋士,最后归附曹操。贾诩足智多谋,易中天说贾诩可能是三国时代最聪明的人。陈寿《三国志》乃正史,不能与演义混为一谈,但陈寿对贾诩的评价也可作为参考。他说贾诩"庶乎算无遗策,经达权变,其良、平之亚欤"。贾诩的才干不容

---

① 罗贯中.毛宗岗批评本·三国演义[M].长沙:岳麓书社,2015:398.

走向理性与清明

整本书阅读之思辨读写

置疑，但贾诩也有洗不掉的污点。董卓被戮，李傕、郭汜本打算"各自逃生"，但贾诩建议他们，"诸君若弃军单行，则一亭长能缚君矣。不然诱集陕人，并本部军马，杀入长安，与董卓报仇。事济，奉朝廷以正天下。若其不胜，走亦未迟"①。正是因为贾诩的启发，才有了李傕郭汜之乱。他们扫荡长安，"残虐百姓"，制造了汉末又一场血雨腥风。贾诩在功名之路上像个不倒翁，几落又几起，是个成功者；但在道义上，贾诩有何颜面面对在李郭之乱中惨遭屠戮的百姓与官吏们？再如西蜀的谯周，先是劝说刘璋放弃抵抗，投降刘备；后劝说刘备登基，继承汉统；后又劝刘禅放弃抵抗，投降司马昭。谯周究竟是西蜀的罪人，还是历史的功臣？其他如刘璋的谋士张松、张鲁手下的杨松，在功名与道义的法庭上，都是值得剖析的个案。

当然还有诸葛亮。这是传统知识分子的终极梦想，"帝王师"的典范。诸葛亮隐居隆中，并非为了林泉之乐，他是在积聚力量，寻找机会；诸葛亮效忠刘备，不仅仅为了报答三顾之恩，这里充满了功名与道义的考量与权衡；诸葛亮一生鞠躬尽瘁，死而后已，却也给西蜀留下了很多糟糕的政治遗产，比如六出祁山，几乎耗尽了蜀国的财政与兵力。这位千古贤相，他是如何"了却君王天下事"，又是如何考虑"生前身后名"的呢？

知识分子，可能是在功名与道义的纠结中最受煎熬的群体，末世中的知识分子更是如此。一方面，乱世为他们施展才华、博取功名提供了千载难逢的机会；另一方面，社会失序与道德沦陷，又让他们陷入了良知的不安与持守的焦虑。围绕谋士系列设计的议题，极大地丰富了关于功名与道

---

① 罗贯中.毛宗岗批评本·三国演义[M].长沙：岳麓书社，2015：65.

义的思考。

3. 降将系列

《三国演义》写的是乱世，政治破败，文化混乱，社会分化，军阀混战，社会各阶层和力量都在蠢蠢欲动，寻求重组和登台的机会。以曹、刘、孙为代表的政治集团，为了扩张自己的势力，不择手段地招兵买马，延揽豪杰，分化离间，招降纳叛；而无数的豪杰好汉也抱着"学成文武艺，货与帝王家"的梦想，有的慌不择路，有的待价而沽，有的东食西宿，有的进退无依。因此，小说中从一而终的武将很少，而投降变节的极多，如曹操营中的张辽、徐晃、庞德，蜀汉集团的黄忠、严颜、魏延、姜维，东吴集团的太史慈、甘宁等。

投降，不仅意味着武艺上技不如人，更意味着名节上的亏损。投降，是功名与道义极端冲突下的选择，或为名节而死，或为功名而生，当然也有两者兼有的，《三国演义》中的投降，形形色色，有的为了保命，如于禁投降关羽；有的为了择主，如魏延投降刘备；还有的则是以退为进的隐忍和迂回，如关羽投降曹操。在对待投降的问题上，《三国演义》承认"良禽择木而栖，贤臣择主而事"的合理性，对降者持一种理解与宽容的态度。总体看，小说更看重降者自身的人格与品质。若贪生怕死，低三下四，摇尾乞怜，出卖故主，小说断然嘲弄与否定。比如"三姓家奴"吕布，反复无常的孟达，挟怨背主的范强、张达等，小说都予以显而易见的蔑视。

小说严格区分了"投降"与"变节"的不同。比起投降，变节才是最可耻的行为。曹操招降徐晃，建议徐晃杀了旧主杨奉，但徐晃认为"以臣弑主，大不义也"，坚决拒绝。曹操不仅不怪罪徐晃，反而更加信任和欣赏他。不变节，这样的投降才能得到人们的同情与理解。这些意味深长的

走向理性与清明

整本书阅读之思辨读写

细节，使得我们的思考不止于抽象的道德理念，而更多地聚焦于时代背景与人的具体处境，导向对人的命运的关注，对生命的关怀。

4. 帝王系列

从汉少帝刘辩到汉献帝刘协，从曹丕到刘备、孙权，从曹芳到晋文帝司马昭，小说中出现了大大小小、正统非正统的皇帝十多个。虽然他们并非故事的主角，但特定的身份与地位，也决定了他们的身上有很多值得挖掘和思辨的教学资源。

5. 战将系列

除了耳熟能详的关羽、张飞、许褚、典韦等人，刘备阵营中的赵云，曹操阵营中的庞德，刘璋手下张任，孙权手下甘宁，都是个性鲜明、光彩夺目的形象。像赵云，忠义坦荡，英武善战，而且极有政治眼光。譬如刘备占领益州后，"玄德欲将成都有名田宅，分赐诸官"，赵云谏曰：

"益州人民屡遭兵火，田宅皆空，今当归还百姓，令安居复业，民心方定，不宜夺之为私赏也。"玄德大喜，从其言。①

在刘备执意讨伐江东为关羽报仇的时候，赵云如此劝阻说：

国贼乃曹操，非孙权也……汉贼之仇公也，兄弟之仇私也。愿以天下为重。②

赵云深明大义，远非一介武夫可比。

《三国演义》的其他人物，也多有可圈可点之处。譬如戏份不多的几位女性，像貂蝉、徐庶母亲、孙夫人、姜叙母亲等，都有挖掘与思辨的空间。譬如徐庶母亲，以自杀来阻止徐庶为曹操效忠，这样写的用意，无非

---

①② 罗贯中.毛宗岗批评本·三国演义 [M].长沙：岳麓书社，2015：518，632.

是给刘皇叔贴金,其艺术真实性有明显的破绽,但她身上的道义色彩仍然值得思考。

以人物分析为切入口,就形成了一个以功名与道义为母题,以人物的分类研究为框架的内容。围绕不同的人物类型,设计一系列议题,《三国演义》的课程就有了鲜活的血肉。

三、形成认知结构

议题及其关系,要有助于学生形成正确的认知结构。认知结构,即在长期的训练与生活实践中形成的推理模型,一旦形成,便会成为思考问题的前提性框架。因此,在青少年时期形成合理而稳定的认知结构,对于人的认知发展与成长具有奠基性的意义。譬如,一个人堕落了,一种观点认为,当事人应该承担责任;另一种观点则认为,责任全在社会。持第一种观点的人,会走向反思与忏悔,像俄狄浦斯、冉阿让、聂赫留道夫都属于此类;持第二种观点的,则会走向怨恨、放纵与堕落,《水浒传》所宣扬的社会理念多是如此。

《骆驼祥子》讨论的就是"堕落"的问题。那么,我们究竟该如何给学生讲述祥子的"堕落"呢?

以往的定位,基本上都是社会批判,事实上老舍的创作意图也是如此。老舍痛恨当时的社会,同情祥子这样的底层劳动者,在小说里,精心设计了一个"三起三落"的故事,而勤劳、坚韧与积极向上的祥子,一步一步地陷入了命运的深谷。祥子最终堕落了、毁灭了,老舍感慨万分。小说这样写道:

体面的,要强的,好梦想的,利己的,个人的,健壮的,伟大的,祥子,不知陪着人家送了多少回殡;不知道何时何地会埋起他自己来,埋起

走向理性与清明

整本书阅读之思辨读写

这堕落的，自私的，不幸的，社会病胎里的产儿，个人主义的末路鬼！①

老舍用了两组色彩鲜明的词，来表达他的悲悯与愤怒。体面的、要强的、不甘堕落的祥子为什么最终还是堕落了呢？老舍将矛头指向黑暗的社会与卑污的环境。在写作中，老舍往往掩饰不住内心的激荡，直接站出来表达他的立场与观点，而且愤激、尖锐。下面这段话在很大程度上可以当作老舍对《骆驼祥子》写作主旨的表白：

人把自己从野兽中提拔出，可是到现在人还把自己的同类驱到野兽里去。祥子还在那文化之城，可是变成了走兽。一点也不是他自己的过错。②

"一点也不是他自己的过错"，这是老舍塑造祥子的基本逻辑。那么，过错在谁呢，是谁让祥子变成了行尸走肉呢？

撇开老舍与祥子，如果问，一个人堕落了，他吃喝嫖赌，游手好闲，惹是生非，这个人自己有没有责任？我想，多数人都会想到内因与外因的关系，得出肯定的答案。可是，如果说这个人叫祥子，他生活在20世纪30年代的北平，他是一个人力车夫，他有着显而易见的勤劳、要强、坚韧，还有几分骨气，那么，他自己该不该为自己的堕落负点责任呢？

其实，小说中隐含了许多此方面的信息。这也是老舍的复杂之处——尽管他有着明确的写作意图，但他依然尊重了生活的真实与人性的真实，他并没有因为强烈的主观意图而陷入公式化、概念化的泥潭。小说中的祥子有很多缺陷，有的是性格上的，有的是出身及成长经历带来的，有的则是品行上的。仔细分析这些因素，有助于我们更全面和准确地理解祥子的堕落，也有助于我们更理性地认识社会，无论是20世纪30年代的，还是

---

①② 老舍.骆驼祥子［M］.北京：北京师范大学出版社，2015：236，222.

今天的。

　　进一步说，全面、客观和中肯地理解祥子的堕落，对于青少年是重要的。一味苛求祥子，是不人道的；而一味怪罪社会，也是非理性的。在过去的解读中，似乎后一种倾向更加明显，将祥子当作受害者与不幸者的时候，完全无视他自身的缺陷。有的论者甚至将祥子染上性病都归罪于夏太太的勾引，完全看不到祥子对夏太太也充满了低劣的肉欲。这样的解读，不利于学生养成健康、理性的社会观。人在成长的过程中，自然要受到社会环境的各种影响，但自身的克制与坚守也是极其重要的。祥子虽然做了一次又一次的抗争，但他毕竟堕落了，他值得同情与怜悯，但不应该因此而去隐晦他的缺陷。中国传统文化特别强调"富贵不能淫，贫贱不能移，威武不能屈"，强调"出淤泥而不染"，强调内心的道德信念和坚守的力量。如果用这些道德观念来衡量祥子，他对自己的堕落不能说没有一点责任。作为一个人，他应该承担他该负的责任。

　　这样的理解并非外加给文本的，而是来自文本内在的矛盾。不妨对文本做一番梳理。

　　老舍的主观意图是揭露黑暗的社会，抨击社会的不公道。有了这样的创作意图，小说自然要极力强调祥子的不甘堕落，渲染祥子遭受的苦难与他有韧性的抗争。在老舍笔下，祥子的堕落是一个被动的、身不由己的过程。在这个过程中，老舍赋予了祥子诸多正当与美好的色彩。祥子的坚守与抗争是可歌可泣的，他坚守的不过是做人的本分，抗争的也不过是人的最基本的劳动与生存的权利。但令人悲愤的是，这个社会如此邪恶，连他做个本分劳动者的权利都给剥夺了。大环境如此恶劣，祥子所想到的路，都被社会给堵死了，而作为一个进城务工农民，他能想到的人生之路，也不过就是这些。

走向理性与清明

整本书阅读之思辨读写

小说中的兵痞与侦探，其实也都不是什么权贵，他们也没有处心积虑来刻意盘剥和压榨祥子，但他们的一次顺手牵羊式的打劫，一笔顺手牵羊式的敲诈，都几乎能断了祥子的生路，足见这个社会潜藏的巨大危机。祥子和老马、二强子这些人，拼了命地拉车，依然摆不脱油尽灯枯的命运；小福子即使出卖肉体，也换不来姐弟三人的温饱，可见这个危机是结构性的，是深层的，是根子上的。小说越是强调黑暗的无孔不入与权力的肆意妄为，祥子的反抗就越具有悲剧色彩，祥子的人物形象就越显得美好与悲壮。

在黑暗社会这个怪兽面前，祥子的反抗是乏力与无望的；但对于老舍来说，精细地、不厌其烦地刻画祥子的心理下滑过程，却是他精心谋划后的有意选择——这显然是老舍特别用心之所在。只有细腻地、反复地强化祥子的这个心理下滑过程，才能显示祥子的堕落是一个"不得不"的进程——这样，祥子做个好人的愿望及其为此所做的抗争，才有了积极意义。

第一次，车被兵痞抢走，祥子不仅愤怒，而且困惑。"凭什么把人欺侮到这个地步呢？凭什么？"祥子想不通，"凭什么"三个字在文本中反复出现——发生在他身上的事情让他感到困惑，这是一个老实人的困惑。他看不懂外面的世界，看不懂这个世道。但祥子没有放弃，三匹骆驼让祥子的心里重新燃起了希望的光芒。"像一只饿疯的野兽"，他不甘心，他要重新开始。

此刻的祥子，让人敬佩。"即使今天买上，明天就失了，他也得去买。这是他的志愿，希望，甚至是宗教。不拉着自己的车，他简直像是白活。他想不到做官，发财，置买产业；他的能力只能拉车，他的最可靠的希望是买车；非买上车不能对得起自己。"老舍的写作思路非常清晰：遭受重创的祥子，想的依然是自食其力，依然在用自己的方式维护自己脆弱的尊严。这就够了，这样的祥子，已经足够唤起读者的同情、尊重和理解。

但与此同时，魔影悄悄爬上了祥子的心灵。祥子的最终堕落，在这里已经播下了种子。祥子的心理发生了危险的变化，他的道德堤坝开始松动，他的人生信念开始动摇：

一天到晚他任劳任怨的去干，可是干着干着，他便想起那回事。一想起来，他心中就觉得发堵，不由得想到，要强又怎样呢，这个世界并不因为自己要强而公道一些，凭着什么把他的车白白抢去呢？即使马上再弄来一辆，焉知不再遇上那样的事呢？他觉得过去的事像个噩梦，使他几乎不敢再希望将来。有时候他看别人喝酒吃烟跑土窑子，几乎感到一点羡慕。要强既是没用，何不乐乐眼前呢？他们是对的。他，即使先不跑土窑子，也该喝两盅酒，自在自在。烟，酒，现在仿佛对他有种特别的诱力，他觉得这两样东西是花钱不多，而必定足以安慰他；使他依然能往前苦奔，而同时能忘了过去的苦痛。①

第二次，祥子打算买车的钱被孙侦探敲诈，祥子依然想不通，"凭什么"换成了"我招谁惹谁了"。与此同时，可怕的绝望开始包裹他的心。"上哪里去呢？这个银白的世界，没有他坐下的地方，也没有他的去处……"②祥子只觉得走投无路，人生无望。"买车，车丢了；省钱，钱丢了；自己一切的努力只为别人来欺侮！谁也不敢招惹，连条野狗都得躲着，临完还是被人欺侮得出不来气！"③

此刻，"他好像是死了心，什么也不想"，但终于重新站了起来。但这次，祥子的心理堤坝已经开始渗水。命运的阴影笼罩了祥子的人生，他将

---

①②③ 老舍.骆驼祥子[M].北京：北京师范大学出版社，2015：41，107，113.

走向理性与清明 | 整本书阅读之思辨读写

先前的"凭什么""我招谁惹谁了"的追问，变作了对宿命的认可：

> 对了，祥子是遇到"点儿"上，活该。谁都有办法，哪里都有缝子，只有祥子跑不了，因为他是个拉车的。一个拉车的吞的是粗粮，冒出来的是血；他要卖最大的力气，得最低的报酬；要立在人间的最低处，等着一切人一切法一切困苦的击打。①

"点儿"就是命数，就是偶然，就是命运。祥子开始认命了。祥子在堕落之路上又前进了一步。

但祥子依然没有彻底放弃自己——这也是老舍创作严密的地方。在曹宅，被孙侦探敲诈了的祥子也产生了顺手牵羊的邪念，而且纠缠了他半宿。但最后，祥子战胜了这个邪念：

> 不，不能当贼，不能！刚才为自己脱干净，没去做到曹先生所嘱咐的，已经对不起人；怎能再去偷他呢？不能去！穷死，不偷！②

"穷死，不偷"，这可能是中国人最朴素的道德观念。祥子滑到了道德边缘，但他终究战胜了内心的邪念。当他向老程声明"我没拿曹家一草一木"的时候，祥子依然是值得尊敬的。

但祥子最终还是堕落了。

两个女人的死，最终促成了祥子的堕落。虎妞难产而死，祥子失去了车，也失去了家；小福子的死，祥子彻底失去了牵挂，失去了情感上的最后一丝寄托。

虽然祥子与虎妞的婚姻是畸形的，两个人的关系也是爱恨交加，但毕竟是夫妻，是同林鸟。虎妞的死，给祥子的打击是深重的：

> 车，车，车是自己的饭碗。买，丢了；再买，卖出去；三起三落，像

---

①② 老舍.骆驼祥子[M].北京：北京师范大学出版社，2015：112-113，113-114.

个鬼影,永远抓不牢,而空受那些辛苦与委屈。没了,什么都没了,连个老婆也没了!虎妞虽然厉害,但是没了她怎能成个家呢?①

"三起三落"的遭遇让祥子觉得命运难以捉摸,"永远抓不牢";虎妞的死,祥子的感受则是"连个老婆也没了"。祥子对虎妞谈不上感情,但虎妞给了他一个家,给了他一个男人的快乐。有个老婆,这也是祥子朴素的人生理想,就像一个车夫要有一辆车。现在,一切都没了。祥子看着虎妞留下来的遗物,"他想起东西,想起人,梦似的都不见了。不管东西好坏,不管人好坏,没了它们,心便没有地方安放"②。虎妞活着的时候,祥子没有体会到虎妞的重要;虎妞死了,祥子才真切地体会到了失去所带来的虚无感。"心没有地方安放",这就是虚无感。

此后的祥子,心态已然发生了剧烈的变化,虚无与绝望攫取了他的心。他的心已经死了。老舍用了一个"混"字,来描述祥子的状态,祥子不仅是"混",而且开始"鬼混"。他干活的时候偷奸耍滑,工余开始吃喝嫖赌,见到夏太太,立刻就动了淫念。染上了性病,这在以前的祥子是"最可耻"的事情,现在却能"打着哈哈似的泄露给大家"。

祥子终于堕落了。

到了曹先生答应祥子,可以把小福子接来一起生活的时候,祥子的心里又一次升腾起了希望的光芒,但这也只不过是祥子生命中的回光返照而已。

小福子的死,成了压倒祥子的最后一根稻草。

老舍详细地刻画了祥子的心理下滑过程,这样的意图非常明显,这等于在为祥子的堕落辩护:这是社会的罪恶。一次接着一次,一次比一次更

---

①② 老舍.骆驼祥子[M].北京:北京师范大学出版社,2015:188,193.

走向理性与清明

整本书阅读之思辨读写

加猛烈的打击,终于击倒了不甘堕落的祥子。

老舍还用大量篇幅描画了整个社会的愚昧、堕落和无耻,这些也是戕害祥子的无形杀手。车夫们除了干活,就是吃喝嫖赌;二强子不务正业,寡廉鲜耻,竟然逼迫女儿卖身和卖淫;阮明这样的所谓革命者,实质上就是个出卖灵魂的投机分子……社会礼崩乐坏,人们浑浑噩噩,弥散着一股破败、萎靡和虚无的气息。

老舍预设的逻辑是,这是一个让人堕落的环境,有人逼你堕落,有人诱惑你堕落,有人示范堕落。潜台词则是:祥子在这样的环境下堕落,他的堕落是可以理解的,可以谅解的。因为罪责在社会,罪责在他人。

老舍秉持的是一种辩护逻辑:祥子是不幸的,祥子更是无辜的。在读者可能产生质疑的地方,老舍常常忍不住站出来为祥子辩护几句。譬如虎妞病危之际,祥子手足无措,无所作为,像个木头人似的。老舍忍不住痛骂,说这样的现象是"愚蠢与残忍",但老舍生怕读者误解了他的意思,因此而连累了祥子,他紧接着写道:

> 愚蠢与残忍是这里的一些现象;所以愚蠢,所以残忍,却另有原因。①

这个"另有原因"就大有深意。那么,原因究竟在哪里呢?显然,老舍希望读者放过祥子,到其他人那里找原因,到社会上找原因。

老舍的社会批判是锐利的。人毕竟有限,个体毕竟有限,尤其是祥子这样的弱小者,更容易被社会控制与污染。祥子的不幸值得同情,祥子的堕落值得悲悯。不苛求,多悲悯,是我们理解祥子的应有态度。我看到一个"新解读",批评祥子不懂得现代经济,拒绝了高妈放债拿利息的建议,又拒绝存款到银行,将一大笔现金放在"闷葫芦罐"里,这才有了被侦探

---

① 老舍.骆驼祥子[M].北京:北京师范大学出版社,2015:187.

全数敲诈的悲剧。作者说，这不是"活该"吗？要是现金存在银行，孙侦探想敲诈也没法子。这样的结论很荒谬。祥子来自乡村，他的无知是事实。但是，一个不懂得拿存款利息、放高利贷的人，就不配过上正常而安稳的日子吗？一个把现金死死攥在手里的老实人，就该被敲诈吗？显然这不合逻辑，这样的指责也不人道。

在老舍"辩护逻辑"的操纵下，祥子以一个被凌辱者、被损害者的形象出现在读者面前，这切合了老舍社会批判的创作目的，这是老舍的成功之处。事实上，20世纪30年代的中国社会，国家动荡，政府腐败，社会堕落，文化衰败，大批像祥子这样的破产农民流离失所，在愚昧、贫穷和苦难中挣扎，生活在死亡与堕落的边缘。《骆驼祥子》真实地反映了社会的凋敝与民众的苦难。与那些粉饰太平、回避矛盾的作品相比，老舍的描画无疑切中时弊，具有强大的社会批判力量，让广大读者产生了强烈的共鸣。正因为如此，《骆驼祥子》为老舍带来了巨大的社会声誉与影响。

但是，祥子值得同情与悲悯，并不等于要无视祥子的缺陷。如果仔细阅读小说，就会发现，在祥子的三起三落及最后的堕落中，他自己的确有着难以撇清的责任。即使老舍将最大的同情与理解都给了祥子，即使老舍为祥子的缺陷或出面辩护打圆场，或避重就轻闪烁其词，也不能掩盖一个事实：祥子的悲剧与堕落，与其人格上与德行上的缺陷有着内在的关联。这也是老舍的可贵之处：无论怎样，他都尊重了人性的事实，尊重了历史的真实。一个人，一个20世纪30年代的农民，一个20世纪30年代的市民，他的缺陷是必然的，是客观存在的。这样一种创作理念，也在一定程度上让《骆驼祥子》摆脱了概念化的危险。君不见，在20世纪三四十年代众多同类型作品中，类似祥子这样的工农大众，总是同时占据着政治与道德上的制高点。

走向理性与清明

整本书阅读之思辨读写

祥子身上固然有很多美德,诸如勤劳、要强、有骨气、坚韧,但与这些美德同时存在的,却是他的无知、愚昧、头脑简单、贪小便宜、缺乏自制力、冷漠等。如果生活在传统的乡村社会,祥子的美德或许能让他过上安稳甚至富足的日子;一旦到了生活方式与社会关系远为复杂的都市,他的短板一下子就暴露了出来。

我们不能只看他的美德,却看不到他的缺陷,要知道,美德与缺陷加起来,造就的必然是畸形的思维与处事方式。想一想,勤劳加上无知,勤劳还有什么意义?要强加上愚昧,要强的结果会是怎样?有骨气,却又贪小便宜,这样的组合会给人生带来什么?

遗憾的是,我们在赞美祥子的美德时,却常常忘记了他的缺陷,结果一股脑地将罪责推给社会。祥子遭遇兵痞与侦探,与他个人缺乏必要的判断力与警惕心有没有关系?这当然不是为兵痞与侦探辩护,这些都是社会渣滓;但是,一个在城市谋生的人,必要的警惕心与防范心还是不可缺少的。即使在今天,我们不还得胆战心惊地防骗防欺诈防抢劫吗?

在北平这样的城市面前,祥子是无知的,因而是脆弱的,他的悲剧具有极大的必然性。正是在这个意义上,我觉得祥子的"第一起"——他用3年的劳动所得买了一辆车,这个情节很不真实。或者换个说法,祥子能买上属于自己的车,完全是一种偶然,是撞大运式的偶然。以他那样的思维方式与判断力,真的很难在北平混下去。而且,这偶然的一次成功,给祥子造成了太多的人生幻象,他误以为丢了车之后,靠自己,凭自己,还能再买一辆。这现实吗?

当然,祥子的无知与脆弱,归根结底还是社会造成的。我们不妨换个角度,看看祥子在婚姻与两性关系上的作为,看看他怎样处理与虎妞、刘四爷的关系。在两性关系与婚姻问题上,祥子毕竟有更多的自由选择权和决定权，看看自由意志下的祥子的言行，更能看到他的缺陷——刘四爷、虎妞都不是什么大坏人，也不像兵痞与侦探那样具有暴力色彩，在关系处理上，祥子并非完全被动，他是有一定选择空间的。

但是，祥子一再地作出错误的选择。在这个有点畸形的两性关系与婚姻关系上，祥子的缺陷，不仅仅表现在他的无知与愚昧，他的贪小便宜、自私、冷漠，在很大程度上吞噬了他的人生幸福。

老舍对虎妞的丑化，其意也在为祥子辩护。在老舍眼里，祥子真是倒霉，碰到个女人也是虎妞这样的，长得丑、粗鲁、蛮横、欲望强，能把男人折腾死。顺便说，在虎妞的刻画上，老舍无意中暴露了骨子里的一些错误观念，比如反复渲染虎妞对祥子的性盘剥，渲染虎妞的性需求给祥子带来的伤害，真是莫名其妙。虎妞是个成功的人物形象，但渗透在其中的很多褒贬，则是败笔。

在祥子与虎妞的关系中，虎妞更为主动、强势，也更有操纵欲、心机，这些都是事实。但是，祥子也不是完全被动的。他与虎妞的关系，在"一夜情"之后发生了质的变化，虎妞才有了讹诈与控制祥子的借口。老舍刻意强调了虎妞在"一夜情"中的心计与勾引，这是事实；但祥子呢？祥子难道是无辜的吗？祥子何尝没有贪小便宜的心理和顺水推舟的意念？

小说写道：

同时，他又舍不得出去；她的脸是离他那么近，她的衣裳是那么干净光滑，她的唇是那么红，都使他觉到一种新的刺激。她还是那么老丑，可是比往常添加了一些活力，好似她忽然变成另一个人，还是她，但多了一些什么。他不敢对这点新的什么去详细的思索，一时又不敢随便的接受，可也不忍得拒绝。他的脸红起来。好像是为壮壮自己的胆气，他又喝了口酒。刚才他想对她诉诉委屈，此刻又忘了。红着脸，他不由得多看了她几

走向理性与清明

整本书阅读之思辨读写

眼。越看,他心中越乱;她越来越显出他所不明白的那点什么,越来越有一点什么热辣辣的力量传递过来,渐渐的她变成一个抽象的什么东西。他警告着自己,须要小心;可是他又要大胆。他连喝了三盅酒,忘了什么叫作小心。迷迷糊糊的看着她,他不知为什么觉得非常痛快,大胆;极勇敢的要马上抓到一种新的经验与快乐。①

明明看穿了虎妞的勾引,明明厌恶虎妞,可祥子"舍不得出去","不忍得拒绝",这是什么意思?这难道也要归罪于社会?只能说,祥子是个真实的人,也有性的欲求;祥子还是一个有缺点的人,他想占便宜,在空虚和苦闷的时候,祥子把虎妞当作了欲望满足的对象,一个性工具,一个发泄的对象。在两性关系上,虎妞是很难强迫祥子的,怎能将祥子的失足完全归罪于虎妞的勾引?

小说写到虎妞死后,祥子路遇刘四爷,在羞辱了刘四爷之后,祥子产生了巨大的成功与胜利的感觉。他想道:

看看自己的手脚,祥子不还是很年轻么?祥子将要永远年轻,教虎妞死,刘四死,而祥子活着,快活的,要强的,活着——恶人都会遭报,都会死,那抢他车的大兵,不给仆人饭吃的杨太太,欺骗他压迫他的虎妞,轻看他的刘四,诈他钱的孙侦探,愚弄他的陈二奶奶,诱惑他的夏太太……都会死,只有忠诚的祥子活着,永远活着!②

祥子憎恶这个世界,憎恶他身边的人,不问青红皂白,不管好坏是非。他看到了虎妞对他的欺骗和压迫,看到了夏太太对他的诱惑,却看不到自己对虎妞的冷漠和寡情,看不到自己对夏太太下流的淫欲。

在与虎妞的婚姻关系中,祥子始终是被动、冷漠和缺乏责任心的。当

---

①② 老舍.骆驼祥子[M].北京:北京师范大学出版社,2015:54,208-209.

然，小说的伏笔也早埋伏好了——祥子的这种心态是可以理解的，因为在婚姻关系中，他是被虎妞控制的。但是，我们不能在这个思路上走得太远，因为婚后的祥子，并非从婚姻中一无所得，连老舍也承认，祥子从此有了家，也感受到了家的温暖，对自己未出生的孩子也有了几分温情。但是，看看祥子在虎妞病危时刻的作为，实在是令人生恨——祥子的冷漠与无措，用老舍的话说，就是"愚蠢与残忍"。有一个细节：

她（小福子）去了有一点钟。跑回来，她已喘得说不上来话。扶着桌子，她干嗽了半天才说出来：医生来一趟是十块钱，只是看看，并不管接生。接生是二十块。要是难产的话，得到医院去，那就得几十块了。"祥哥！你看怎办呢？！"

祥子没办法，只好等着该死的就死吧！①

"祥子没办法，只好等着该死的就死吧！"祥子真的没办法了吗？祥子怎么就没办法了呢？他不还有一辆车吗？而且这辆车还是虎妞给他买的。等到虎妞死了，祥子才想起贱卖他的车，拿钱办丧事；而在虎妞最需要钱找医生的关口，祥子却无动于衷，坐等虎妞死去。请巫医，是虎妞央求的祥子，用的是虎妞的钱；找医生，来一趟十块钱，接生二十块，而祥子竟然没了办法！那可是他的老婆，他老婆肚子里怀着他的骨肉！

不要说祥子愚昧了，他难道不知道医生是治病救人的？退一步说，再愚昧的人也该知道，在虎妞命悬一线的最后时刻，卖了车救人，不该吗？

在与刘四爷的关系上，祥子的冷漠、自私与不负责任，也破坏了他们原本正常甚至算得上融洽的关系。刘四爷性格刚强，说话算数，要面子，有"老炮儿"的范儿。除了在虎妞与祥子的婚姻问题上表现得有些霸道，

---

① 老舍.骆驼祥子［M］.北京：北京师范大学出版社，2015：187.

走向理性与清明

整本书阅读之思辨读写

对祥子还是非常友善的。而在虎妞的婚姻问题上，也是虎妞与祥子错误在先。祥子与四爷的关系，主要不是剥削与被剥削的经济关系，而是观念与性格上的矛盾与冲突。刘四爷有责任，祥子难道就没责任？

不能为了塑造一个受害者，就将所有的人都看作凶手。祥子堕落了，我们将责任一味地归罪于社会，归罪于他人。这样的解读究竟在示范一种怎样的社会理念呢？

基于上述分析，我给《骆驼祥子》的母题定位为"抗争与堕落"，在理解祥子的抗争及其意义的基础上，分析祥子堕落的多重原因。更重要的是，引导学生辨析个人命运与社会环境的复杂关系。不能简单地、公式化地理解个人与社会的关系。所谓"近朱者赤，近墨者黑"，但也要看到，近朱者未必赤，近墨者未必黑。老舍更强调社会环境对个人的污染与同化作用，所以，他强调了祥子的美德与抗争，从而引发读者对社会的思考与批判。但若过分强调这一点，就会贬抑人的主体性。人，不同于动物，在环境面前，人是有思考的，也是有选择的，祥子也不例外。所以，当我们强调环境的同化作用时，不要忽略了人的主观因素。

当然，强调个人的主体性，也不能忽视环境的同化作用。个人毕竟是有限的，尤其是祥子这样缺乏更多精神资源的人，更容易被环境污染。在这个角度，我们说祥子的抗争已经难能可贵了。所以，祥子的堕落是值得同情的。

对祥子，我们要有悲悯之心；对社会，要理性地批判。要想祥子的悲剧不再重演，社会的批判与改造固然重要，而个人的批判与改造也同等重要。

这才是合理的认知结构，有利于对社会与生活的客观、理性的认识。

第四节

问题：教学的抓手与动力

母题与议题是课程层面的要素，通过它们来确定课程的价值与内容，以此引导学生的阅读与思考。但与课外阅读不同的是，整本书阅读还要借助课堂教学来引领与推进学生的阅读与学习。那么，课堂教学教什么呢？

聚焦阅读中的重点与难点问题，以"思辨读写"来推动问题的解决，这是教学的基本思路与策略。

一、问题在哪里

发现和确定问题是教学设计与安排的关键。

教学实施必须服从课程的价值理念与内容架构，因此，问题设计首先要服从母题的理解与议题的辨析。在《三国演义》的教学中，在"功名与道义"的母题下，围绕曹操与刘备两个主公，我设计了这样一个问题：

有人说曹操是"真小人"，刘备是"伪君子"，并提出"宁要真小人，不要伪君子"的说法。你认可这个说法吗？请说出你的观点并分析之。

之所以设计这个问题，就是希望借此理解功名与道义的复杂关系。曹操与刘备，是小说中最重要的两个主公，一个被称为奸雄，一个被称为枭雄；一个狡诈，一个忠厚；一个残暴，一个仁义……两人形成了鲜明的对比关系。从性格看，曹操确实比较率性、坦诚，变化多端，而刘备则"喜怒不形于色"，城府很深，老谋深算。但从行为看，曹操欺君罔上，杀戮

走向理性与清明

整本书阅读之思辨读写

百姓,恣肆妄为,毫不掩饰自己的恶行。曹操性格上的真诚与坦率,并不足以消解他的罪过。刘备看重社会评价与个人声誉,善于表演,常常虚情假意,让人生厌。但看其一生的行止,则不得不承认,其性格虽然伪饰,但对待百姓与属下总体上宽仁厚道。如何看待真小人与伪君子?先要确立一个评价标准。对于政治人物,最重要的还是要看他的政治修为,看他对待百姓的态度,看他在道义上是否站得住脚,至于其性格之真伪,或者在实现功名过程中的一些计谋与伪饰,只要在伦理底线之上,不必过于纠结。从这个角度看,刘备还算是瑕不掩瑜。"宁要真小人,不要伪君子"这句话,从日常人际交往的角度看,不能说没有道理;但用来评判政治人物,还是简单和轻薄了点。

设计这个题目,也想借此引导学生思考"虚伪"这个道德现象。不管怎么说,真小人归根结底是小人,他以小人自居,完全丧失了道德自我约束意识和底线意识;无论怎样,伪君子心里还是敬畏君子,尽管内心并不认可君子之道,但行为上不得不恪守某些规则与底线。刘备既要功名,又在乎君子的美誉,这使得他不得不克制内心的恶念,而且一生如此,所以总是如履薄冰,如临深渊,瞻前顾后,看起来虚伪,实际上也可以理解为是一种修行。临死之际,还叮嘱后代"勿以恶小而为之,勿以善小而不为",也算难能可贵了。对刘备进行道德审判容易,但我们更要追问,刘备为什么要选择这样一条艰辛曲折的道路呢?也许更值得我们思考的,是虚伪的社会与文化根源。

小人与君子,这是两个道德范畴;真与伪,这是两个认知范畴,一旦组合在一起,就产生了复杂而暧昧的内涵。这是一个需要辨析与判断的问题,而前提则是基于文本的细读与思辨。以问题为导向,以思辨读写为手段,最终达成问题的解决,我称之为"基于问题解决的思辨读写",它应该是整本书阅读课堂教学的基本策略。

什么是真问题？需要承担风险与责任的问题，才是真问题。这就是杜威提出的概念"岔道口"的意义之所在。面对岔道口，选择错误就会误入歧途，你必须对自己的选择负责。因此，问题设计的关键，在于找到这种具有选择性、迷惑性、风险性的问题，以此驱动学生的思辨读写。

那么，"问题"在哪里呢？

发现问题，是阅读的难点；而设计问题，则是教学的难点。

文学作品，无论是一首随手写下的小诗，还是一部精心编制的巨著，无论是诗情画意的散文，还是抽象思辨的哲理小说，都是作家主观意识的产物、理性的产物、思维的产物。因此，我们可将创作过程看作思维过程，如下图所示：

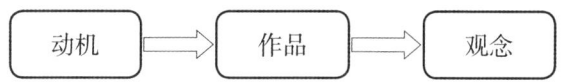

带着某个动机，编织一部作品，传达某个观念，这就是作家的创作。完全不带主观动机的写作是不可思议的；作品的内容与结构一定是有所指向的；无主题变奏的作品是不存在的。写作，就是通过作品来推论与传达某个观念的过程。伟大的作家，往往是那些价值理念具有超越性，同时又能编制出既真实又合乎逻辑的故事来传达观念的人。

当然，文学的表现形式决定了作家的理由、论证与观念都是隐性的，它隐藏在形象与意境之中，隐藏在故事与情节之中。从思维的角度看，文学作品的阅读，其实是一个"还原"的过程，即透过故事与人物，推断作家的创作动机及他传达的观念；同时，也是一个辨析与评价的过程，我们还要判断作家的观念是否合理，动机是否正确。如下图所示：

走向理性与清明

整本书阅读之思辨读写

```
动机 ← 作品 → 观念
```

这样,我们即可归纳出三个类型的问题,即指向作品的澄清性问题、指向作家的探究性问题、指向读者自身的反思性问题,见下表所列:

问题类型	设问目的	关键问题
澄清性问题	还原文本的事实与逻辑	1. 人物的行为动机 2. 故事的情节逻辑 3. 环境的具体特性
探究性问题	探究作家的写作意图与价值预设	1. 作家的写作意图是什么 2. 写作意图与文本有无冲突 3. 作家的隐含假设是什么
反思性问题	反思自己的理解与评价	1. 是否超越了情感 2. 是否摆脱了惯性 3. 是否读出了个性

1. 澄清性问题

作品是读者与作家对话的基石,缺少了这个基石,对话就不可能真正发生,所谓的对话也是伪对话。任何关于文本的推断、辨析与评价,都必须依靠对文本事实与故事逻辑的真实把握。因此,澄清性问题的设计,目的在于读懂文本,发现文本自身的结构,读出文本的原意。

在整本书阅读中,人物、情节与环境都需要还原与澄清。文学是人学,人物形象是阅读理解的核心;而理解人物形象的关键,在于他的行为动机。在日常生活中,我们提倡少追问动机,多看结果,以减少"诛心"之论带来的危害。有人批评中国人在公共说理中,问动机不问结果,问立场不问事实,问关系不问对错,这是有道理的。不过,在文本解读中,情况则正好相反,我们要追问的,恰恰是人物的行为动机及其行为逻辑,这是走进人物内心的捷径。在虚拟的文学世界里，通过综合分析人物的言行，可以界定其动机且予以评判，而这一点在现实生活中非常困难。这恐怕也是文学的价值与意义之一吧。

本书在案例分析中多次使用这类问题。如：

刘备为什么"三让徐州"？

刘璋为什么放弃抵抗？

哈姆雷特为什么延宕再三，迟迟不肯对克劳狄斯下手？

鲁滨逊为什么要冒险？

于连为什么欣然走向死亡？

冉阿让为什么饶恕了沙威？

动机在很大程度上决定了人物的精神面貌与心理状态，这是考察人物的核心要素。而且，人物的行为动机也在很大程度上决定了情节发展的逻辑——情节，就是人物在某个动机的驱使下的行为过程；动机也影响了人与环境的关系，环境也因动机的不同而呈现出不同的面貌。林冲舍花枪不用而以朴刀杀死陆谦，这正是其泄愤动机的表现；冉阿让眼中的社会与宋江眼中的社会，虽然同样罪恶累累，但对于他们的意义显然不可同日而语。因此，在澄清性的问题中，人物的考察是核心；在人物的考察中，其精神与心理的考察是重点；在精神与心理活动中，其行为动机的考察则是重中之重。

还原殊非易事。困难在于，我们的阅读常常受到自身的影响，所谓先入为主；同时又常常受到别人的影响，所谓耳濡目染。因此，还原的过程，既是一个认知的过程，又是一个澄清的过程、思辨的过程，以消除来自自我与他人的影响。以还原为目的的问题设计，重在引导学生借助对问题的思考与回答，澄清基本事实，还原隐含在事实中的逻辑。譬如在《水

走向理性与清明

整本书阅读之思辨读写

浒传》第三十回《张都监血溅鸳鸯楼　武行者夜走蜈蚣岭》中，我希望学生能够仔细看看武松到底杀了多少人，是出于什么动机。只有带着这个问题去细读文本，才能发现武松杀人数量之多，杀人之任性与残暴。这其中多数人与他无冤无仇，也没有妨碍他去报仇。这个问题迫使学生不得不怀疑向来信以为真的"好汉武松""英雄武松"的信念，从质疑走向反思。而一般情况下，学生已经先入为主，将武松当作英雄好汉，即使读到了这些信息，也会视而不见。这就是认知惯性。

还原的过程就是一个思辨的过程。以《鲁滨逊漂流记》的问题设计为例。

在以往的解读中，鲁滨逊被赋予了一些溢出文本框架的其他色彩。比如很多论者都认为鲁滨逊是个殖民者，他对野人的杀戮反映了原始资本积累时期殖民者的罪恶。为此，我设计了如下问题：

鲁滨逊靠什么征服星期五？

流行的答案是"《圣经》与火枪"，前者代表文化与精神，后者代表武力与屠杀，据此，很多人认为鲁滨逊就是一个殖民者。这种说法流传甚广，很多人未及细读就信以为真。但从文本事实看，这个结论明显失之于粗疏与偏颇。客观地说，《鲁滨逊漂流记》确实有着殖民文化的背景，主人公鲁滨逊的文化观念和行为方式也明确无误地传递出了这一信息，而且，笛福本人也是赞成海外贸易与殖民的。这是时代给文本烙下的印记。

但是，鲁滨逊的冒险毕竟是他个人的自由选择，其生存与扩张既无政治动机与诉求，又无涉政治、宗教组织与势力，定性殖民者，显然混淆了个体的生存行为与组织扩张行为的区别。如何澄清这个问题呢？这就需要借助对文本的分析与论证。由于学生对《圣经》及西方的宗教文化并不了解，我重点抓住"火枪"这个维度来开展辨析。此问题的两个相关子问题是：

如果没有火枪，鲁滨逊能否征服星期五？

如果滥用火枪，鲁滨逊能否征服星期五？

问题设计采用了"如果……"这种假定性论证的方式。鲁滨逊是不是靠火枪征服了星期五？表面看是如此，但细究则并不如此简单。一开始，星期五确实被火枪的威力震慑住了。小说写道：

那个可怜的在逃的野人停下来不动了……他被我枪里发出的火光和巨大的声响给吓蒙了，他呆若木鸡地站在那里，不知道是该向前还是向后，尽管他心里想的似乎是逃走。①

星期五的思维还处在原始蒙昧阶段，他坚信火枪一定"藏有什么神奇的东西，可以不断地制造出死亡和毁灭"，以至于"连碰它都不敢碰；只是在他一个人的时候，经常唠唠叨叨地跟枪说着话儿，好像枪能回答他似的；后来我才从他口中得知，他原来是在恳求那支枪不要杀他"。

应该说，火枪的威力确实为鲁滨逊与星期五的交往创造了机会。"如果没有火枪"，以鲁滨逊与星期五这样的状态与关系，他们很难开始真正的接触，更谈不上文明的教化了。他们缺乏可以沟通的共同语言，缺乏基本的信任，缺乏基本的价值认同，横亘在他们之间的是难以跨越的敌意与对抗。没有火枪的威慑，鲁滨逊只能是星期五他们的食物。因为从数量看，野人占据绝对优势。

但不能就此认为征服星期五，靠的就是火枪。火枪的威慑只是给星期五的野蛮按下了暂停键。"如果没有火枪"，鲁滨逊就无法禁绝星期五吃人肉，也无从培养文明的饮食与穿着习惯。进一步推论，学语言，学礼仪，

―――――――――
① 丹尼尔·笛福.鲁滨逊漂流记［M］.王晋华，译.上海：学林出版社，2017：229.

走向理性与清明

整本书阅读之思辨读写

进而理解文明的价值观,这些都难以实现。

但鲁滨逊并未滥用火枪。真正占有和浸润鲁滨逊精神世界的,是文明的力量。

在小说中,鲁滨逊不仅没有滥杀无辜,而且对杀戮进行了深刻的思考。面对吃人肉的野人,鲁滨逊感到非常恶心,几乎控制不住杀戮的冲动。但他迅即想道:

我有什么权利和资格去充当法官,把他们作为罪犯进行处决呢?

他们不认为杀掉一个从战斗中抓来的俘虏是犯罪,就像我们并不认为杀掉一头牛是犯罪一样。同样,他们认为吃人肉,就像我们吃羊肉一样,也不是犯罪。①

鲁滨逊的思考,与老子不谋而合:"常有司杀者杀。夫代司杀者杀,是谓代大匠斫。夫代大匠斫者,希有不伤其手矣。"

事实确乎如此。"如果滥用火枪",不仅道义上有悖于文明,实际上也不利于鲁滨逊的孤岛生存,甚至等同于自取灭亡。相反,他的隐忍与理性不仅赢得了星期五的感激,也为他赢得了更多的生存空间。

即便是为了自卫,在鲁滨逊的理念上,杀戮也是邪恶的:

(杀戮野人)是否正当和合理,也值得商榷。尽管我这是为了拯救自己,但一想到要杀那么多的人,流那么多的血,我就不寒而栗。②

鲁滨逊痛恨殖民者——"西班牙人在那个国家的种族灭绝行为,不要说欧洲的基督教国家,就是连西班牙人自己,也是带着最为强烈的憎恶"。他谴责这是大屠杀,是充满血腥的、毫无人性的暴行,触犯了所有神和人的法律。

---

①② 丹尼尔·笛福.鲁滨逊漂流记[M].王晋华,译.上海:学林出版社,2017:194-195,225.

歌德说：诗歌不能没有幻想，科学不能没有假设。假定性论证是科学思维的重要形式，也是批判性思维的重要内容。通过对这两个问题的分析与论证，学生理解了火枪在鲁滨逊生存中的关键作用，但也认识到征服星期五的并不是火枪的威力，而是以火枪为象征的近代文明。这为进一步辨析和澄清鲁滨逊的殖民者身份提供了可能。

通过不断的质疑与追问，不断接近文本的事实与逻辑真相，达成了对鲁滨逊相对公正的理解与评价。

2. 探究性问题

读作品，就是读作家。作品呈现的是一个故事，但这个故事的后面，则是作家的精神活动和思维活动。在教学中，通过作品来推断作家的写作意图与隐含假设，能反过来刺激我们对作品的想象与挖掘，达成对作家与作品更准确的理解。

作家的创作诉求经由作品的物化与外化，呈现给读者的就是作品主旨。声张主旨，往往是作家创作的动机；而对写作意图的追问，则是我们探究作家的第一步。譬如《骆驼祥子》，老舍毫无疑问将批判的矛头指向社会。在小说中，祥子的苦难与罪恶几乎都源于那个黑暗的社会。从行为动机看，祥子是本分和向善的；从情节逻辑看，抗争与堕落构成了情节发展的动力，祥子不是不想抗争，而是无从抗争，无力抗争；从环境因素看，祥子身处的环境几乎都是灰色与阴暗的，都在逼迫他放弃抗争。甚至，作为故事讲述人，老舍也经常情不自禁地从幕后跑到台前，为祥子叫屈，为祥子撑腰，引导读者走向他设定的题旨。如果说作品是走进作家内心世界的大门，那么，写作意图则是打开大门的第一把钥匙。

探究性问题的设计，首先要关注的，就是作家的写作意图。

写作意图依存于客观的文本，写作意图的探究必须基于文本。但在这

走向理性与清明

整本书阅读之思辨读写

里，整本书阅读与篇章阅读的不同，再一次显示出来。在篇章中，写作意图相对直接、简单和清晰，像前述《最后一片常春藤叶》，小说的人物关系与情节发展，都是直奔主题，少有旁逸斜出，简洁明了，线索清晰，逻辑分明；而在整本书阅读中，写作意图与文本的关系则复杂得多。回到《骆驼祥子》。老舍虽然一直以各种手段强化他的写作意图，但在文本中，却又出现了很多与他的意图不和谐的声音——祥子的抗争常常是盲目的，而祥子的堕落，似乎也不能说与他自己就毫无瓜葛。

发现写作意图与文本之间的这种冲突，意味着我们对作家的理解深入了一层，沿着这个"缝隙"，或许能发现作家的更多秘密。为什么会产生这样的冲突呢？除了作家的思维品质与艺术表现能力的低劣，更有可能的原因，则是他的写作意图与隐含假设存在矛盾。我们知道，人的隐含假设躲在心理世界的最深处，几乎像无意识一样存在着，但它是思维的原动力。如果作家声张的观点与他的隐含假设存在矛盾，隐含假设总会以各种各样的方式来"捣乱"，表现在作品中，就是某些不和谐的冲突。

尽管老舍一直为祥子辩护，强调"一点不是他自己的过错"，但老舍的内心深处，对祥子的认知未必是这样的。老舍的隐含假设究竟是怎样的呢？主要依据依然在文本之中。不妨看看祥子面对女性的态度吧。老舍一面将祥子的堕落归罪于虎妞与夏太太的勾引，一面却用大量的笔墨渲染祥子面对女性时的性幻想与性渴望。由此，我们即可推断老舍的隐含假设：人都有七情六欲，所谓"饮食男女，人之大欲存焉"。既然祥子不是坐怀不乱的君子，那么，他被虎妞勾引而堕入一桩错误婚姻，被夏太太勾引而染上性病，怎么能一股脑地归罪于虎妞与夏太太呢？据此我们可推断：老舍主观上将祥子的堕落归罪于社会，但对人性与现实的理解，又让他无意中提供了更多的复杂信息。

作家希望传达的与文本传达的之间，可能存在一个"差额"。寻找这个"差额"，即文本的内涵与写作意图之间的冲突，是作家探究的第二步；而借此推断作家的隐含假设即他的价值观与人生观，则是作家探究的第三步。

本书列举的很多案例，都试图在写作意图与文本的冲突中推断作家的隐含假设，并以此为依据来评判作家。比如《水浒传》，作家希望传达的是所谓的"忠义"，但文本展示的，却是无尽的杀戮与暴虐，是无边的仇恨与宣泄，是对妇女的羞辱，是对生命的蔑视。即使是所谓的"兄弟"，最后也多死在"忠义"的名义之下。由此我们推断，施耐庵价值观的阴暗及其内在矛盾，我们有必要追问他的"忠义"与生命是否存着本质的冲突。在《三国演义》中，作家意在塑造曹操的奸雄形象、刘备的仁君形象、刘璋昏暗弱主的形象。可文本中的曹操，也有让人击节称道的举动，刘备也有背信弃义的时刻，刘璋也有大义凛然的选择。由此我们可推断：罗贯中信奉的是儒家政治伦理，但他也深知儒家政治伦理的现实窘境。

3. 反思性问题

澄清性问题是针对作品的，探究性问题是针对作家的，反思性问题是针对读者自己的。作家是创作的主体，他的价值错误或思维偏差会以各种形式隐藏在作品之中；读者是阅读的主体，读者的价值错误和思维偏差，则表现在对作品与作家的理解与判断之中。从阅读的角度看，横亘在读者与作品之间的最大障碍，不是别的，正是读者自己。只有避免或消除自我因素所带来的偏见，才能保证对作品的还原是真实的，对作家的评价是公正的。因此，反思性问题，说到底就是对澄清性问题与探究性问题的审查与反思，是读者对自己的阅读建构活动的审查与反思，以消除自我的认知能力与价值观所带来的错误与遮蔽。

走向理性与清明

整本书阅读之思辨读写

反思性问题，也是思辨性阅读的精髓。思辨性阅读是一种建构性阅读，作品经由读者的建构而有意义。从认知角度看，解读中的任何错误，其根源都在读者自身。因此，当我们在解读文本和探究作家的时候，我们要习惯性地反问自己：

我是否超越了感性，我的情感与态度是否妨碍了我对作品与作家的理解与评价？

我是否摆脱了惯性，以往的阅读经验或价值理念是否妨碍了我对作品与作家的理解与评价？

我是否读出了我自己的个性？只有摆脱了感性与惯性的束缚，我们才可能读出个性。

还是以林冲为例。在《水浒传》中，林冲是个另类，他的气质与其他好汉迥然不同，他的复杂性甚至超过了宋江。我对林冲的认识经历了一个漫长的反思过程。与多数读者一样，以前我更欣赏的是快人快语、敢作敢当的武松与鲁智深，而对林冲的忍辱负重并不以为然。但后来，我越来越认识到林冲的可贵，在我看来，林冲可能是梁山好汉中唯一称得上英雄的好汉，而对其"英雄"的定位，主要基于他的理性与底线。

与此不同的也有两种观点。一是鲍鹏山老师笔下的林冲，与林冲关联的词语有懦弱、胆怯、怕、压抑、斯德哥尔摩综合征等。鲍鹏山老师重在剖析那个恐怖与荒唐的时代带给林冲的精神折磨与心理压抑，对林冲的言行总体上则不以为然，甚至还有点嘲弄与不屑——林冲至少算不得英雄，这一点应该是确定无疑的。二是以黄玉峰老师为代表的，他认为，无论怎样，林冲最终还是杀了人，当了贼寇，这是无论如何无法为之辩护的，算不上英雄。

两种观点，其实涉及关于英雄的两种理解。显然，鲍更看重英雄无所畏惧的气魄与敢作敢当的行为，而黄则将英雄的内涵谨慎地限定在人道与正义的范畴之内。鲍的英雄更有传统的侠义之风，而黄的英雄，则更多带有现代的公义色彩。

在阅读中，两种不同的英雄观，带来了对相同事实的不同理解，正是在对两种观点的比较与审查中，不断修正，我才形成了自己的较为稳定的看法。先看下面这个细节：

> 林冲别了智深，急跳过墙缺，和锦儿径奔岳庙里来。抢到五岳楼看时，见了数个人拿着弹弓、吹筒、粘竿，都立在栏杆边，胡梯上一个年少的后生，独自背立着，把林冲的娘子拦着道："你且上楼去，和你说话。"林冲娘子红了脸道："清平世界，是何道理，把良人调戏！"林冲赶到跟前，把那后生肩胛只一扳过来，喝道："调戏良人妻子，当得何罪！"恰待下拳打时，认的是本管高太尉螟蛉之子高衙内……那厮在东京倚势豪强，专一爱淫垢人家妻女。京师人怕他权势，谁敢与他争口？叫他做"花花太岁"。
>
> 当时林冲扳将过来，却认得是本管高衙内，先自手软了。①

这一段描写妻子被当众调戏，怒气冲冲的林冲本欲前去狠狠教训流氓一顿，一看是高太尉的干儿子，先自手软，只好收手不干了。如果停留在感觉或惯性的层面，林冲的这个表现委实不能让人满意。"先自手软了"，这算好汉吗？流氓还没动手哩，自己却"先自手软了"。这完全不同于我们熟悉的英雄形象。林冲这种"不够爷们儿"的性子，在以后的多处细节中都有表现。

如何理解林冲的"先自手软了"呢？鲍侧重分析了林冲"我怕""我

---

① 施耐庵，罗贯中.水浒传［M］.北京：中华书局，2009：63.

走向理性与清明

整本书阅读之思辨读写

忍"的心理活动:

鲁智深提着铁禅杖赶来,要帮他厮打。林冲赶紧劝阻:"原来是本管高太尉的衙内,不认得荆妇,时间无礼。林冲本待要痛打那厮一顿,太尉面上须不好看。自古道:'不怕官,只怕管',林冲不合吃着他的请受,权且让他这一次。"

这段话有三层含义。

第一,非礼他娘子的不是一般人,而是顶头上司的养子。我怕。

第二,本来要打那厮一顿,但我在他老子手下吃饭,归他管,只好让他一次。我忍。

第三,这小子不认得我的老婆,所以才一时无礼。如果认得,也不会。我理解。

还有一层意思是:后果不严重,一场误会而已,你也别生气。[1]

应该说,鲍对林冲的心理分析是很传神的,突出了林冲的"怕",因为"怕"而自我欺骗,而自找面子。其实,鲍的理解与金圣叹的相差无几,金圣叹说林冲"英雄在人廊庑下,欲说不得说,光景可怜",强调了林冲"人在屋檐下,不得不低头"的无奈与悲苦。只是金圣叹好歹还将林冲认作英雄,而在鲍的分析中,林冲则更像是个自身软弱而死要面子的懦夫。

自己的妻子被流氓当街调戏,不仅"先自手软了",而且还为自己的退缩寻找那么多冠冕堂皇的理由,确实既窝囊又可笑。那么,林冲怎样做才算是英雄呢?按照鲍的逻辑,林冲至少要在现场将高衙内暴揍一顿,才够得上爷们儿。试想,如果是武松、李逵、鲁智深等人遭遇了这样的事

---

[1] 鲍鹏山.江湖不远[M].上海:学林出版社,2018:92.

情，高衙内还有机会扬长而去吗？

这是一种习惯性的理解，尤其在阅读《水浒传》的时候，我们会陷入这种理解的惯性。但是，这样的理解，可能面临一个危险的前提性假设，那就是：如果有人调戏了自己的妻子，就要不分场合、不论对象，将他暴揍一顿，否则这个男人就是懦夫。

这样的理由站得住脚吗？

我相信，理性的人都会质疑这个前提。一个人是不是懦夫，并不能简单地以某个行为来论定。就林冲来说，这里至少有两个缺陷，一是先入为主，将林冲当作了一个抽象的人，而忘记了林冲原本只是个枪棒教头，是个靠技术吃饭的教师爷；忘记了他的具体处境，林冲并没有做英雄的梦想，他只想做个普通人，过正常的日子。二是有意无意拿梁山好汉的一般行为方式来界定林冲的言行。梁山好汉们都是睚眦必报，以眼还眼，岂能容忍妻子遭人戏弄？但问题是，睚眦必报的未必就是英雄，而忍气吞声的未必就是懦夫。就像韩信也曾甘受胯下之辱，谁能否认韩信是个英雄呢？

如果回到文本，还原林冲当初的人生状态与生活状态，或许我们就能理解林冲的克制与退让。在小说的简洁叙述中，隐含了关于林冲的大量信息，这有助于我们对林冲的把握，比如他的经济条件与职业能力、社会地位与声望、家庭结构与生活状况、自我评价与社会态度、性格状况与心态……有了这些信息，我们就能将人物还原到他所在的生活环境中，借助细致的、全面的、综合的深度分析，理解他的心理状况。

① 林冲有着稳定的职业、收入和体面的生活，这样的人更容易满足于现状，不愿惹事，遇事也更倾向于"忍一时之气"。

② 林冲混迹官场多年，深知高俅势力之大，气焰之高。面对这样官

走向理性与清明

整本书阅读之思辨读写

高权重的人，能忍则忍。

③ 林冲"承平日久"，缺乏对潜在风险的防范，面对突如其来的变故，更倾向于委曲求全。

④ 林冲善良正直，缺乏对黑恶势力的正确评估与判断，以为自己的收手能唤醒对方的良知，所以他选择息事宁人。

⑤ 与李逵、武松这些人相比，林冲有着清醒的法律与底线意识，这样的人不会轻易出手。

这样的一个普通人，生活在日常状态，他的隐忍与克制是完全可以理解的，不应该受到更多的嘲弄。我们不妨问问，如果是我们自己，我们会怎样选择呢？恐怕有点理智的人，都会倾向于隐忍与克制。

有人说，韩信受"胯下之辱"，最终成就了一番伟业；而林冲一忍再忍，结果还是家破人亡，这忍让有什么价值呢？这种说法看似有理，实则胡诌，忘记了包括林冲在内的每一个人，谁也不能预知自己的未来。韩信在胯下之时，岂能预知自己终将出将入相？他只是根据彼时彼地的处境，明智地选择了忍让，躲过一劫。若林冲能够预知自己终将走投无路，他当初岂会坐以待毙？韩信忍辱负重，才有了后来发达的机会，但不能由此推断，他当初就知道必将发达，所以才选择了忍让。这种逻辑是典型的"成则王侯败则寇"的逻辑，也是"事后诸葛亮"式的荒唐逻辑。

如果说林冲有缺点，他最大的缺点就是缺乏社会洞察力，对人性的黑暗与高俅的毒辣缺乏清醒的认知，这是糊涂，不是懦弱。

林冲是一百零八个好汉中真正被"逼上梁山"的一个。他走向反抗，最后彻底反抗，走过了一条漫长而曲折的道路。不同于李逵这样的无业游民，他原本过着正常的生活，对于突然降临的灾难，肯定存有能忍则忍的念头。这才合乎正常的人性，这才是一个正常人的正常选择。

一旦将林冲界定为懦夫，林冲的很多言行都变了味。譬如妻子被陆谦骗到"樊楼"，林冲急匆匆赶到现场，隔着楼门大叫道："大嫂！开门！"这本来是一个丈夫急欲搭救妻子时的正常反应，但在鲍的分析中，事情却成了这个样子：

首先当然是林冲的行为，听到自己的娘子被人关在房里调戏，是个男人都会怒发冲冠，不顾一切打将入去，但林冲此时却很"稳重"地站立在楼梯上，叫老婆来开门，而不是打烂门自己闯进去，太沉得住气，也太"文明"了。

……

既不敢痛打高衙内一顿，就不能冲进去。既不能冲进去，他就只好"立"在楼梯上，大喊妻子开门。大喊妻子开门，就是给高衙内时间，让他逃走，免得两人撞上，打又不是，不打又不是。①

难道林冲预先就知道楼上有个"楼窗"，知道高衙内"斡开了"即可跳墙而走？他还得算准时间，既要冲进去，还不能与高衙内碰着？显然，对林冲的预设不同，这些情节的内涵也就不同了。同样的分歧也表现在林冲发配上路时写给妻子的休书，鲍的分析是林冲"担心高衙内不放过他，所以主动交出自己的老婆"②，而在我看来，这是林冲知道自己前途暗淡、回归无望之后的善良想法，希望自己不要拖累妻子。

在上述的分析过程中，每当我们作出一个断言的时候，都有必要反思自己的价值预设是否合理，情节分析是否合乎情理，这就是反思的价值。

另外一个断言说，林冲也是个暴徒，与其他梁山好汉并无二致。而在我的理解中，林冲有理性，也有血性；有血性，却不嗜血。不能因林冲最

---

①② 鲍鹏山.江湖不远[M].上海：学林出版社，2018：94-95，252.

走向理性与清明

整本书阅读之思辨读写

终也杀了人,而将其当作暴徒。林冲的杀戮,更多的是为了自卫,即便放在今天的法治社会,也依然有其合理之处。而在开了杀戒之后,林冲依然坚守底线,这就拉开了他与武松之类的距离。小说中,饥寒交迫、精神崩溃的林冲,仓皇间逃进一间草屋,一帮庄客正取暖喝酒。林冲再三央求,讨买酒喝,却遭众人拒绝与威胁。设想一下,如果是李逵,如果是武松,事态会怎样发展?而林冲的反应,也只是挑起燃烧的"火柴头",将众人吓走了事。要知道,此时此刻的林冲,刚刚突破了自己一直坚守的不杀人的底线,彻底断绝了回归正常生活的道路。但他依然能继续恪守不杀人的底线。对照武松在"血溅鸳鸯楼"时的"一不做二不休,杀了一百个,也只是这一死"的疯狂,林冲的理性与隐忍,真是令人动容。

从小说的创作逻辑看,施耐庵似乎特别爱惜林冲的羽毛。林冲被迫上了梁山,又被王伦逼迫上交"投名状"。林冲本以为杀个人很容易,结果,第一天无人从此路过;第二天遇到了三百多人的客商,林冲不敢动手;第三天,倒是遇到了一个独自赶路的人,结果那人是青面兽杨志,林冲终于没有沾染无辜者的鲜血。

林冲的忍耐,不能简单地理解为懦弱;而林冲的杀戮,也不能简单地理解为暴行。只有将林冲还原到他生活的具体环境与氛围中,将他还原到他的人生状态中,我们才能理解他的行为与逻辑。这个过程,需要我们摆脱先入为主的成见,也要超越笼而统之的感觉。

反思性的问题的设计与讨论,其价值正在于此。

二、问题的追问

发现问题是思辨性阅读的关键环节,但如果不能有效地、合理地解决,问题的价值也会消解。苏格拉底是提问的高手,也是解决问题的高手,而他解决问题的办法,靠的不是别的,而是对问题提出问题,即对问题的追问,这正是苏格拉底式反问的精髓。

下面以《鲁滨逊漂流记》教学中的一个问题为例,来分析追问在问题解决中的价值。我在小学、初中和高中都教过《鲁滨逊漂流记》,也都上过同样内容的课,讨论的是同一个问题:

一个人,一座孤岛,28年的生存,何以可能?

这是一个总结性的问题,引导学生归纳、辨析和整合鲁滨逊28年生存的原因。问题特别强调了三个数字,这三个数字,对于理解鲁滨逊冒险的内涵具有特别的意义。

一个人:在孤岛生存的大部分时间,鲁滨逊都是孤身一人,孤立无援。他必须自力更生,靠个人的力量与智慧来解决所有的生存问题。鲁滨逊在孤岛上的焦虑,主要是工具焦虑与伙伴焦虑,这恰恰是人类社会的两个本质属性。有了工具,才能开展生产;有了伙伴,才有了社会活动。鲁滨逊的大部分时间与精力,都用在制作工具和寻找伙伴上,他的猫、狗、鹦鹉,乃至于那个他始终在对话的上帝,都是伙伴的替代品。从表面看,鲁滨逊冒险靠的是个体的力量;如果细究,则会发现,鲁滨逊的力量,体现的正是人类文明的力量、人类智慧的力量。

一座孤岛:这座孤岛位于加勒比海,周边最近的岛屿也有四十英里。这是个恰当的距离,保证了故事的合理性与真实性。如果距离太近,野人容易登岛,那么,野人的活动就会很频繁,鲁滨逊在24年后才遇到野人就经不起推敲;如果太远,无人问津,鲁滨逊也许就只能终老于此了。这座孤岛不仅收留了鲁滨逊,而且为他提供了庇护和家园。这里风景优美,物产丰富,土地肥沃,没有猛兽……有了这些,鲁滨逊才能种地,才能狩猎,才能安然地活着。

走向理性与清明

整本书阅读之思辨读写

28年的生存：这是个令人绝望的数字，28年的孤岛生存，这几乎是一件不可能完成的事情，可鲁滨逊竟然活了下来，而且活得很好。28年，这是一个不同寻常的数字，它不同于2.8年，不同于28天，他对冒险者的心理要求与能力要求是不一样的。很多人看到了鲁滨逊的勇敢与乐观，可忽视了一个问题：28年的生存问题，单靠勇敢与乐观就能解决吗？

28年的长度，决定了不能将鲁滨逊的生存简单归结为某几个因素，也不能归结为某些偶然与运气。

那么，一个人，一座孤岛，28年的生存，何以可能？

有意思的是，小学生的答案往往是勇敢与乐观，尤其是那些举手踊跃的学生，他们的答案往往集中在这两个品质上。似乎有了这两个品质，就可以解决所有问题，这大概就是"儿童思维"。在童话与寓言故事中，主人公的成功总是与某个品质或美德联系在一起。

其实，勇敢与乐观固然重要，但光靠美德是解决不了现实问题的。更何况，勇敢与乐观并非抽象之物，它的产生与存在也是需要条件的。民谚说，手里有粮，心里不慌。如果没有足够的能力与资源的支持，勇气从何而来？乐观从何而来？设想一下，如果鲁滨逊连温饱问题都无法解决，他还能乐观吗？如果他手里没有足够的枪支弹药，他还能那么勇敢和镇定地面对野人吗？

绝境下的鲁滨逊有一个思维习惯，我称之为"绝境思维"，那就是在看似走投无路的时候，"转念一想"，用自我安慰的方式，让自己摆脱心理焦虑。譬如，当他发现自己没有衣服穿而陷入沮丧的时候，就"转念一想"：在热带，没有衣服穿也无所谓。于是心情就好了。请注意，这是在热带，他可以无所谓；但如果在冰天雪地的寒带呢？如果没有衣服穿，他就不可能如此潇洒地"转念一想"就乐观起来了。可见，"转念一想"也是需要条件的，前提是还有"转念"的可能。如果一点出路都没有了，这种自我麻痹与自我安慰，也就失去了最后的意义。

一个人勇敢、乐观，自然有他勇敢的底气与乐观的条件；只看到勇敢与乐观的表象，就一味地高唱道德赞歌，而不去追问背后的原因，这就把"勇敢""乐观"给抽象化了。这种思维是浅薄的。可惜的是，在众多《鲁滨逊漂流记》的解读中，多数都唱着如此肤浅的赞歌，而忽视了鲁滨逊勇敢与乐观背后的支持因素。勇敢与乐观既不是天生的，也离不开必要的物质支持。这一点并不难理解，即使是小学低年段学生，在经过提醒与点拨之后，也都能迅速理解。遗憾的是，即使是高中生，如果不提醒，相当部分的学生也意识不到。我一直说，我们的学生不是想不通，而是想不到。为什么想不到呢？因为太缺乏追问意识和思辨意识了。

在初中阶段讨论同样的问题，学生不再单纯地强调勇敢与乐观，他们在强调勇敢与乐观的同时，也能看到鲁滨逊拥有的其他生存条件，如：

鲁滨逊身体素质好，比如他靠朗姆酒和嚼烟叶，就能治好疟疾；

岛上没有猛兽，若有猛兽，鲁滨逊的处境就艰难多了；

岛上资源丰富，有吃不尽的羊、鳖蛋，还有肥沃的土地，适合种植；

鲁滨逊拥有大量物资；

鲁滨逊有大量枪支弹药；

鲁滨逊还有超强的生存能力；

……

可见，初中生已具备了相当的归纳与概括能力，但少有人意识到，这六个原因之间也存在着千丝万缕的联系。前面说过鲁滨逊的勇敢和乐观与他拥有的资源和能力密切相关；而鲁滨逊的生存能力，与他拥有的工具也是密切相关的：能力的发挥离不开必要的工具。如果没有工具，鲁滨逊就

走向理性与清明 | 整本书阅读之思辨读写

是浑身本事,满脑子的想法,也依然无法解决眼前的困难,依然是死路一条。在小说中,鲁滨逊反复说,只要给我工具,我就能解决生活中的所有问题。鲁滨逊在生存活动中真切地感受到了工具匮乏带来的苦恼,可他毕竟还有一些工具,这些有限的工具让他的能力得到了一定程度的发挥。

归纳概括能力强,而分析思辨能力弱,这几乎是学生的通病。原因固然很多,但与我们的教学不无关系。我们的阅读教学大多满足于归纳中心思想、概括段落大意,而高阶思维能力的培养,始终未能提上议事日程。

在上述六个原因中,身体原因是先天的,岛上的环境与资源是偶然的,都可搁置不论;但鲁滨逊拥有的资源与能力,依然还有追问的价值:鲁滨逊的资源从哪里来?鲁滨逊的能力从哪里来?

其实,问题并不难回答:资源与工具都来自那艘搁浅的船;而生存能力显然来自鲁滨逊长期冒险生活的历练。但追问本身有着非同一般的意义:从特定角度看,它揭开了鲁滨逊28年生存的秘密。

在我看来,稍有生存能力的人,只要拥有了鲁滨逊同样的物资与工具,他都可以在孤岛上生存很长一段时间。如果身体素质与心理素质和鲁滨逊一样好,那么,28年的生存并非完全不可能。秘密就在那艘船上。按照马斯洛人类需求层次理论,鲁滨逊搬运上岸的物资,基本上能够满足人的生存。不妨按照马斯洛需求理论做一些梳理:

(1)温饱问题。这是生存的基本问题,也是鲁滨逊沦落孤岛后必须解决的第一个问题。鲁滨逊有大量的面包、饼干、酒、米、干羊肉、荷兰酪干、欧洲麦子……这些食物保证了他在一定时间内不会挨饿。等他慢慢适应了孤岛环境,新的食物即可得到源源不断的补充,譬如野山羊、鳖蛋、野生水果,等等。

当然，28年的生存，坐享其成或者坐等大自然的恩赐，显然是不行的，最可靠的还是自力更生，生产自救。那么，有没有条件呢？孤岛上有的是土地，而鲁滨逊从船上带来了谷物种子，还有各种工具——尽管不是农具，但锯子、斧子、锤子、剪刀等工具，或可替代使用，或可作为工具制作农业用具。这样，再生产的问题就解决了。

（2）安全问题。温饱问题解决了，安全问题就跃升到最重要的位置。孤岛上既没有猛兽，野人暂时也还没有出现。更重要的是，鲁滨逊有大量的枪支弹药，多到他必须想方设法来分开埋藏。在后来与野人的战斗中，我们都充分领略了鲁滨逊的军火库的威力。

（3）交际需求。人是社会动物，独自一人生存，孤独本身可能就是最大的敌人。在孤岛上，正常的人际交往是没指望了，但鲁滨逊还是有很多替代性、补偿性的交往活动，比如他从船上带下了一只狗、两只猫，后来他还驯养了鹦鹉，这些小动物多多少少能转移鲁滨逊的注意力，填补他内心的空虚。更重要的是，从船上搬运上岸的，还有大量的航海书籍、地图，尤其是《圣经》及各种教义书。在阅读中，鲁滨逊不断与上帝对话，反思前半生的罪过，忏悔自己的任性，在反思与忏悔中确立了自己的信仰。与上帝的对话，实际上就是与自己的对话。在特定的意义上，上帝不过是我们内心造的一个对话者——有信仰的人，有思辨力的人，才能进行有深度的自我对话。有了自我对话能力，才能靠自己的精神力量摆脱沮丧、苦闷、绝望的情绪。

（4）在马斯洛需求层次中，居于顶层的，是尊重与自我实现的需求。每个人对尊重与自我实现的理解是不一样的。作为冒险家的鲁滨逊，他对征服、探索与刺激有着特殊的诉求，他的价值感、尊严感与冒险生活密不可分，这使得他在面对困难与危险时，拥有比常人更强的心理耐受

走向理性与清明

整本书阅读之思辨读写

力。在征服野人、西班牙人、英国人的过程中,尤其是在征服与教化星期五的过程中,鲁滨逊确证了自我的力量;离开孤岛之时,他俨然已是岛屿总督,征服欲得到了极大满足。在鲁滨逊获得尊严与权力的路途上,他所拥有的枪支弹药、他的知识与信仰、他的能力与智慧,都起了重要的作用。

看起来,鲁滨逊一个人在孤岛上生存了28年;实际上,他依仗的依然是来自人类社会的物质力量,还有他在人类社会学得的思维方式与生存技能。这艘船,就是鲁滨逊与人类文明联系的纽带。马克思说:"孤零零的一个人在社会之外进行生产——这是罕见的事,偶然落到荒野中的、已经内在具有社会力量的文明人或许能做到——就像许多人不在一起生活和彼此交往竟有语言发展一样,是不可思议的。"

马克思的这段话几乎就是为鲁滨逊量身定制的,"孤零零的一个人在社会之外进行生产"是需要条件的,那就是"已经内在具有社会力量的文明人"——鲁滨逊不仅拥有人类的思维与技术,而且有人类物质成果的直接支持。

问题推进到这里,我们不能不感慨,关键时刻的一个决定,才让28年的生存成为可能。当鲁滨逊从最初的恐惧和慌乱之中镇静下来,他便作出了一个堪称伟大的决定,这就是冒着生命危险,泅水越过海湾,到船上取走一切可以利用的东西。这13天的冒险,奠定了鲁滨逊28年生存的基础。此刻的鲁滨逊,十几个同伴已经葬身大海,惊魂未定;而且,即使是退潮后,鲁滨逊离船也还有半英里的距离。一个人,13天时间,无数次的往返,这需要极大的勇气。鲁滨逊的勇气从何而来?除了他过硬的海上功夫,更重要的是他的判断力——他预见到这艘船对于他日后生存的极端重要性。唯有如此,他才肯一趟又一趟地冒险。我们再一次认识到,勇敢是

第三章 整本书阅读之思辨读写

需要条件的。我们看到的是鲁滨逊的勇敢，而鲁滨逊的勇敢，却是基于他的判断：如果不能取回那些物资，他的命运绝不会比他的同伴好。

勇气加上判断力，这就是胆识。胆识，这不正是冒险家最重要的素质吗？冒险，意味着面对未知的世界与风险，意味着每时每刻都在选择，意味着随时随地都在判断。冒险，不仅需要热情与勇气，更需要见识与能力。这正是母题"冒险与生存"的一个含义。

一个人，一座孤岛，28年的生存，何以可能？从鲁滨逊的勇敢问起，答案似乎又回到了鲁滨逊的勇敢。但是，作为起点的勇敢与作为终点的勇敢，其内涵已经发生很多变化。

这个变化，得益于不断的追问、不断的探索、不断的思考。问题追问的过程如下图所示：

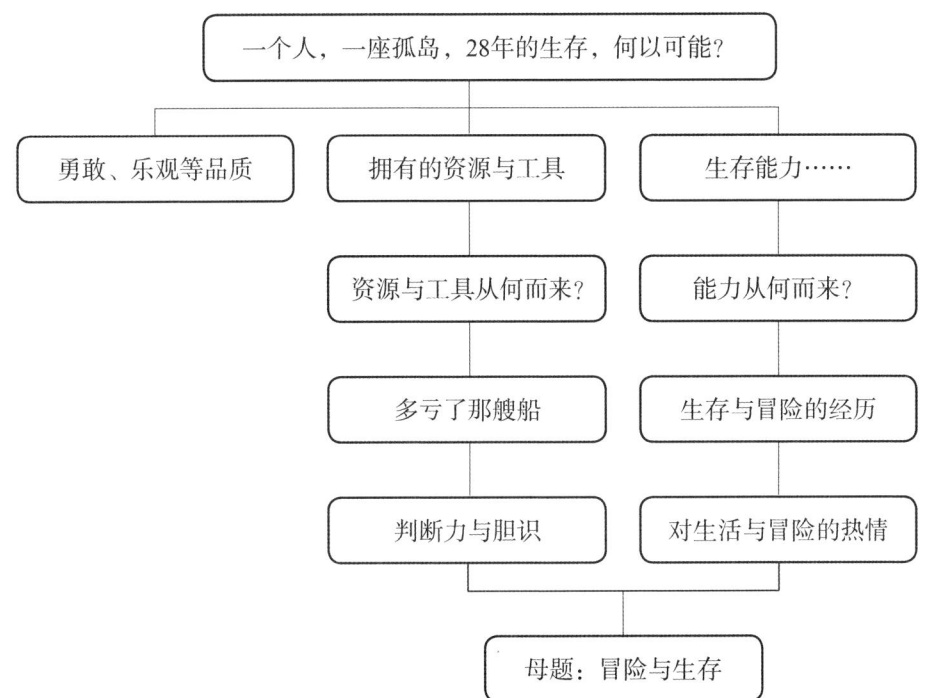

走向理性与清明

整本书阅读之思辨读写

三、三题定位，思辨读写

关于读书，有个说法叫"开卷有益"。如果能够暂停思维的惯性，理性地考量一番，便不难发现这句话的片面与谬误。有时候，开卷不仅无益，反而有害。一味地强调凭着兴趣阅读，靠着感觉阅读，不仅存在着逻辑上的漏洞，在教学实践中也被一再证明是低效的甚至无效的。因此，对于学生的阅读，外力的干预是必要的。

以课程与教学的方式干预学生的阅读，可能是最有价值、也最有效的办法。人类不仅积攒了丰富的阅读经验与教学经验，而且形成了各种阅读理论、学习理论与课程理论。借鉴这些经验，学习这些理论，可以让我们少走弯路，更合理、更有效地开展阅读与学习。

整本书阅读的课程化意味着，首先，将一本经典或名著当作学生学习与成长的资源，而非知识项目或考试内容；其次，设计合理的教学目标、教学内容、教学结构，并辅以合理的评估办法，以保证资源转化的最优化，让经典阅读的教育价值最大化。

说到底，课程化是为了学生更有效地阅读，更有效地学习。它尊重学生的兴趣，又超越了学生的兴趣；它尊重学生的阅读感受，但不满足于感觉的享受。课程化更看重的是通过阅读，实现文化的代际传承，实现价值的人际沟通，促进个体的理性反思与人格完善。这就是课程化的文化意义。

课程化也是培养学生阅读素养的必由之路。在教师的指导下，有计划、有程序、有结构地培养学生的阅读能力，是千百年来行之有效的办法。传统教育的核心内容是阅读，从"三百千"的启蒙教育，到服务于科举的经学教育，训练的重点就是学生的阅读能力。尽管传统教育方式未必合理，譬如一味强调死记硬背或烦琐的考据辨义，但它们共同的逻辑前提则是承认阅读是该教的、是可教的。今天开展整本书阅读，重要的是总结和吸纳这些经验或教训，而不是对课程化疑虑重重。

经典的资源化与课程化，依靠的是课程开发者的眼光与学识，他必须挖掘该经典独有的文化价值与教育价值，按照教育的规律进行内容重组，并开展有目的、有序列的教学。

以"思辨读写"切入整本书阅读的课程与教学，必须遵循思维的基本规律。按照杜威的观点，目的性、连贯性和反思性是思维的基本特点。整本书阅读的思辨读写，就要创设环境，提供动力与资源，为学生的思考提供方向、路径与工具，以达成对作品的理性与清明的理解。

从母题到议题，从议题再到问题，可称之为"三题"，以"三题"定位课程与教学的内容，以思辨读写达成对文本的理解与评价，可称之为"三题定位，思辨读写"。

母题确定阅读的视角与理解的范畴；结构化的议题确定了课程内容及其框架；问题则是思辨读写的抓手，也是思辨读写的动力。确立了方向，提供了框架，借助合适的抓手，阅读过程就转化成了思考的过程、发现的过程、建构的过程。这其实就是课程开发与教学设计的价值，就是"教"的价值。

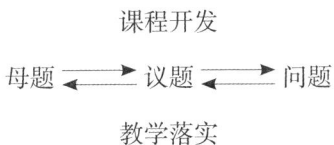

课程开发

母题 ⇌ 议题 ⇌ 问题

教学落实

母题、议题与问题，从抽象到具体，由宏观到微观，最终聚焦人物、情节等具体内容，聚焦文本的细读与分析，这是一个课程开发与教学设计

走向理性与清明

整本书阅读之思辨读写

的过程；而在教学中，则基于问题解决的思辨读写，推动对文本的细读与分析，最终又聚合到议题与母题上，达成对母题的理解与议题的判断。这就是思辨读写的基本思路。

之所以做这样的层次划分，就是为了明确阅读视域，校准阅读视角，减少相关性低的各种因素的干扰，以保证思考的准确性、清晰性和深度不被过度的发散思考所诱导，尽可能减少思维推进中冗余信息的干扰，也减少不必要的重复与消耗——"三题定位"让思考保持一个相对清晰的边界，这对于思维尚处于发育之中的学生来说，有利于他们在一个确定、清晰的框架中推进自主的思考。

当然，并非每一部作品都需要做这样的层次区分。对于《红楼梦》《三国演义》《悲惨世界》这样的鸿篇巨制，议题的设置非常必要，它有助于我们在相对清晰的框架里开展阅读与教学；有些小篇幅作品，若内容简洁、结构清晰，未必一定要设置议题，直接进入问题的讨论，也未尝不可。

思辨需要方向、框架与抓手。很多人习惯于将思维的准确性、合理性与思维的多元性、开放性对立，似乎一讲理性分析与论证，阅读的自由与精神的愉悦就荡然无存。事实上，只有确立了方向与框架，思维才能走向明确、清晰与深入，才能走向真正的多元和开放。

第五节

整本书阅读教学

作为课程开发策略，思辨读写强调以母题来确立阅读的方向与理解范畴，以此建构课程的价值、内容与基本结构；作为课堂教学策略，则强调基于问题解决的思辨读写，将文本解读与思维训练融为一体，提高阅读素养的同时改善思维品质。

在整本书阅读百花齐放的热潮中，形成一些关于阅读、关于课堂教学、关于思维训练的共识非常重要。

一、阅读教学的三组关系

基于思辨读写的整本书阅读，在教学中有三组关系必须统筹兼顾。

1. 教学任务：原生态阅读+批判性思考+转化性表达

在教学任务上，要处理好阅读、思考与表达的关系。在我的实践中，我用"原生态阅读""批判性思考"与"转化性表达"三个词，来概括整本书阅读的三个任务。

第一，原生态阅读。温儒敏先生一直倡导自由阅读，他用"连滚带爬"来描摹这种状态。"连滚带爬"应该有两层含义：一是读得开心，手舞足蹈，忘乎所以；二是不求字字落实，句句较真，不刻意追求主旨的把握，也不理会别人的阅读感受，借用陶渊明的话，就是"好读书，不求甚解"。这是一种原生态的阅读，体验的是原初的、新鲜的阅读感受。无论

走向理性与清明

整本书阅读之思辨读写

这种感受多么粗浅、多么偏颇，甚至是误解，它都是弥足珍贵的。思辨性阅读必须超越感性，但是又必须基于这种感性。

这正是思辨性阅读的辩证法。

在信息传播非常发达的现代社会，任何一本书，都不可能被隔绝在信息的海洋之外。在整本书阅读教学之前，学生往往或多或少或直接或间接接触过相关信息，特别像《三国演义》《水浒传》这种广泛传播的作品，早已融入汉语的语汇体系之中，大量相关的成语、典故、谚语、歇后语，以潜移默化的方式，形成了学生的某些"成见"；同时，影视、游戏、绘本等不同形态的媒介传播，也会造成学生的某些"先见"。这些成见或先见，一方面有助于经典名著的传播，但也常常成为横亘在文本与学生之间的障碍。譬如"刘备摔阿斗"这个歇后语，就预设了对刘备的贬斥态度——刘备是个心机很深的伪君子。再如影视剧，经过了编导的二度加工之后，无论是其宣扬的价值观，还是具体情节和人物，与原著都产生了一些差距。譬如本书列数的《水浒传》的很多"硬伤"，在几个版本的电视剧中，都难觅踪影。李逵吃李鬼、宋江凌迟黄文炳……这些血淋淋的细节原本就不适合以影视的方式呈现；更重要的是，编导们要塑造一群"路见不平一声吼，该出手时就出手，风风火火闯九州"的侠义英雄，怎么会去渲染他们杀人越货吃人肉的罪恶呢？这些改编作品，往往会妨碍我们对原著的理解与评价。我遇到过好几位老师，不同意我对《水浒传》的评价。这本来是件正常的事情，可是交流之后发现，我们讨论的根本就不是同一个《水浒传》，他说的是影视剧，而我说的是小说原著。

读任何作品之前，学生都不可能是一张白纸。所谓原生态阅读，也只是一种形象化的说法——尽可能不带偏见地将书完整地读一遍。这对于后续的思辨读写教学是无比重要的。结合温先生"连滚带爬"的说法，原生态阅读至少包含了三方面的意思：一是尽可能抛却先见或成见，以赤子之心，面对作品。无论以前读没读过，了解多少，都要追求初读的心态，寻找阅读的那种"初感"。二是完整地阅读，整体感知与把握。从头到尾，不胶着于某些字句，连滚带爬地把书完整"啃一遍"。三是在相对集中的时间内读完。再好的书，断断续续、三心二意地读上几年，读到最后，或许就成清汤寡水了。零散的、碎片的阅读，难以养成连续的思绪，难以进入文本的氛围；而在相对集中的时间段，让大量的信息连续地、密集地冲击学生，有助于学生找到那个"阅读初感"。当然，这里的"集中"是相对而言的。对于《红楼梦》这样的鸿篇巨制，一口气读完是不大可能的。

整本书阅读面临的难题很多，最致命的难题，就是学生缺乏原生态阅读。如果我们的教学不是建立在阅读原著的基础之上，而是基于别人的评价、传统的说法甚至道听途说的闲言碎语，所谓的思辨也就失去了应有的意义。思辨的重要内涵就是求真，在求真的基础上追求合理的理解。缺乏真实性的基础，合理性从何谈起？

还有一种倾向，有些教师热衷于研读专家的学术文献，热衷于做文献梳理与整合，而不重视学生的原生态阅读，这恐怕也是一种误导。再权威的文献，也是二手材料，终究不能取代对文本的直接感悟与理解。这样的教学只能算是隔靴搔痒，培养的也是一种糟糕的学风。

既然是阅读初感，这个感觉就未必准确、未必合理。但无论它多么粗浅，有多少偏颇，它都是最真实的阅读感受。基于这种真实感受的自我反思，才能促成真正的思想革新与思维重组；教师基于这种真实的感受而开展教学，才能产生真正的教学效益。

走向理性与清明

整本书阅读之思辨读写

第二，批判性思考。如果是为了消遣、娱乐，那么，连滚带爬就是理想的阅读境界了。但若要让一本书进入我们的精神世界，让它成为生命的一部分，那就需要进行批判性思考。本书所倡导的阅读理念，所涉及的"三题定位，思辨读写"，无非就是为批判性思考创造条件，创造机会。

第三，转化性表达。即尝试着将阅读所得转化为表达资源，读以致用，让"用"反作用于"读"。此处的"用"不局限于写作，说话、交际和各种语文实践活动，都在范围之内。请看一篇转化性运用《水浒传》的例文《杂》，这是根据2003年上海卷高考作文题"杂"写的作文：

话说那一百单八将梁山聚义以来，很是太平，诸位大小头领终日轮流宴请，好不快活。这一日正赶上宋公明摆酒，众人都喝得尽兴，寻思拿什么来取乐，行酒令、比武艺早已失去了新鲜感。众人正思着，忽见一人起身说话，不是别人，正是那才智过人的智多星。"宋公明哥哥，诸位头领，小的不才愿献一计以资娱乐，诸位兄弟来自五湖四海又身兼各种本事，可谓杂也，今日何不以杂为题，论这杂是好是坏啊？论得好，就请哥哥行赏，如何？"话音刚落，众头领连连称善，于是就演起了这出梁山论杂。

头一个来论的是那风流后生浪子燕青，"各位哥哥，我说这杂好，各种本事都会一点，都学一些，才能从容应付各种场面，和各路人马打得来交道，小可虽不才，但各种门道，各路生活都略知一二，琴棋书画也都粗通皮毛，往来客商、三教九流也交得不少朋友，闲来唱一曲小调，手痒扑一回摔跤为博取各位哥哥一笑。若非这种种本事，恐无法在这山头之上坐得一把交椅"。

众人正点头称赞燕青说得是，见一膀粗腰圆大汉站起发言，原来是金枪手徐宁。"燕小乙哥的确是风流无比，在下佩服，但依我之见杂还是敌不过精。我徐宁不会唱曲，也不懂相扑，但仅凭一套祖传钩镰枪法却也能敌过千军，赚呼延灼哥哥上山。小乙哥本领确杂，但沙场之上恐难有作为吧。要做到杂，费时费力，同样的努力用于专攻一术，必然能有所成就，鹤然立于鸡群之上。"

徐宁话音未落，那急性子的没羽箭张清早已急不可耐，"徐宁哥哥说得对，常言道：一招鲜，吃遍天，空有杂七杂八那么多本事没用，虽样样会却不能做到样样通，在同一个领域里倒是逊那些专于一术的人一筹，我张清十八般武艺都比不上诸位哥哥，唯独精于百步飞石，弹无虚发，普天之下也无人敢夸下海口能胜我张清"。

"此言差矣，"众人回头，原来是那小旋风柴进正独自唏嘘，"精固然有精的好处，但杂也有杂的优点，有言云：触类旁通。各种本领有其相通之处，广泛涉猎于各种行当，能了解各种本领的特点，举一反三，将某种行当的办法用于其他行当，其结果往往意想不到，令人鼓舞，杂能使人开阔眼界啊！"

话正说着，忽闻一人仰天大笑，正是呼保义宋江。"各位弟兄都说得好，杂有杂的好，但也有其弊，我认为这全因人而异，资性好的，不如杂学，资性浅的，不如精学，或是在发现杂时突出一精来，岂不好吗？今天我们论杂且论到此处，来人，给头领们行赏。"

这篇文章戏仿水浒，表达对"杂"的看法。显然，作者对作品很熟悉，包括人物、情节、细节等，都烂熟于心。文中对燕青、徐宁、张清、柴进、宋江的身份、绰号、兵器、武艺、绝活甚至口吻的表述都很准确。这就是阅读经典的真功夫。还有一点，文章戏仿水浒，也模拟《水浒传》的语言风格，读来颇有原著的风味。"好不快活""各位哥哥""小可"这样的词语，都是典型的《水浒传》词汇；而故事叙述的口吻、节奏和起承

走向理性与清明
整本书阅读之思辨读写

转合,都有《水浒传》的痕迹。这是转化性运用的一个典范。

原生态阅读、批判性思考与转化性表达,三者是有机关联的。我用三句话来对应它的内涵:连滚带爬地读,绞尽脑汁地想,挖空心思地用。

2. 教学形态:学生自学+小组探究+课堂教学

以教学来引导和推动学生的思辨读写,要处理好学生自学、小组探究与课堂教学的关系。

与篇章阅读教学不同,整本书阅读的教学必然是长时段教学,不可能毕其功于一"课";而且,课时本身也是有限的,课堂教学不能面面俱到,最好用来处理那些共性的、复杂的、疑难的或关键的问题,而普通的、次要的或个别的问题,则可以在学生自学的基础上,通过小组探究来完成。这样的安排,既保证了学习的效率,也在一定程度上保证了学习的质量。

在我看来,学生自学+小组探究+课堂教学,是整本书阅读教学的基本模式。

第一,学生自学。在初读的基础上,根据母题与议题的设置,提供必要的学习任务,引导学生对文本进行初步的梳理,有意识地关注一些重点问题。

第二,小组探究。以《三国演义》整本书阅读教学为例。学生用一个多月的时间,完成了《三国演义》的初步阅读,并根据学习任务单,初步整理了小说的叙事线索、情节框架、主要人物及其关系。在此基础上,我开始"主公系列人物"的教学,这个系列主要包括刘备、曹操、董卓、孙权、袁绍和刘璋等人。

围绕刘璋,我将学生分为6个小组,分别聚焦6个问题,见下表所列:

序号	问题	设计意图
1	刘璋的身世与人生履历	全面了解刘焉、刘璋父子，为评价刘璋做准备；同时有助于梳理小说的相关情节，如刘璋与张鲁的矛盾。
2	刘璋集团的人事状况	刘璋的文武官员，忠心耿耿者有之，如李恢、王累、张任；叛逆不忠者有之，如张松、法正、孟达。全面了解刘璋集团的人事状况，有助于正确评价刘璋其人，理解他失败的复杂原因。
3	刘璋西川治理状况	刘璋治理益州虽然失于宽松，乏善可陈，但总体上国富民安，积攒了大量的财富。
4	刘璋失败的原因	聚焦在二刘之战中，刘璋失策及其深层原因，有助于客观公正地评价刘璋。
5	刘备父子治理益州的状况	刘备父子治理西川42年，虽也有欣欣向荣的时光，但前有刘备征伐吴国，后有诸葛亮六出祁山、姜维九伐中原，战争连年，为祸不浅。
6	同代人对刘璋的评价	曹操、诸葛亮、张松、法正等不同人等皆以为刘璋碌碌无为、昏庸无用，总体上是负面的评价。从当时的政治角度看，这是一个客观事实；但这些评价也有失公允，需要进一步分析与澄清。

第三，课堂教学。在分组探究的基础上，课堂教学聚焦刘璋的历史评价。各小组汇报研究的具体情况及基本结论，互相补充信息，互相启发。在我的引导下，刘璋的评价问题达成基本共识。下面是课堂教学的实录节选，这是"刘璋失败的原因"课题小组的发言及师生对话：

生：我们将刘璋失败的原因归结为四点：

① 固执己见，引狼入室

② 威信极弱，严颜投降

③ 心慈手软，罢黜郑度

④ 意志不坚，拱手献城

我想借用老师教我们的"假设法"来分析一下这四个原因：假如刘璋

走向理性与清明

整本书阅读之思辨读写

作出了另外一种选择，结局会不会有所改变？

刘璋失败的第一个原因，就是固执己见，引狼入室。当时的刘璋，认为最大的敌人是张鲁。他听信张松的话，先请曹操支援不成，再去请刘备入川。但张松一开始就打定主意，要把益州献出去，为四川找个好主子，同时也换取自己的荣华富贵。最后，他决定献给刘备。在这个过程中，很多人看穿了张松的用心，用各种方法劝谏刘璋，比如黄权、王累和李恢。黄权屡次劝谏，甚至在大殿门前用牙咬刘璋的衣服，把牙都顿落了两颗。王累用绳子把自己缚在城墙上，以生命来劝阻。可惜刘璋一叶障目，忠奸不分，都听不进去。刘备入川之后，在涪关宴上，魏延等人想在宴会上刺杀刘璋。虽然刘备阻止了他的手下，但他吞并益州的想法，已经很明显了。但刘璋还是没看出来，把刘备当作好兄弟，这也是他固执己见、不信忠臣的表现。设想一下，假如他多点警惕，不听张松谗言，或者在涪关宴上，及时察觉刘备的企图，他完全可以作出另一种选择，比如不邀刘备入川，这样益州之战可能根本打不起来。涪关宴之后，他把刘备支到葭萌关去防御张鲁，派涪水都督杨怀、高沛驻守涪水关，其实也有防备刘备的意图。但显然，杨怀、高沛的战斗力远不如刘备，导致了涪水关很轻易地陷落了。如果他对刘备保持足够的警惕心，加强涪水关的防守，那么，他就不会在益州之战中失去先机，这是第一点。

师：关于张松献西川，毛宗岗有多次评点。他感慨，一个人竟然可以把土地和国家献给别人，真是个大胆的野心家，而刘璋竟然没发现，足见张松之奸与刘璋之昏。另外，毛宗岗也讲到涪关宴，说这是另一个版本的鸿门宴，但实际上，无论是刘邦还是楚霸王，刘璋都无法与他们相提并论。

生：第二点，刘璋在臣子中也没什么威信。这不是益州之战中才出现的问题，而是长期以来都存在的问题。看看下属们对他的评价就能明白。还有一个证据，第六十四回严颜被张飞收服以后，竟然一路轻而易举地收服了……不好意思，那个地名想不起来了。

师：巴郡？

生：对的，从巴郡到雒城的所有军队。小说中讲，足足有45个关口，这么多人毫不犹豫地跟着严颜跑了，可见刘璋对他们没什么影响力。我的意思是，假设刘璋平时御下有术，或许将士们就会效忠于他，就不会一溃千里，即便多守一天，战场的情况或许就有变化。可见他威信不足，对下属的控制力很弱。益州之战结束后，诸葛亮和法正曾经讨论过如何治理益州，诸葛亮也说刘璋对属下没有控制力。

师：这个情节出现在第六十五回。如何治理益州？法正希望"宽刑省法，以慰民望"，而诸葛亮认为"刘璋暗弱，德政不举，威刑不肃，君臣之道，渐以凌替"，因此主张严刑峻法。法正与诸葛亮的对话也从侧面证明了刘璋在下属中没什么威信。

生：第三点，刘璋心慈手软，所谓的"妇人之仁"。雒县被攻破之后，刘璋和谋士们讨论如何抵抗刘备。郑度想出了一条毒计，叫作"坚壁清野"。他建议，把这个地区的粮仓烧毁，粮食毁掉，断绝桥梁，把百姓赶到涪水以西，高筑堡垒来防御刘备。

师：刚才你说的那个计谋叫什么来着？重复一下。

生：坚壁清野。可惜啊，刘璋没有采用郑度的谋略，他觉得这样就坑害了老百姓。如果刘璋采纳了郑度的建议，那么，刘备在当地找不到粮草，就不得不从荆州大量运粮草到四川，大家知道，这个路途很远，而且沿途山多路险，难度很大。根据郑度的推测，可能不足百日，刘备就会弹尽粮绝。如果此时乘机进兵，就可能打败刘备。小说中，刘备听到这个计

走向理性与清明

整本书阅读之思辨读写

策,立刻就慌了神。但是,正如法正所说,刘璋暗弱,他不可能采纳这个计谋,果然如此。假如他采用了郑度的计策,虽然也会自损八百,但毕竟有了一个反败为胜的机会。作为一个政治家,生在乱世之中,他却下不了手,心慈手软,这也是益州失败的一个因素吧。

生:最后一点,就是他意志不坚。刘备兵临城下的时候,根据太守董和的话,当时还有三万多个士兵,粮草还够坚守一年,而且多数大臣都有与刘备决一死战的决心。但刘璋意志不坚,他直接投降献城了。假设刘璋能够坚守下去,刘备长途作战的困难就会凸显出来。再加上孙权对刘备一直虎视眈眈,没准"国际形势"会有所变化。刘璋偏安一隅,不像刘备和曹操想着争霸天下,他没有这种心态,本来可以决一死战的机会也被他葬送了。

谢谢大家,我的发言结束了。

师:这个小组把刘璋失败归结为四个原因。听了这个报告,有一个想法想和大家交流。有一句话叫"历史不能假设"。历史都已经发生了,是客观事实,当然不能假设。但在阅读和研究中,"假设"却是一个很好的思维方法。譬如刘璋,假设听了郑度的建议,坚壁清野,没准真还可能挽回败局;假设他的感召力再大一点,那么严颜的那些部下就不会投降得那么爽利,再抵抗一两天,也许刘备就当了俘虏。

咱们在这里停一停,来看看这个"假设法"的意义。刘璋没有听从郑度的建议,这是客观事实;那么,咱们假设他听了郑度的建议,这样思考会有哪些推断?

生:我觉得,通过假设,我们看到了另外一种可能。

生:假设让我们看到了另一种结局。

师:另外一种结局?另一种结局是客观事实吗?

生：通过假设，让我们看到历史发展过程中的某些偶然因素。假设刘璋听了郑度的话，他可能就赢了，这说明历史发展充满了偶然性。一句话，听了你就赢了，不听你就输了。太偶然了。

师：历史的发展充满了偶然性，一个小小的事件，可能就改变了历史的走向；但客观的事实是，刘璋并没有听从郑度的建议。多可惜啊，为什么不听呢？法正知道原因。法正说，刘璋是不会干这种事情的，因为他的性格如此，他的思想是这样。在我们看来，刘璋有很多机会改变溃败的命运，但他没有，这里是有其必然性的。鸿门宴，如果项羽把刘邦给杀了，历史就是另外一番面貌。但项羽没干成这个事儿，这个偶然性里有其必然性。他的性格，当时的形势，当时的力量对比等，决定了项羽没有杀掉刘邦。

历史不可假设，但研究历史，倒不妨多用一些假设。通过对刘璋的假设，让我们思考，明明有那么多胜算的机会，刘璋却走进了死胡同。这就促使我们去思考背后的原因，这样我们才能更好地理解历史和历史人物。"假设"能让我们打开思路，多方面考虑问题，这样反而让我们对历史有了更清晰的认识。

有意思的是，第五小组在研究刘备父子治理西川的课题时，顺便比较了与刘璋治理的差别。这说明，学生在研读的过程中，也意识到这种比较的意义。下面是课堂教学的片段：

生：大家好，我们的课题是关于刘备父子治理西川的，我们将它与刘璋的治理作了一些比较。

我们认为，刘璋从父亲刘焉手里继承了益州，他的治理思路是偏安一隅。在英雄豪杰逐鹿天下的时代，他怎么会作出这样的选择呢？我们认为有两点原因。一是益州本身条件优越，他有偏安一隅的资本。当时的益

走向理性与清明

整本书阅读之思辨读写

州主要在现在的四川、重庆等地,是三国时期最大的州之一。诸葛亮说它"沃野千里,天府之土",这里土地肥沃,资源丰富,还是一个易守难攻的军事要塞,刘璋完全可以依靠它度过乱世。

二是刘璋的性格懦弱,在政治上也没有什么野心,也没有出色的才能。小说中几乎人人都说他"禀性暗弱,不能任贤用能"。

师:性格懦弱的人,缺少政治才能的人,没什么野心的人,更倾向于偏安一隅。

生:他没有野心,也没有这个能力去支撑他向外扩张,所以他只能选择偏安一隅。

师:讲得好。

生:但我认为他偏安一隅并不是没有好处的。毕竟远离了战火的侵扰,益州积累了大量的财富和资源。刘备取得益州后,对下属进行了大量的封赏,大小官吏、大小功臣,都赏赐黄金白银,等等,这些封赏的财物从哪里来?都是刘璋原来积攒下来的。

师:你怎么知道这些钱是刘璋原来攒下的财产呢?

生:刘备从荆州过来,路上带不了那么多。而且赏赐的数量那么大,也不可能是刘备从荆州带来的。光赏给关羽的,都有"黄金五百斤、白银一千斤、钱五千万、蜀锦一千匹",其他官员也是"给赏有差"。由此可见,刘璋治理下的益州国库充盈。

刘璋本性宽厚爱民,像刚才同学提到,他不愿意用坚壁清野的毒计来抵抗刘备。他的原话是"为了救满城百姓",他的表现和行动,说明他确实宽厚爱民。从某种程度上说,他偏安一隅就是为了保护他的臣民。

师:总结一下,因为刘璋的个性、他的野心、他的才能,以及他对老百姓的态度,决定了他愿意偏安一隅,而不是寻求更多的扩张,接下来那就说说刘备治理的情况吧?

生：刘备的选择截然相反，他是主动出击。刘备有刘璋远不能比的野心和志向，渴望一统天下。诸葛亮在《隆中对》中就告诉刘备，可把益州当作一个基地，有了益州，就可以主动出击来开启将来的宏伟蓝图。

师：他在益州开启了哪个蓝图？你提到了《隆中对》，刘备和诸葛亮商量，占领了益州之后，要干什么呢？

生：占领益州之后就是开始南征吧。

师：你说的是"七擒孟获"这些情节吧。这是诸葛亮的根本目的吗？

生：最终目的还是为了继续向外扩张。

师：向外，是往哪个方向扩张？

生：向北方。

师：对啊，我们都知道诸葛亮六出祁山，姜维九伐中原，他们的目的是什么？是攻打长安，直捣洛阳和许都，统一天下，兴复汉室。所以跟刘璋不太一样。刘璋偏安一隅，他的思路是：这是我的根据地，我要好好对待老百姓。而刘备的思路则是：益州是我的跳板，是我的工具，这里有点微妙的差异。

生：蜀国始终在为北伐做准备。作为丞相，诸葛亮司管各种事物，发动全国上下囤积粮草，制造兵器，都是为了他的战争。一开始，财富充足，诸葛亮的声望也高。但越到后来，问题就越严重，多场战争都败在粮草不足的问题上，可见，老百姓都被榨得差不多了。到了姜维北伐，他说"蜀地浅狭"，原本肥沃的益州，也变得十分贫瘠了。

师：原来是"沃野千里"，现在则是"蜀地浅狭"。同样一片土地，怎么就变了呢？其实，土地还是那些土地，只是相对于庞大的战争来讲，供

走向理性与清明

整本书阅读之思辨读写

不应求了。可想而知,连年征战给老百姓带来的灾难。

生:老百姓的态度也发生了较大的变化。刘备入川的时候,百姓们是迎接他的。

师:是啊,刘备有个好名声,大家夹道欢迎,感到有指望了。之后呢?

生:之后,诸葛亮带兵南征的时候,大家也深以为喜;南征归来,老百姓也是敲锣打鼓来迎接他们。但因为常年战争,特别是诸葛亮六出祁山和姜维九伐中原,给百姓带来了极大的损伤,人民开始有了怨念。

师:连年动兵,老百姓开始埋怨了。可见他们北伐中原是建立在百姓的痛苦之上。

生:所以,我们认为,对所谓的乱世豪杰,也要辩证分析,不一定浴血沙场、四处征战的,才是好主公。为了百姓偏安一隅,坚守不出,甚至自愿献出自己主公位置的,也未尝不是一个英雄。

师:将蜀汉集团的主动出击,跟刘璋的偏安一隅作比较,你更赞同偏安一隅,是吧?"偏安一隅"本来不是一个好词,但在刘璋这里,"偏安一隅"倒给人民带来了幸福和安宁;嘴巴上说要统一天下的人,倒给老百姓带来无穷的灾难。很有新意。

在课堂教学的总结阶段,聚焦刘璋的历史评价。下面是相关片段:

师:那么,刘璋到底是守户之犬,还是仁义之君呢?

生:《三国演义》对刘璋的评价,基本上都是负面的,就是一个愚昧昏庸的主公形象。但经过再三的品读,我们发现刘璋还有另外一面,他不仅是一个守户之犬,还是个仁义之君。

师:就是说,你承认他是一个守户犬,但同时又说他是仁义之君?

生:是的。刘璋的部下像张松和法正,都说他暗弱无能,不能止乱,又不能任用贤能。这是对他的负面评价。他的对手像张鲁、诸葛亮、曹操，也都差不多，说他昏庸，"民殷国富而不知存恤"。"守户之犬"是曹操对他的评价，是在煮酒论英雄的时候，他跟刘备说的。我觉得这个评价带有一种无法掩盖的鄙夷和轻蔑。为什么这样评价刘璋？因为刘璋的野心太小了。《三国演义》里的主公们，每个人都有野心，只有刘璋这个人，只想死守住益州这块土地。曹操觊觎天下，当然瞧不起他了。

师：古话说，尽信书不如无书，读书要有自己的思考与判断。曹操说刘璋是"守户之犬"，你就相信他是"守户之犬"？你得看曹操是个什么人，他在哪里讲的，他为什么这样讲。曹操有曹操的价值观和评价标准，我们必须对曹操的评价再来一次评价，这样再来定夺我们自己的评价。曹操是个什么人？大野心家。所以他当然看不起刘璋。

生：确实，刘璋没有"图王"的野心和勇气，他也不敢拿益州豁出去赌一把。作为主公，他也过于单纯。之前有同学提到过，他跟刘备称兄道弟，因为彼此的血缘关系，就无条件相信了刘备。

师：单纯和天真，太傻太天真啊。动不动就抱着刘备热泪盈眶，说"兄弟呀"，看着可笑。

生：他不分忠奸，有些愚笨，不精明也不智慧，他不是个强势的主公，没有政治目光，更没有强硬的手段，也不够爱惜自己的臣子人才，不能及时听取大臣的善言，导致人心离散。我们觉得，他不是一块君王的料。无论是站在政治家还是野心家的角度，他都不是一个合格的君王。

师：他不是一个好的政治家，更谈不上什么野心家。

生：但我觉得，也不能这么简单地否定他。诸葛亮对他的一个评价是"妇人之仁"，我觉得这个评价很有意思，有意思的就是这个"仁"字。不管是妇人之仁还是什么仁，他总归是个"仁"。我觉得毛宗岗的评价也是

走向理性与清明

整本书阅读之思辨读写

带有一点惋惜意味的:"忠厚为无用之别名,非忠厚之无用,忠厚而不精明之为无用也,刘璋失岂在仁,失在仁而不智耳。"

师:毛宗岗的这个评价确有点复杂。他说刘璋"仁而不智",毁掉他的是"不智",而并不是"仁",仁本身无过。仁爱难道不是一个很好的品质吗?因此,我们不能因为他的不智而看不到他的仁,更不能因为他的不智而去否定他的仁爱。

《三国演义》聚焦的是"功名与道义",思考的是野心家们建功立业与伦理道德的关系问题。在众多的主公中,刘璋是个非常特殊的人物。缺少了对刘璋的研究,这个母题的思考至少是有缺憾的。董卓为了功名践踏道义,曹操为了功名利用道义,刘备为了功名兼顾道义,只有刘璋不惜牺牲功名而成全道义。即使在三国争霸这样的黑暗时代,也依然有人在坚守良知与道义,这就是刘璋的意义。

在野心家的饕餮盛宴中,刘璋这样的主公往往黯然失色,不经意间就被我们忽略了。精心设计的课堂教学,才能刺激学生的深思,让他们超越感性,摆脱惯性,重新认识刘璋这个"失败的英雄"。

3. 教学资源:课内课外+校内校外+线上线下

虽然整本书阅读是学校语文教育的重要组成部分,但光靠学校教育,不可能完成这个复杂的任务。因此,应该积极拓展,多方发力,整合课内课外、校内校外、线上线下的各种资源,让整本书阅读教学在应试教育的严酷环境下,生存下来,发展下去,成熟起来。最近几年兴起的"混合式学习",其初衷也是为了解决整本书阅读的现实困难。

概括地说,整本书阅读教学有三个瓶颈,一是阅读的时间与空间,二是教师的课程设计能力与教学能力,三是资源的开发与利用。解决这三个问题,都需要借助社会力量,借助各种学术资源,借助现代信息技术,以课外弥补课内，以校外弥补校内，以线上弥补线下。

首先，时间与空间是个物理层面的问题，虽然难以解决，但有很多办法，关键在于实际效果。比如整本书的课外阅读，本质上是为课内教学做准备，因此，不能再像先前那样，停留在兴趣与感知的层面，而应该有必要的思考与探究。这样，阅读任务单的制作就非常必要。任务单既是阅读内容的指南，也是学习过程管理的手段。再如线上阅读，它能最大限度地突破时间与空间的限制，同时也为阅读过程的管理提供了多种可能。现在的很多线上阅读课程，采取"痕迹管理"，可详细记录阅读时间、停留时间、持续时间，可以随时随地做批注，随时与老师、同伴交流，这些尝试都是很有意义的。随着技术的不断进步，相信会有更多的阅读创新。不过，阅读主要是一种心理与精神活动，长度、频次等表面痕迹，往往难以衡量阅读的真实效果。阅读是一种古老的现象，但我们的研究还远远不够，尤其是科学的、实证的研究非常稀缺。线上阅读及其管理，如果缺乏科学论证，而仅靠所谓的经验和感觉，它的优越性就不可能充分释放出来。

其次，目前看，制约整本书阅读教学的主要是教师自身的文本解读能力。受传统的感知—印证式教学的影响，教师的文本解读能力普遍低下，有些人离开教参，应对日常教学都勉为其难。这主要不是能力问题，而是意识与习惯问题。时间久了，文本解读的敏锐性就丧失了。其实，即使是从事语文课程与教学研究的高校教师群体，文本解读能力的短板也是很刺眼的。有的学者新名词、新理论滔滔不绝，一遇到具体的文本分析，立刻陷入了陈词滥调的尴尬境地。

文本解读能力的瓶颈，对于整本书阅读来说，几乎是致命的。一篇文章，若人云亦云，或能自圆其说；而一本书，比如《红楼梦》，若不能进

走向理性与清明

整本书阅读之思辨读写

行合情合理的分析论证,必然导致前后矛盾,左右冲突,首尾不能相顾。解决之道,首要还是借助专家学者的研究,将他们的学术资源转化为教学资源,这既是一个借力的过程,也是一个自我改造与能力提升的过程。

我有一个习惯,但凡要开发一门课程,除了反复研读文本,做得最多的另一件事情,就是搜集与研究各种相关文献。比如《鲁滨逊漂流记》,从一百多年前引入中国的原委,到现代学者的论述,都加以仔细研究,甄别各种观点,澄清各种争议,最终形成了自己的文本认知与课程框架。在《三国演义》的课程开发中,我阅读了多篇硕博论文、多部研究论著。这里特别要推荐的是博士论文,博士论文的一个规范性要求,就是必须做扎实的文献梳理,在缜密严谨的论证中呈现观点。我曾经参考了山东大学郭素媛的博士学位论文《〈三国演义〉诠释史论》[1],其上编要目如下:

第一章 《三国演义》何以成为古代文学经典

第二章 明清时期《三国演义》诠释

第三章 近现代《三国演义》诠释

第四章 1949年以后《三国演义》诠释

通过这篇博士论文,我了解了《三国演义》的诠释历史及其意义演变的轨迹。这对于全面理解《三国演义》及课程开发,都极有意义。我最终将《三国演义》定位为一本关于儒家政治伦理的书,将其母题定位为"功名与道义",不能不说与这些文献相关。

最后,社会资源的开发与利用。邀请专家学者进课堂,早已不是新闻。我在《悲惨世界》的教学中,邀请著名法语翻译家郑克鲁先生从翻译者的角度、从比较文学的角度,给学生介绍了他的翻译过程,以及他的理

---

[1] 郭素媛.《三国演义》诠释史论[D].山东大学,2009.

解。这样的资源，是其他资源难以替代的。

再如基于整本书阅读的游学，也是一笔可观的教学资源。譬如《三国演义》，现场的考察，文化的追思，历史的遥想，可以弥补校内体制化教学的某些不足，让学生从文本走进社会，走进现实，也促成学生进一步的阅读与反思。

还有一个重要资源，就是网络发表与交流。网络不仅是资源库，也是展示平台。通过博客、微信公众号、微博等方式，发布阅读心得与论文，将成果公之于众，这既是阅读评估的重要环节，也是学术性写作的一个方向：诉诸公共空间，接受公共检验。

二、思辨性阅读教学的基本范式

整本书阅读之思辨读写的课堂教学，可称之为"基于问题解决的思辨读写"，以思辨读写来解决阅读中的关键问题和疑难问题。那么，有没有一个思辨性阅读教学的基本范式呢？

在批判性思维的发展史上，苏格拉底与杜威是两个里程碑式的人物，而他们开创的"苏格拉底式的反诘"与"完整思维行为"，应该可作为两个基本的范式。关于"苏格拉底式反诘"，有专家称之为人类有史以来被公认的最有效的教学方法；而杜威的"完整思维行为"的框架，则被后人改造、转化和创生为各种各样的论证模式和思维框架。比如图尔敏模型，就是对杜威模式的细化与完善。关于"完整思维行为"，是杜威在《我们如何思维》一书中提出的概念。他认为，一个完整的思维行为，应该包括五个阶段。在人的思维现实中，这五个阶段往往浑然一体，互相渗透；但若加以理性分析，则必然包括了下列五个环节：

感受到的困难、难题；

走向理性与清明

整本书阅读之思辨读写

它的定位和定义；

想到可能的答案或解决办法；

对联想进行推理；

通过进一步观察和实验肯定或否定自己的结论，即树立信念或放弃信念。①

这就是一个"完整思维行为"。杜威的中国弟子胡适，很敬服乃师的理论，热心在中国传播，并将其精髓概括为"大胆假设，小心求证"。

杜威的框架，就是批判性思维的基本框架。在我看来，这就是一个思辨教学的基本范式。在思辨教学中，这个"完整思维行为"其实就是"完整的教学行为"。尽管在具体的课堂教学中，因为各种教学因素的变化，这五个环节未必都能呈现，但它一定是存在的，只是暂且被搁置，或者以隐形的方式而存在。下面以《三国演义》中刘备的人物分析为例，借助杜威的思维框架，看看在课堂上如何推进思维，不断开掘，不断拓展，不断深化，走向理性与清明。

1. 遭遇困惑

杜威所说的第一阶段，在阅读中，表现为阅读中的困惑、矛盾、疑虑、徘徊、苦闷、失落……或为情绪上的受挫，或为理性上的不安。总之，是读者的感受与作家的创作意图产生了冲突，或者读者的感受与作品中人物的情感产生了冲突。

这是一种具有积极意义的冲突，往往是思考的起点。杜威打比方说，行走在通衢大道上的人们是不会焦虑的，只有在"岔道口"即前方情况不明的情况下，才会陷入徘徊和焦虑，他才不得不进行理性的思考与选择，

---

① 杜威.我们如何思维[M].伍中友，译.北京：新华出版社，2015：81.

从而进入真正的思考状态。毫无疑问，阅读中的这种"冲突"，就是杜威所说的"岔道口"。教师应该善于发现和抓住这样的"岔道口"，以此为契机，寻找思辨的切入口，推动作品的思辨性阅读。

读三国，说刘备，很多人都会有一种奇怪的感觉。显然，罗贯中想塑造一位仁爱信义、百折不挠的英雄和君王的形象。从事实看，一介平民，白手起家，大落大起，屡败屡战，历经生死磨难，终于成为九五之尊，不能不让人叹服。但从阅读感受看，刘备的言行举止总给人以一种虚伪、矫饰与狡诈的感觉，让人不快。不独普通读者有这种感受，即使坚定的"拥刘贬曹"者毛宗岗，尽管对刘备极尽崇敬与赞美，偶尔也会控制不住内心的疑虑。譬如，在"刘备摔阿斗"一节，毛宗岗评点说"袁绍怜幼子而拒田丰之谏，玄德掷幼子以结赵云之心：一智一愚，相去天壤"。毛氏看起来在夸奖刘备的"智"，但说刘备摔阿斗是为了"结赵云之心"，这不等于说刘备是个有心机的人吗？刘备摔阿斗——收买人心，这个民间谚语广为流传，对于刘备的完美形象显然是有破坏性的。

类似让人生疑甚至生厌的情节还有很多。

刘备出身卑微，不过"贩屦织席"之徒，但逢人就夸耀自己显赫的血统与远祖，所谓"中山靖王刘胜之后，汉景帝阁下玄孙"，借"汉室宗亲"的身份，抬高自己的身价。即使在刻意放低身段"三顾茅庐"的时候，也不忘絮叨"汉左将军，宜城亭侯，领豫州牧，皇叔刘备"，难怪诸葛家的小童子直言"我记不得许多名字"，窘得刘备只好说"你只说刘备来访"。

陶谦"三让徐州"，刘备三番推辞，可最后还是接受了陶谦的赠予。即使接受了，还要声称"玄德乃许权领徐州事"，刘备的这个姿态真够高的。

在占领荆州与益州的问题上，刘备表现反常。刘备三顾茅庐之时，与诸葛亮纵论天下大势，诸葛亮为他制定的战略，就是先占据荆州与益州，

走向理性与清明

整本书阅读之思辨读写

以荆益二州为根据地,向北谋取洛阳与许昌:

> 若跨有荆、益,保其岩阻,西和诸戎,南抚彝、越,外结孙权,内修政理;待天下有变,则命一上将将荆州之兵以向宛、洛,将军身率益州之众以出秦川,百姓有不箪食壶浆以迎将军者乎?诚如是,则大业可成,汉室可兴矣。①

刘备投奔刘表时,刘表身患重病,自知不久于人世,对两个儿子非常失望,加之蔡氏夫人干政,欲立幼子刘琮为储,可谓焦头烂额,一时冲动声称要把荆州送给刘备:

> 表曰:"吾今年老多病,不能理事,贤弟可来助我。我死之后,弟便为荆州之主也。"玄德曰:"兄何出此言!量备安敢当此重任。"孔明又目视玄德。玄德曰:"容徐思良策。"遂辞出。回至馆驿,孔明曰:"景升欲以荆州付主公,奈何却之?"玄德曰:"景升待我恩礼交至,安忍乘其危而夺之?"孔明叹曰:"真仁慈之主也!"②

"孔明又目视玄德",这不就是暗示刘备接受吗?诸葛亮的战略中,荆州是第一个要夺取的目标。刘备漂泊多年,依然无立锥之地,对于他而言,荆州这样的战略要冲是何等重要!可刘表相赠,刘备竟然拒绝;拒绝了,还是想要,所谓"容徐思良策",意思是,荆州还是要的,只是要换个方式。

在益州问题上,刘备表现出同样的游移与矫饰。刘备觊觎益州,可谓处心积虑。入川之前,他们就密切关注益州的一切动向。张松赴许都"欲献西川州郡与曹操",小说刻意插入一句:"早有人报入荆州,孔明使人入许都打探消息。"孔明为什么如此关心益州的动向?这不就是在为攻取益州做准备吗?张松其人,也是个野心家,一心一意要把西川卖掉,卖给曹

---

①② 罗贯中.毛宗岗批评本·三国演义[M].长沙.岳麓书社,2015:299-300,308.

操不成，就决意卖给刘备。后来张松借道荆州，被刘备"劫"走，刘备不仅与张松推杯换盏，推心置腹。酒酣耳热之际，竟然洒下热泪；临别之际，又是潸然泪下。刘备的这番表演，其意何在？醉翁之意不在酒也。

问题是，当诸葛亮、庞统、法正劝他夺取西川时，刘备却以所谓的兄弟之情拒绝了。可是，话音刚落，这个满口仁义忠信的道德君子，就浩浩荡荡开进了四川。入川之后，依然是同样的一番表演。在涪关宴上与刘璋"各叙兄弟之情"，"挥泪诉告衷情"，"细叙衷曲，情好甚密"。可是，这"兄弟一家亲"的酒意还未消散，刘备就"毁书发怒"，与刘璋彻底反目。夺占了刘璋的益州，刘备还不忘为自己辩护。"握手流泪曰：非吾不行仁义，奈势不得已也"，虽不能说全是虚情假意，但总让人五味杂陈。

在称王称帝的问题上，刘备更是躲躲闪闪，欲迎还拒。刘备向来不甘居人之下，有称王称霸的野心，他访求诸葛亮，问的是安邦定国的大计，而非一城一池的小事；从荆州到益州，一路进攻，谋的也是割据一方的雄图大略。可称王的条件具备了，刘备又要扭捏作态一番，反复强调这是"僭居尊位"，在诸葛亮等一帮文臣武将的恳请下，"玄德再三推辞不过，只得依允"，终于无比勉强地做了"汉中王"。做了王，还要说"汝等欲陷我于不义"。

称帝的表演更加精彩，刘备的演技更加娴熟了。诸葛亮等请求他继汉统、登帝位，小说写刘备的反应是这样的：

汉中王览表，大惊曰："卿等欲陷孤为不忠不义之人耶？"孔明奏曰："非也。曹丕篡汉自立，王上乃汉室苗裔，理合继统以延汉祀。"汉中王勃然变色曰："孤岂效逆贼所为！"拂袖而起，入于后宫。众官皆散。①

---

① 罗贯中.毛宗岗批评本·三国演义[M].长沙：岳麓书社，2015：629.

走向理性与清明

整本书阅读之思辨读写

第一次劝进，刘备先是"大惊"，而后"勃然变色"，竟然"拂袖而起"，何其愤怒。第二次，刘备的口吻就改变了。他说：

"孤虽是景帝之孙，并未有德泽以布于民；今一旦自立为帝，与篡窃何异！"孔明苦劝数次，汉中王坚执不从。①

虽然"坚执不从"，却特意地强调"孤虽是景帝之孙"，此话何意？估计他对自己继承汉统的合法性，已做过无数次道德论证了；对自己僭越帝位的风险，也权衡过无数次了。不出意料，刘备最终还是风风光光当了皇帝。不过，他却将僭越的罪过，都一股脑地推到诸葛亮一干人身上。还是那句话，"陷孤于不义，皆卿等也"，这句话在徐州说过，在益州说过，称王时说过，称帝时又说了一遍。

在"拥刘贬曹"的罗贯中看来，他这样写是为刘备称帝制造道义上的合法性，渲染其坚守道规礼制的虔诚。但给读者的感受，却是怀疑、困惑、失望、郁闷。这恐怕是罗贯中、毛宗岗等人没想到的吧？

2. 定义问题

阅读中的苦闷感受，稍纵即逝；而理性的不安，也极容易被惯性思维所控制。缺乏反思习惯的读者，轻而易举就会放弃这些思考与发现的机会。而真正的阅读者，在出现了苦闷或不安的时候，会自觉进入第二个阶段，即确定问题之所在，定义问题的范畴、性质和探寻的方向。

这就像看病一样。人生病了，感到不舒服，身体发出了信号，引起关注，这是第一阶段；第二阶段，找医生问诊，确定病变的部位与性质，譬如，到底是感冒引起的不适，还是器质病变引起的反应？这就需要定位与定义。同样，为什么刘备让人感到不舒服？有意思的是，奸雄曹操是个坏

---

① 罗贯中.毛宗岗批评本·三国演义［M］.长沙：岳麓书社，2015：629.

人,他的坏众所周知,阅读时反而酣畅淋漓;恰恰是满口仁义道德的刘备,心口不一,前后不一,让人别扭。难怪易中天戏谑说"宁要真小人,不要伪君子",他断然将刘备归为"伪君子"。

综合上面列举的一系列现象,我们大体可确定,刘备在行为上具有两面性,人格上具有虚伪性,品德上具有伪善性。总之,他的行为举止具有欺骗性。而这一点,恰恰与罗贯中的初衷是矛盾的。这正是让人困惑和不安的地方。而曹操,本来就是作家极力贬损的人物,无论他多么坏,都是顺理成章的事情。

请注意,这只是大体的联想与推断,是基于感受、经验或以往的知识、思维惯性所作出的初步断言,尚需要进行分析与判断。有些事情刘备看起来很虚伪,但实际上可能是读者的误读与误解,甚至是某些非文本因素的误导,这就需要分析与甄别。比如"刘备摔阿斗",民间谚语的传播很容易诱导读者。如果回到文本的具体情境,或可作出不同的解释。综合考虑刘备奔逃夏口时九死一生的情境,赵云死里逃生的惨状,刘备的"摔"完全可能是极度紧张状态下的一种情感反应,未必真的是为了收买人心而刻意设计与表演的动作。很难设想,在那生死悬于一线的时刻,刘备还有心思去设计与表演这样的桥段。

因此,定义的过程就是一个分析论证的过程。

3. 推测因果

定位了疾病之所在,医生就会根据自己的知识与经验,推测可能的病因,寻找治病的方案。就本案例看,此阶段的任务,就是根据文本提供的信息,结合自己的知识与经验,推测刘备虚伪的原因。无论是看病还是读书,这个阶段的联想与推断,都是基于文本阅读的感受,基于已有的知识与经验。

刘备为什么虚伪？一般说来，学生的推测主要有三种。归纳如下：

① 刘备品质低下，虚伪成性。

② 在客观环境与特定情势之下，刘备有所顾忌，不得不装扮伪饰，所以，言行不一，心口不一。

③ 为了牟取更大的权力与利益，刘备主动地、刻意地把自己伪装成圣人，欺世盗名。

4. 分析论证

刘备为什么虚伪呢？不能停留在感觉与惯性的层面，必须对刘备的言行举止进行分门别类的研究，一一澄清，才能发现看似一样的虚伪，可能在内涵与意义上存在很大的差别。

有人将刘备的虚伪归结为他的品德问题，似乎刘备一生下来就是虚伪的，做任何事都是虚伪的。这是一种典型的惯性思维。它的错误在于它的前提假设是错误的，它假定人性是抽象的，是固定不变的，曹操天生奸雄，刘备天生虚伪。譬如，有人为了证明刘备从小就有野心，就以刘备儿时的故事来佐证：

玄德幼时，与乡中小儿戏于树下，曰："我为天子，当乘此车盖。"叔父刘元起奇其言，曰："此儿非常人也！"①

刘备的野心与他的虚伪一样，并不是天生的。儿时的一句话，并不能证明他打娘胎里就有了称王称霸的野心。每个儿童可能都产生过类似的念头，甚至也说过类似的话，这能证明什么呢？自然，罗贯中这样写，自有他的用意，那是另一码事了。

刘备在徐州、荆州、益州等要地的取舍上，言行之间确实矛盾重重，但

---

① 罗贯中.毛宗岗批评本·三国演义［M］.长沙：岳麓书社，2015：4.

也要一一分析与澄清。刘备两次谢绝陶谦的善意，最后接受了陶谦的馈赠，看起来还有点勉强。这是虚伪矫饰吗？还有没有其他原因？如果细读文本，就会发现，刘备的矛盾，更多出于两个方面的考虑：一是道义上的合理性，二是实力上的匹配性。换句话说，不能简单冠以"虚伪"了事。

刘备与曹操的一个不同，在于刘备非常在意社会的评价，在乎民意，在乎生前身后名。而曹操睥睨世界，一心追求事功，将想做的事情做成，这是曹操一切言行的出发点和落脚点。为了达到目的，可无视一切政治、道德与人伦的限制，无视别人的感受，无视别人的褒贬，无所不用其极，完全超乎常人的预料和想象。与曹操比，刘备做选择会有更多的顾忌，更多的疑虑。

刘备受孔融之邀来救徐州，本来就具有强烈的行侠仗义的色彩。陶谦的一句恭维话"吾闻刘玄德乃当世英雄"，让刘备颇有受宠若惊的感觉。小说写刘备"敛容"答曰："孔北海知世间有刘备耶？"孔融乃孔子后裔，当世名士，孔融的评价激发了刘备的英雄主义情怀。当刘备说自己"兵微将寡，恐难轻动"的时候，孔融一句"公岂独无仗义之心耶"，又激发了刘备的正义感与担当意识。所以，刘备助陶谦，打曹操，事前绝无借机夺占徐州的动机，他以正义之师自居，心里燃烧的是正义之火。

正因为如此，刘备两次谢绝陶谦的好意，他的理由是这样的：

刘备虽汉朝苗裔，功微德薄，为平原相犹恐不称职。今为大义，故来相助。公出此言，莫非疑刘备有吞并之心耶？若举此念，皇天不佑！①

孔文举令备来救徐州，为义也。今无端据而有之，天下将以备为无义人矣。②

---

①② 罗贯中.毛宗岗批评本·三国演义[M].长沙：岳麓书社，2015：78，79.

走向理性与清明

整本书阅读之思辨读写

应该说，刘备的顾虑是很有道理的。读者当然知道陶谦是诚心的，但刘备怎知陶谦是诚心的呢？刘备向来"喜怒不形于色"，是个深思熟虑的人，在尚未确定陶谦的真实意图之前，刘备肯定不会接受。接受了，那就不是刘备了。何况，如果贸然领受，不了解真相的人们会怎么看？一定会骂他有"吞并之心"，是个"无义"之人。刘备当然不愿落个趁火打劫的骂名。

还有一层考虑，徐州是军事要冲，曹操想要，袁术想要，吕布想要，刘备当然也想要。但此时此刻，徐州是个烫手的山芋。而刘备，兵微将寡，实力薄弱，跟徐州这样的军事地位完全不匹配。刘备这样的枭雄，岂不明白此刻接盘的风险？风险的评估与权衡，是政治家的基本素质。与其说刘备推让徐州是虚伪，倒不如说是一种明智。

在徐州的取舍上，刘备的虚伪更多是一种假象；而在荆州与益州的取舍上，虽然刘备的言行看起来与此前差不多，但性质已经悄悄发生了变化。

最重要的变化在于：徐州时期的刘备，谋求的不过是在诸侯纷争的战乱时代，能有个安身立命之所；而在谋求荆益二州的时候，则已怀有谋取天下的野心。刘备是个野心家，但在遇到诸葛亮之前，这个野心是模糊的、游移不定的；三顾茅庐的一番深谈之后，刘备的野心终于清晰了，占领荆益二州，然后夺取天下。这个动机，决定了刘备在荆益二州的取舍上，有了更多的矫饰和算计。

表面看，刘备的言行及其逻辑变化不大。譬如荆州，一方面，刘表对他有恩，领取荆州会落个坏名声；另一方面，荆州的政治局面也很复杂，蔡夫人姐弟的势力不可小觑，轻易接盘未必合算。但是，对于一个处心积虑要谋取别人地盘的野心家，他的隐忍是有目的的——他要"容徐思良策"。后来，刘表死了，曹操占据了荆州，刘备公然打着公子刘琦的名号，所谓"以叔辅侄",从曹操的手中夺取了荆州,名正言顺地获得了人生的第一个根据地。

益州的情势与荆州相似。刘表于刘备有恩,刘璋于刘备有情。刘备不是曹操,他一下子突破不了道德底线的关口,所以还得与刘璋虚与委蛇。而且,刘备入川,远方作战,殊非易事,贸然出击并不明智。同时,刘备希望以益州作为长久的立足之地,他不能不考虑自己的道德形象与民心向背。他以"真情"对待刘璋,连最后的反目都似乎是被刘璋逼到了死角,这些表演,不都是在收买人心吗?

当庞统、法正劝他尽早杀死刘璋时,刘备又来了一段道义的表白。毛宗岗批注道(括号内):

季玉是吾同宗,诚心待吾(二句是宾);更兼吾初到蜀中,恩信未立(二句是主),若行此事,上天不容,下民亦怨。①

连毛宗岗都看出了刘备的虚伪:他之所以不杀刘璋,主要不是因为同宗兄弟的情谊,而是因为"初到蜀中,恩信未立",如果初来乍到,便贸然动手,必将"上天不容,下民亦怨"。可见,刘备不仅虚伪,而且老谋深算,这原本就是刘备枭雄的本色。

可以看出,荆益时期的刘备,已经在主动地借助道德表演,来谋取利益,欺骗天下了。

随着年龄的增长,政治经验的积累,刘备越明确地意识到,道德、正义、仁爱恰恰是他的优势,是他独有的政治与道德资源。他目睹了曹操的罪恶,他看到了天下对曹操的憎恶,这些给了他醍醐灌顶式的启发:

今与吾水火相敌者,曹操也。操以急,吾以宽;操以暴,吾以仁;操

---

① 罗贯中.毛宗岗批评本·三国演义[M].长沙:岳麓书社,2015:478.

以谲，吾以忠。每与操相反，事乃可成。若以小利而失信义于天下，吾不忍也。①

这是刘备入川时的自白。揣摩刘备的语气，他显然意识到与曹操对着干的积极价值。曹操残暴无耻，诡诈阴险，践踏道德，所以曹操留下了骂名；刘备呢，拼命树立自己宽、仁、忠、信的形象，政治上的优势正好弥补了他军事实力上的不足。他也越来越善于利用这笔资源，越来越娴熟地伪装与矫饰。

刘备的善，归根结底是一种伪善，本质上他依然把道德当作利用的工具。特别是在称王称帝的问题上，刘备已经能够娴熟地利用这个工具了——看刘备的操作流程，与曹操称王、曹丕称帝颇有异曲同工之妙。曹操用刀剑逼迫皇帝下诏封自己为王，曹丕用刀剑逼迫皇帝下"禅国之诏"，把皇位让给自己，然后假意再三推辞，以此来掩盖自己的野心与阴毒，也借此来彰显称王称霸的合法性。而刘备呢，也是一番推让，直到被臣子们"逼"到无路可走，方才"勉强"称了王，做了帝。其实，刘备何尝不知道，自己称王称帝的合法性是饱受质疑的。他焦虑的，不是该不该称王称帝，而是如何体面地称王称帝，如何将称王称帝的政治风险减少到最低。这当然也可归为帝王之术，有智商含量；但在道义上，刘备的伪善却已暴露无遗。

5. 反思确证

确诊了病因，确定了治疗方案，还要对方案作进一步反思、权衡、修正，综合考虑可能产生的各种后果及其副作用，以保证治疗方案的准确性与有效性。阅读也是如此。通过联想、推断、比较、归因等思维过程，确立了刘备虚伪的多种类型与复杂内涵，总体上确定了"刘备的虚伪"这个

---

① 罗贯中.毛宗岗批评本·三国演义[M].长沙：岳麓书社，2015：476.

断言。但不能到此为止，必须对这个结论所隐含的意义做进一步的探寻，以完善与校正关于刘备的断言。

此前的分析表明，刘备的确虚伪，刘备的虚伪也得到了合理的解释。但分析刘备的虚伪，并不是为了确证刘备是个投机小人，品格低下。对一个虚构的文学人物进行道德审判有什么价值呢？重要的是，通过这个讨论，探究导致刘备虚伪的个人原因、社会原因与文化原因。如果不能在更广阔的社会与文化背景下，对刘备的虚伪作出合理的解释，而仅仅局限于对刘备的肯定或否定，文本解读就失去了应有的伦理与文化意义。而且，关于刘备的虚伪，我们依然难以作出合理的判断与评价。

刘备的虚伪有被迫的因素，我们有必要追问：哪些因素迫使刘备走向虚伪；刘备的虚伪更有主动投机的因素，那么就要追问：这样的欺诈与投机为什么能够给他带来利益。

与曹操不加掩饰的"恶"相比，刘备的伪善，不能简单否定与嘲弄。毕竟，刘备是个有底线、有所敬畏的人。毫无底线的人，不屑于道德包装，才会肆无忌惮地作恶。正是在名声、民意、舆论等多重压力下，刘备才选择了善待百姓与臣民，才克制了许多作恶的欲念。可以说，刘备没有曹操坦荡，但他比曹操有操守。当然，这样的道德压力，常使刘备陷入焦虑和伪饰。要想在乱世中建功立业，出人头地，就要敢于冲破固有的道德观念，为人所不敢为，为人所不愿为，为人所不能为，像曹操那样把整个世界作为自己的资源，拿别人当自己的工具。你越是敢作敢为，越是心狠手辣，越是无视各种束缚和禁忌，越是厚颜无耻，便越能"成事"。相反，要想在乱世中保持高洁的道德，维护自身形象，就只能是退隐山林。

刘备的尴尬在于，他既想要功名，又想要道义。这既是他优于曹操之处，也是他劣于曹操之处。优，在于刘备始终对天下有一种精神与道德的感召力，民心所向，趋之若鹜；劣，在于做事时总是牵手掣肘，顾东忌西，不能像曹操那样为所欲为。刘备的很多虚伪由此得到解释，而刘备的仁爱信义，也可由此得到解释。

刘备的焦虑，在于功名与道义难以两全。一个人，若能光明正大地追求功名，而他的追求又能得到道德的褒奖，他为什么要虚伪呢？这说明，在刘备的时代，实现功名与维护道义之间，存在着尖锐的矛盾。再如野心。倘若人人平等，都有自由发展的权利，也就无所谓野心了。那么，刘备还有必要到处唠叨他是"汉室宗亲"来抬高身价吗？他还需要拼命地遮掩自己的野心吗？这样追问下去，就可超越对刘备的个人道德审判，而在更广大的文化与社会环境中，思考虚伪的道德与文化意义。

由刘备的虚伪，而延伸到对社会与文化的追问；由社会与文化的追问，而到文化的反思与社会的批判，整本书阅读的教育与文化价值也就实现了。

在这样的追问与反思中，关于刘备的评价，就可能趋于理性与公正，既不是粗暴的道德审判，也不会是罗贯中式的先验式辩护。局限一隅的论证可能在逻辑上也能自洽，但只有在更宏大的社会环境与文化视野里，论证才具有更高的可信度与穿透力。

经过这五个环节，就形成了一个"完整思维行为"。但思维的完善与进步绝非一蹴而就，只有在不断的反思与改进中，我们的思维与认知才会走向合理、理性与清明。

在组织形式与教学方式上，思辨教学可以千变万化，百花齐放，但杜威的"完整思维行为"，可以作为发展与改进的基础。

三、思维训练的四个要目

思维是一个复杂的系统。美国学者费西万说："批判性思维是旨在决定信什么和做什么的反省性判断过程,表现为对证据、语境、方法、标准和概念化的理由充分的考量。"如何考量所谓的"理由充分"呢?费西万强调六种思维技能,包括解释、分析、评估、推论、说明和自我调节。我根据费西万的技能目录,参考董毓的相关论述[①],结合我自己的实践与研究,略作整合,列表如下。表格中的"对象"指需要分析与判断的各种经验、情境、数据、事件、判断、惯例、信念、规则、程序、标准等。为了便于理解,相关术语尽可能转化为日常用语。

技能	内涵	主要内容	主要目的
阐释	归类和阐述对象的含义	将对象置于恰当的类别或框架	确定思考的方向与问题
		辨认对象所隐含的观点及推理	
分析	识别对象隐含的各要素及其关系	辨认观点与隐含的假设、推论	识别推理,发现相似项或对立项
		识别相似性与差异性	
推理	形成猜想与假说	查询证据	追溯原因,预测后果
		筛选替代项	
评估	对判断及其推理过程作出评价	判定论证的合理性	综合权衡判断的合理性
		评估替代项的优劣	
说明	解释判断及其推理过程	呈现自己的判断	让判断接受公共检验
		说明推理的过程	
		解释推理的合理性	
自律	全面检视,得出结论	全面反思判断及推理过程	作出审慎的判断
		再次检视感性与惯性的消极作用	

根据表格中所涉及的技能项目,下面重点介绍整本书阅读中的四种

---

① 董毓.批判性思维原理和方法——走向新的认知和实践[M].北京:高等教育出版社,2010.

走向理性与清明 | 整本书阅读之思辨读写

常用思维技能,它们构成了思辨性阅读的技能基础。同时,在思辨性阅读中,这四种技能也能得到最有效的训练。

1. 多维关联

世界不仅是物质的,而且是关联的,关联是世界的存在方式。世界互通,万物关联。这种无所不在的关联,以种种方式存在,有远关联,也有近关联;有直接关联,也有间接关联;有因果关联,也有条件关联;有相似关联,也有相反关联……

思维,归根结底是对客观世界的反应,思维的本质也在于关联。汉语中的"维",本身就是联系、连接、关联的意思。所谓思维,就是思绪的关联。关联是思维的基本属性,关联的广度、深度、逻辑性都是思维品质的重要表现。

关联产生意义,不同的关联产生不同的意义。譬如短篇小说,限于篇幅和容量,相对来说,它所表现的人物关系更简单,社会环境更纯粹,情节发展更直接,总体看各种关联的复杂程度远低于长篇小说。前面提及欧·亨利的《最后一片常春藤叶》,我认为它的内涵与高中生心智发展不匹配,很重要的原因,就在于它将复杂的社会问题简单化,将多维的人生问题单一化。这当然是短篇小说的短处,但也是它的特点——集中表现生活中的一个片段、一个横截面、一个细节。但也正因为如此,社会与人生的更多信息都被省略了。鲁迅说"要极省俭的画出一个人的特点,最好是画他的眼睛",这种"极省俭"的手法,正是短篇小说的特点,它强化了我们对"眼睛"的关注,却也诱导我们忽视了其他部位。像《最后一片常春藤叶》,它塑造了居住在格林威治村的三个人物:苏艾、琼珊、贝尔曼,而故事也很简单,贝尔曼为了拯救琼珊,冒着暴风雨在墙上画了最后一片藤叶,而故事结局也在"情理之中"——琼珊得救了,贝尔曼死了。小说的冲击力也在于此——为了让作品达成"意料之外,情理之中"的效果,作家对生活做了有意的夸张与变形,让生活真实服从于小说的叙述逻辑。比如为了凸显贝尔曼画的那片藤叶的非凡意义,作家毫无疑问夸大了"希望"的作用。小说这样写道:

"依我看,她的病只有一成希望。"他说,一面把体温表里的水银甩下去。"那一成希望在于她自己要不要活下去。人们不想活,情愿照顾殡仪馆的生意,这种精神状态使医药一筹莫展。"

既然肺炎是如此凶险,既然琼珊已经病入膏肓,靠"一成希望"来起死回生,到底有多少科学根据?但小说不顾这些常识,小说强化的逻辑是:有希望,就能活下去。有了这个逻辑,贝尔曼的那片叶子就成了灵丹妙药。它显然有意忽略了影响琼珊生存的其他因素,将生存与希望简单而直接地作了因果关联。它的价值在于强化希望之于人生的价值,但同时也遮蔽了更多的复杂问题。

还有贝尔曼的献身。小说反复强调贝尔曼在艺术上的失败与人生中的失意,以此作为贝尔曼冒险的动因。但这样的因果关联可信吗?事业失败,人生失意,这样的人很多,也很复杂,是不是失败的人更乐意帮助他人呢?如果缺乏更多的背景与因素,这样的推论很难让人信服。

相较于短篇小说,长篇小说有更多的条件克服上述缺陷。它的容量,它的时空延展,它的叙述角度转换,都为表现人生的复杂性提供了可能。它在内容上的关联往往是复杂的,是全方位、多角度、多层次的,能够更加真实地反映社会与人生,这种关联可谓之"多维关联"。譬如《悲惨世界》。小说也塑造了一个甘愿献身的人物形象,这就是在苦难与罪恶中搏斗了一生的冉阿让。为了一块面包,冉阿让坐了19年大狱,受够了社会的蔑视与盘剥,也算是事业的失败者、人生的失意者,但他用后半生赎买

走向理性与清明

整本书阅读之思辨读写

自己的罪过,坚守良知,行善到底,终于成了圣徒一样的人物。那么,要让这位"天使"降落在人间,并且生活在一个"贫穷使男子潦倒,饥饿使妇女堕落,黑暗使儿童羸弱"的黑暗时代,就必须提供足够的理由,否则,故事就很不可信。为此,雨果提供了一个宏大的历史与社会背景,全方位地展示冉阿让所处的环境,描述了与他相关的众多人物,叙述了他曲折复杂的生活经历,等等。正是在众多复杂因素的共同作用下,冉阿让才由仇恨社会的囚犯变成了一个乐善好施的圣徒。很多人读《悲惨世界》,不太理解小说为什么从米里哀主教说起。这其实正是雨果的高明之处。主教意味着一种力量,良知、宽恕、人道的力量。如果没有主教的感化,如果没有主教的宽恕,冉阿让的转化是很难设想的。但即使有了主教的感化与宽恕,雨果也没让冉阿让立地成佛——作为浪漫主义作家的雨果,他的根基却是严谨的现实主义。雨果让他笔下的这位圣徒又经历了一次又一次的苦难与罪恶,一直搏斗到生命的终点。在复杂的关联中,冉阿让的转化与升华才有了可信的基础。

冉阿让用一生的艰辛曲折才实现的圣徒理想,贝尔曼轻而易举地就完成了。短篇小说与长篇小说的不同,由此可见一斑。

整本书阅读中的关联同样是复杂的、多维的。在阅读过程中,能够发现和识别或隐或显的各种关联,在人物、情节、细节、场景、语言、意象、心理活动等各种因素的关联中,发现文本所寓含的意义,这是整本书阅读最基本的思维能力。

譬如前述"刘备的虚伪"这个话题,就是在多维度的关联中展开分析的:

第一,刘备一生始终以"道义"相标榜,那么,就有必要将他所有关于"道义"的言论关联起来进行分析。领受徐州牧时,刘备说"汝等欲陷我于不义耶";登帝位时刘备责备臣子们"陷孤于不义,皆卿等也"……刘备究竟怎样对待"道义"的呢?关联起来一看,即可看出很多端倪。

第二,刘备一生攻城略池,但在占领徐州、荆州与益州时,又表现得迟疑不决。关联起来看,就能发现"虚伪"的表象下,真实的原因和意图截然不同。

第三,刘备与曹操父子称帝过程的关联。《三国演义》是拥刘贬曹的,曹操父子是被贬斥的对象。对于曹操,小说刻意说他"假意上书三辞",强调其"伪";对于曹丕,小说详细叙述了司马懿、贾诩等人的心机与劝谏。对曹氏父子的贬斥与揭露,用意昭彰。写到刘备,则是另一种口吻,极力强调刘备的真诚,"大惊""坚执不从""苦劝"等词,都"客观"地显示出刘备的无奈与真诚。但其实,刘备何尝不是一种表演?诸葛亮岂不知刘备的心思?诸葛亮的苦劝何尝不是一种表演?曹丕"挟天子以令诸侯",必须通过皇帝的禅让来制造"天意"的合法性;而刘备,则以虚伪的推辞来制造一种"民意"的合法性。两者表象有异,实质相同。

在文学创造过程中,关联让文本产生特定的结构与意义;而在文本解读中,发现关联,就是意义建构的过程。在《林教头风雪山神庙》一节,林冲拿出朴刀刺杀陆谦时,很多读者忘记了这把刀的来历。金圣叹感慨,"自阁子吃酒这日买刀,直至此日始用,相去已成万里,而遥遥相照。世人眼瞎,便谓此刀从何而来",这其实就是关联能力的欠缺所带来的"眼瞎"。

类似的"眼瞎"现象不少。有学生读《三国演义》第六十回,读到赵云在路途中隆重应接张松,都有些莫名其妙。赵云怎么知道张松恰好路过这里?其实,第六十回开头是有交代的。小说写"松乃暗画西川地理图本藏之,带从人数骑,取路赴许都",后面跟着就说"早有人报入荆州。孔明便使人入许都打探消息",可见,刘备、诸葛亮一直密切关注着西蜀及

走向理性与清明

整本书阅读之思辨读写

张松的动静。小说严丝合缝，不露破绽，但读者往往缺乏关联意识，反而忽略了这些"扣子"。刘备的这个举动，进一步印证了刘备图谋西川的野心，也进一步证明了刘备的虚伪。

关联，不仅包括文本内部的关联，也包括文本与文本的关联，文本与生活的关联，文本与世界的关联。本章第一节的"文本关联"，指的就是跨文本的关联；本章第二节的"人生关怀"，指的就是从文本到现实人生的关联。

在当前的整本书阅读教学中，人们普遍使用的思维导图，就是表现关联的方式之一。情节发展，人物关系，环境分布，几乎无所不可用思维导图。绘制思维导图的过程，就是发现和确定关联的过程。这既是一个阅读梳理的过程，也是一个思维整合的过程。

任何关联都有着事实的或逻辑的纽带。关联识别能力，也建立在知识与逻辑的基础之上。思辨性阅读，是训练关联能力的最佳途径。思辨，在特定角度看，就是对各种关联的真伪的辨别，对关联的内涵与意义的辨析。

2. 识别假设

1+1=2，这是个人所共知、不证自明的事实。但这个事实的成立，却是需要前提要件的，那就是十进制。在十进制的情况下，1+1才等于2。当然，十进制是我们日常生活的不二之选，因此不用刻意强调。但不管说不说，这个前提总是存在的。在这里，十进制就是一个前提假设。这个前提假设是隐含的，也称之为隐含假设。

根据恩尼斯的定义，我将批判性思维的精髓概括为"超越感性，警惕惯性"。无论是基于感性的判断，还是基于惯性的判断，他们都有一个共同点，那就是对前提假设的无视或忽视。

"任何思维、行动和话语都有假设，而假设深刻影响它们的品质。从根本上说，假设的这种普遍性反映了事物的存在和变化都依赖一定的条件这一普遍规律。所以，假设代表思想、行动和话语的条件性。但是，人们常常忽略或忘记了这种条件性，视假设为理所当然，隐而不表，久而久之，最终完全遗忘了假设及其对思维、行动和话语的制约性。而那些建立在不当假设之上的思维和话语逃脱了审查，将人们的行动引入歧途。"①

人们为什么会忽视这种前提假设呢？因为在日常推论中，基于特定的背景、环境、对象或者其他因素，这些假设常因人所共知而被省略掉了，它们可能是人所共知的事实，或是似乎不证自明的道理，或是一种根深蒂固的观念，总之都被省略了。有个笑话，一个人在坟前哭叫道："爽啊，爽！"不明就里的人很奇怪，在这里有什么好"爽"的？但周围邻居都知道，他的女儿死了，他女儿的名字叫"爽"。正是因为"爽是他女儿"这个事实被省略了，不知情的人才认为这场面可笑。再如前述《林教头风雪山神庙》一节，林冲置长枪不用，而用短刀诛杀陆谦，作者在写作的过程中并没有刻意强调长枪与短刀的不同用途，也没有渲染长枪与短刀在情感宣泄上的区别。在作者那里，都是人所共知的常识，不必强调或渲染；但在读者这里，因为各种原因，这些不言自明的内容往往被忽视了。因此，金圣叹激赏的"异样笔法"，普通读者却视而不见。在阅读古典作品和外国作品的过程中，识别和挖掘这些隐含的背景、观念、知识和信息，尤为重要。

人们的任何推理活动，都离不开必要的前提假设。大到价值判断与道德推理，小到生活中的一个决定、一次选择，都是基于某种假设而作出

---

① 武宏志.批判性思维的穿透力：假设挖掘和评价［J］.延安大学学报（社会科学版），2017（1）：5.

走向理性与清明 | 整本书阅读之思辨读写

的。管理理论中著名的"X理论"和"Y理论",就是基于人性的不同假设作出的;而古典经济学的建立,是基于"经济人"和"利润最大化"的人类假设;生活中,有人得了慢性病就上中医院,得了急症就去看西医,这是基于对中西医的不同假设而作出的选择。

任何学说,一旦假设的地基松动了,整个理论大厦就会倾塌;任何选择,一旦前提假设错了,选择一定也会出错。上述中西医的选择,它的前提假设是:中医适合治疗慢性病,西医适合治疗急性病。这个判断对不对呢?显然,它是需要论证与判断的。如果仅靠感觉或者惯性,这个前提假设可能会害死人。还有一点值得注意,我们常将谚语、格言、名人名言和权威人士的论断当作前提假设,这会导致更多的错误。

识别、质疑和论证这样的隐含假设,是批判性思维的核心技能,也是整本书阅读的核心能力。对任何事物的批判性思考,如果没有对其背后假设的追问与反思,都是不完整的。当我们固有的知识或者熟悉的方法,不能解释或者解决现实问题,那么,我们不仅要反思知识与方法本身,更要反思知识与方法背后的那个前提假设。一旦发现了假设前提的错误,很可能意味着知识革命与方法革新的到来。

前提假设是分层次的。关于人,关于人性,关于神,这些关于人类与世界的最基本的假设,是层次最高的假设,它们又成为所有推理的前提。比如无神论者与有神论者,大家都会遭遇同样的人生难题,但大家的解释完全不同。这些假设在反复强化后,几乎会内化为人的"第二天性"。当等级制内化为闰土关于人的假设之后,即便是面对儿时的好伙伴,他也会本能地下跪。在闰土的眼里,世人分为三六九等,且壁垒森严,万万不可逾越——"人是分等级的"已经成为他看待人的前提假设。

社会中基于常识或习惯的假设,生活中基于具体语境的假设,也会带来认知的遮蔽与人际交往中的误会，以及行为选择上的失当。比如人们常说的"不要输在起跑线上"，以赛跑隐喻人生，隐含的前提假设就是"孩子的成长规律与赛跑的运动规律是一样的"，它带来启发的同时，也会带来诸多误导。从前提假设的角度看，成长与赛跑并不是一回事，它们的规律不可同日而语。作为比赛，赛跑一定要比个输赢，输赢的标准很单一，比赛一旦开始便不能重来，比赛的裁判必须是第三方，等等。但人生的问题复杂得多。人生或许并不需要与别人比，所谓人生况味，冷暖自知，关键在于自己的体验与感受；即便要比，标准也是多种多样的，比成就，比财富，比声望，比学历，比家庭幸福，绝不能像赛跑那样单一；人生在世，失败了还可以再来，不可能是一锤定音……将人生隐喻为赛跑，只能揭示人生的某一些特点，却极有可能掩盖了另一些特点，让人产生错误的认知。

在阅读中，无论是作品中人物之间的冲突，还是读者与作品之间的冲突，都可以从前提假设的角度进行解释。譬如史铁生的《合欢树》中有这么一段：

十岁那年，我在一次作文比赛中得了第一。母亲那时候还年轻，急着跟我说她自己，说她小时候的作文做得还要好，老师甚至不相信那么好的文章会是她写的。"老师找到家来问，是不是家里的大人帮了忙。我那时可能还不到十岁呢。"我听得扫兴，故意笑："可能？什么叫可能还不到？"她就解释，我装作根本不再注意她的话，对着墙打乒乓球，把她气得够呛。

这是文章中非常精彩的段落。这里的冲突有两种：一是孩子与母亲的冲突，是作品内部的；二是读者与这个事件的冲突，说白了，读者能否接受母亲或儿子的做法。

彼时的"我"，还是一个孩子，作文得了第一，原指望得到母亲的夸

走向理性与清明

整本书阅读之思辨读写

奖。没想到母亲也是一个心高气傲、争强好胜的人，她不仅没夸奖儿子，反而接过话头，炫耀自己儿时的荣光。这激起了"我"的反感，于是就有了"把她气得够呛"的言辞。不要小看这段描写，在所有关于母亲的描写中，这是一个非常独特、传神的段落，很能激发读者的共鸣与深思。我们可以从不同的角度来解释它的美妙，从阅读心理看，主要是因为史铁生笔下的母亲颠覆了关于母亲的某些共识。关于母亲，中国文化传统和世俗社会，预设的内涵就是含辛茹苦、无私奉献、忍辱负重，为了孩子可以牺牲一切，自然也包括无条件地夸奖孩子。在这样的预设中，母亲是不会与自家的孩子抢风头的，她应该为"我"的第一名而欢欣鼓舞……可是，这位母亲却颠覆了这个前提假设——她自夸的调门比孩子还高，这让他的孩子不能接受。这就是第一个冲突。同时，也让读者产生了刺激感与新鲜感，于是就产生了读者与作品的冲突。我们不禁要问：这样的母亲有真实性吗？

这正是母亲的个性，也是此文打动人心的地方。"母亲那时候还年轻"，"是世界上长得最好看的女的"，又有才华……这样的女性，有点骄傲，有点虚荣，对以前的荣耀念念不忘，都在情理之中。女人做了母亲，依然还是女人，还是人，她的个性依然还在。这样的描写不仅真实，而且暗示了母子关系的平等与亲密，是母子，又像姐弟。更重要的是，与后文形成了震撼人心的对比——当"我"残疾之后，骄傲的母亲放弃了一切，包括她的骄傲。此刻，母亲的形象又重新契合了读者关于母亲的一般认知假设：天下母亲都愿意无条件地为孩子付出。这样的错位，无论是给作品中的"我"，还是给读者，都带来了巨大的心灵震撼。

思辨性阅读是一个对话的过程，是一个质疑与反思的过程，这个过程既包括对作家的质疑与反思，也包括对作品人物的质疑与反思；当然，也包括读者在阅读中对自己的质疑与反思。对作家及作品人物的质疑与反思，让我们更深刻地理解作家及作品；而对自我的质疑与反思，能促进我们自己的进步。

识别与反思隐含假设，可以从三个角度切入：

第一，通过作品人物的言行，识别他的前提假设，包括他的价值预设，包括他具体言行的前提假设，并对此进行辨析。譬如武松"血溅鸳鸯楼"，他已经将自己的前提假设坦白了："杀了一百个也只一死"，这就是典型的亡命徒的假设前提。因此，我认为，好汉武松堕落成了暴徒武松。

第二，作家在写人物言行的时候，也有他自己的前提假设。通过分析作家写作时的褒贬与是非，推断作家的前提假设，并予以辨析与甄别。施耐庵在描写武松滥杀无辜的时候，基本上是抱着认可甚至欣赏的态度。那么，我们可以推断，施耐庵的价值预设是有问题的。

第三，读者在理解作品的时候，也有自己的前提假设。这个前提假设直接决定了你对作品的理解与评价。那么，读者自己也需要反思自己的前提假设。譬如《悲惨世界》的阅读过程，是一个心灵不断受到冲击、灵魂受到洗刷的过程。最大的冲击来自冉阿让的行为逻辑与价值预设常常超越了读者的预期与想象。比如冉阿让对待割风爹爹、商马第的态度，他对待沙威的逻辑，都会让读者陷入观念的冲突之中——冉阿让一次又一次地推翻了我们的某些前提假设。

冉阿让离开土伦监狱之后，饱受社会的歧视。在米里哀主教的感化下，他决心改邪归正，化名来到滨海小城蒙特勒伊经商，最后做了市长。割风爹爹是冉阿让在生意上的老对手，也是一直挑衅与蔑视他的老冤家。割风眼见这个普通工人日益富裕，而他自己，一个尊贵的老板却渐渐衰败，不仅满腔嫉妒，一遇机会，就暗算马德兰。那么，这样的一个小人深

走向理性与清明

整本书阅读之思辨读写

陷泥潭，命在旦夕之际，要不要出手相救呢？此时此刻，除了冉阿让这个大力士，无人能够搭救他的性命。

问题不仅在于割风爹爹是冉阿让的老冤家，那个一直怀疑和追踪冉阿让的沙威，此刻也在路边虎视眈眈地盯着，沙威在土伦监狱就见识过冉阿让的神力。怎么办？是眼睁睁看着割风爹爹死去，还是冒着暴露身份的危险，去搭救这个老冤家？

冉阿让选择了后者。

"商马第事件"更为离奇。长相酷似冉阿让的商马第被当作冉阿让拘捕了。把追捕冉阿让当作终生使命的沙威，在看到商马第之后，也彻底解除了对冉阿让的怀疑。对于冉阿让来说，这是彻底摆脱苦难的绝佳机会。

但冉阿让陷入了更复杂的思绪：

精神的眼睛，除了在人的心里，再没有旁的地方可以见到更多的异彩、更多的黑暗；再没有比那更可怕、更复杂、更神秘、更变化无穷的东西。世间有一种比海洋更大的景象，那便是天空；还有一种比天空更大的景象，那便是内心活动。

冉阿让选择了自首，把商马第从牢狱里替换了出来。

冉阿让并不是没有犹豫和疑虑，在去自首的路上，他一直在矛盾和斗争。他甚至为自己的退缩寻找理由。在路上，马车坏了。他想，这是不是老天爷在阻止他去自首？法庭内人满为患，已经不让人进去旁听，他又一次想：这不正是退缩的机会？但冉阿让最终战胜了内心的懦弱，勇敢地站了出来，完成了生命中又一次的凤凰涅槃。

很显然，冉阿让的行为颠覆了很多人的处世观念。如果将它与《水浒传》的类似情节对比，观念的差别就更加刺眼了。《水浒传》崇奉的是睚眦必报，有仇必报，而且加倍偿还。按照这个逻辑，冉阿让应该对割风爹爹的灾祸幸灾乐祸；《水浒传》信奉的是为达目的不择手段，没有商马第，也要去找一个替死鬼。

也是基于同样的理由，我认为，也不能因哈姆雷特的"延宕"而将其视为"言语的巨人，行动的矮子"，好像哈姆雷特只会空想空谈，而不能付诸实践。的确，哈姆雷特一再错过杀人的良机："戏中戏"一幕，克劳狄斯已经暴露出内心的惊恐，但哈姆雷特依然不敢确证；克劳狄斯祷告的时候，真相已经大白，哈姆雷特又觉得处死一个忏悔的人本身就是罪过。就这样，一直延宕到与奸王同归于尽。但是，哈姆雷特延宕的背后，他的前提假设是怎样的呢？如果我们追溯哈姆雷特的言行，我们可发现他的假设是这样的：

杀父之仇是一定要报的

但必须确定真正的凶手

而且要揭露凶手的罪恶

让凶手受到应有的审判

哈姆雷特的思路很清楚：确定凶手，才能不滥杀无辜；揭露凶手，才能让罪恶昭然若揭，才能证明自己复仇的合理性与合法性；审判凶手，才能将他的灵魂送下地狱。

如果将哈姆雷特的延宕视为懦弱、迟疑或缺乏行动力，那么，正说明我们自己的前提假设是值得警惕的——那些快意恩仇的逻辑已经让我们无视血腥屠杀、冤冤相报、滥杀无辜的野蛮与罪恶，反而将其视为大快人心的好事。

哈姆雷特的延宕和迟疑是理性的，而这种延宕和迟疑恰恰反映了哈姆雷特对真相、人道与正义的渴望和追求，也表现了他思维的审慎，情绪的自控，人性的高贵。

走向理性与清明
整本书阅读之思辨读写

3. 构造替代

董毓老师说:"对批判性思维者来说,探究的出发点是什么其实并不重要,重要的是探究过程的公正、开放和全面性。不管探究是出于找错,还是要找正面证据增强信心,只要牢记批判性思维规定的'全面多样''公正开放''寻求替代观念'等要求,那么不管最初意图是什么,最终你会把正反两面的观念都包括进来,你不仅考察自己的对立面,而且还是抱着公正的态度考察。而且,如果没有不同观念,批判性思维者还不忘去寻找甚至构造替代观念和论证。恩尼斯说,在教学中,倘若一定要他去只挑出一个批判性思维的素质来予以强调的话,他会挑'要时刻注意替代观念'(being alert for alternatives)。它在实际中是最关键的。因此,可以看到,对反驳的要求,在恩尼斯那里,是对不同观点的要求,是对公正性、开放性和全面性的要求,这些构成了他的'合理性'(reasonableness)概念的核心内容,并显得自洽完整。"①

董老师特意提到了恩尼斯的看法,强调"构造替代观念和论证"是批判性思维最关键的素质。主动地、有意地构造替代观点,造成与现有观点的竞争,在对比与辨析中,发现现有观点的优势与不足。构造替代的目的,在于打破思维的惯性与思想的垄断。有了新的观点与论证,就有了多元比较与权衡的必要与可能。因此,能构造不同的替代,正是思维完备与严密的表现。以2015年高考语文全国Ⅰ卷作文题为例,看看它带来的思维冲击。题目是这样的:

因父亲总是①在高速路上②开车时接电话,家人屡劝不改③,女大学生小陈迫于无奈④,更出于生命安全的考虑⑤,通过微博私信⑥向警方举

---

① 董毓,余党绪.批判性思维与思辨读写对谈[J].语文教学通讯,2017(1):5.

报了自己的父亲；警方查实后，依法对老陈进行了教育和处罚，并将这起举报发在官方微博上。此事赢得众多网友点赞，也引发一些质疑，经媒体报道后，激起了更大范围、更多角度的讨论。

对于以上事情，你怎么看？请给小陈、老陈或其他相关方写一封信，表明你的态度，阐述你的看法。

小陈举报老陈的做法究竟是对，还是错？我们不妨构造几个替代，通过对比及相应的分析，来判断事件的性质。

① 如果将"总是"替换成"偶尔"，小陈的举报有必要吗？
② 如果不是"高速公路"，而是普通公路呢？
③ 如果不是"屡劝不改"，而是知错就改呢？
④ 如果并非"迫于无奈"，而是还有办法呢？
⑤ 如果不是"出于生命安全的考虑"，还有其他动机呢？
⑥ 如果不是通过"微博私信"，而是将父亲的违法行为公之于众呢？

构造出这样的替代，事件的性质就比较清晰了。老陈在"高速公路"打电话，这是违法的；老陈"总是"在高速公路打电话，违法频率是很高的；老陈还"屡劝不改"，看来家人的劝阻是无效的；作为女儿，"迫于无奈"，说明她已经别无选择了；小陈的举报，目的是为了父亲与家人的生命安全，她的动机也是善良的；而且，她还通过"微博私信"，并没有让父亲在公众面前难堪……

构造了这么多替代，这其中任何一个替代成立，事件的性质都可能发生改变。譬如，如果老陈只是偶尔在高速公路打个电话，小陈的举报就没有必要，毕竟是父亲，毕竟父亲只是偶尔违法；如果还能想到其他办法，举报也未必合适，毕竟将父亲举报到公安局，肯定会造成对父亲的伤害……

走向理性与清明 | 整本书阅读之思辨读写

在这个例子中，通过对相关事实、理由、根据的模拟性替代，造成对现有事实、理由与根据的反驳，反而确证了小陈的行为之善。

当然，我们也可以对不同推论的前提假设作出替代性的分析。小陈举报老陈隐含的前提假设是：父亲与家人的生命安全是第一的。

如果坚持认为小陈是不对的，那么它的蕴含前提就是：父亲的脸面才是最重要的，父亲与家人的安全是次要的。

比较一下，前一个前提假设符合人们的认知与道德理念，后者则造成了对生命的漠视，不合乎基本的价值观念。

有人以"子为父隐，父为子隐"的古训来否定小陈。但是，小陈举报父亲，并非为了包庇有错的父亲，而是为了保护父亲与家人的安全，这与"隐"有着本质的不同。同时，"子为父隐，父为子隐"也只是个大体的伦理原则，并非不分青红皂白，一切皆可"隐"。《史记·循吏列传》就记载了这样一件事情：

石奢者，楚昭王相也。坚直廉正，无所阿避。行县，道有杀人者，相追之，乃其父也。纵其父而还自系焉。使人言之王曰："杀人者，臣之父也。夫以父立政，不孝也；废法纵罪，非忠也；臣罪当死。"王曰："追而不及，不当伏罪，子其治事矣。"石奢曰："不私其父，非孝子也；不奉主法，非忠臣也。王赦其罪，上惠也；伏诛而死，臣职也。"遂不受令，自刭而死。

石奢父亲犯法杀人，使石奢陷入忠孝不能两全、情法不能兼顾的境地。他先放走父亲以尽孝心，再拔剑自刎来表白忠心。石奢以性命来实践"隐"的道德规范，在他看来，父亲杀人，"隐"则不忠；也就是说，此刻的"隐"与国法存在着尖锐的冲突。可见"隐"并不是不讲条件的，对于杀人放火这种极端的罪恶，"隐"本身就是一种罪恶。

通过一番替代性的分析与比较，可以确认，小陈的举报行为不仅是合法的，而且是合乎伦理道德的，方式也是体面周到的。

如何构造替代呢？一个有效的办法是要素替代法。上述对小陈举报老陈的分析，就是尝试替换事件中的不同要素，从而达成对事件全面、公正的分析与判断。任何事件都是由具体的人物、时间、地点、原因、过程、结果等要素构成的，事件的性质就是由这些具体的要素及其关系所决定的。构造这些要素的替代，就能在对比中鉴别真伪，发现谬误，确立信念。

本书在事件分析中，都直接或间接地使用了这一技能。譬如，刘备占据徐州与占据益州，性质有何不同？那就要从背景、动机、过程、结果等角度来综合分析。在徐州，刘备因为无吞并动机而难以定性为"虚伪"；在益州，刘备因心怀野心而难以定性为"仁义"。通过对刘备动机的替代性分析，有助于我们对其占据徐州的定性。再如，在分析林冲的过程中，我反复追问学生：在同样的情境下，若将林冲替换成李逵，情况会怎样？如果换成武松，情节还会这样发展吗？这种替代，有助于学生更准确地发现林冲与李逵、武松的不同。

4. 多元转换

超越感性，警惕惯性，这是批判性思维的精髓。而惯性思维的一个重要表现，就是立场、视角、情感倾向、思维框架、认知结构、话语体系等的固化。而对抗惯性的重要做法，就是养成转换的意识，并使之成为习惯，进而成为能力。这样的转换，对于训练思维的开放性、多元性和精确性，都极有意义。常见的转换有叙述视角的转换（包括主客移位）、倒叙与顺序的转换、情感褒贬的转换、语词系统的转换，等等。本书在《俄狄浦斯王》的读写活动中，介绍了叙述视角的转换、倒叙与顺序的转换。

走向理性与清明 | 整本书阅读之思辨读写

情感褒贬的转换。譬如"为沙威写一段辩护词",引导学生换位思考,站在沙威的角度,为他的行为寻找理由,这样的写作有助于更好地理解沙威,进而更好地理解冉阿让。在《悲惨世界》的教学中,我布置过一个写作任务,题目是:以沙威的口吻,叙述冉阿让的故事。

下面是学生的作业:

在巴黎警察署长夏布里的举荐下,我来到滨海蒙特勒伊市做警长。滨海蒙特勒伊是最近崛起的新型工业城市,市长马德兰是远近闻名的工厂主。

马德兰市长身材壮硕,面目慈善。第一次见面,我就有一种似曾相识的感觉。我是个职业警察,对人的长相和神态有天然的敏感。马德兰让我想起了二十多年前我在土伦监狱看管过的一个苦役犯,叫冉阿让。

马德兰市长公正尽职,乐善好施,深受百姓爱戴。但冉阿让的影子在我心里一直挥之不去。我还亲眼看见他将一辆深陷泥潭的马车给顶了起来,这样的蛮力,在我的印象中,也只有冉阿让才有。我跟踪、暗访、调查,可惜一无所获。

不久,事情水落石出了。我接到巴黎传来的消息,苦役犯冉阿让被抓住了。他化名商马第,因为偷人家酿酒的苹果被捕,本想蒙混过关,却不料被人认出是冉阿让。我仔细核对了商马第的信息和容貌,确认这才是真正的苦役犯冉阿让。我觉得对不起马德兰市长,但心头的一块石头终于落了地。

接下来发生的事情太有戏剧性了。在商马第案件的庭审中,马德兰市长闯进了法庭,坚称自己才是苦役犯冉阿让。他承认在出狱之后,又抢劫过一个通烟囱的小孩。这让法庭乱了套。因为,当年冉阿让在土伦监狱的几个难友刚刚证明,商马第才是冉阿让,这位受人尊重的马德兰市长怎会是冉阿让呢？

马德兰市长就是逃犯冉阿让。可惜法官没有当庭拘捕冉阿让。我知道冉阿让与一个叫芳汀的妓女关系非同寻常，现在芳汀生命垂危，在芳汀那里一定能找到冉阿让。果然，我在芳汀那里发现了冉阿让。不过，冉阿让非常镇定，他说他既然敢去法庭自首，就敢于承担责任。不过，眼下他要帮助临死的芳汀寻找女儿。他请求我给他三天时间。我不知道真假。在我的字典里，从来就没有徇私枉法这样的概念。

令我愤怒的是，冉阿让竟然从我眼皮子底下逃跑了。好在经过严密的追捕，他又一次被投入土伦监狱。冉阿让这也算是罪有应得了吧。

不久之后我奉命回到巴黎，管理圣安东尼一带的治安。这里贫民窟很多，穷鬼们乱哄哄的，偷鸡摸狗、杀人越货的社会渣滓多聚集在这一带。我知道这是上司对我的器重，我无家无业，无牵无挂，就全身心地投入到工作中。

命中注定我与冉阿让将纠缠一生。有一次，我们处理一起绑架敲诈案，却发现那个被敲诈的慈善家，竟然是冉阿让。真是命啊。冉阿让被捕之后不久，我曾看到过一些关于他的传闻。有人说冉阿让在一次海上救援中跌入大海，淹死了。对这个消息，我将信将疑，像冉阿让这样生存能力超强的人，除非你亲眼见他断气，否则不要轻易下结论。现在我意识到：冉阿让并没死，他回来了。

几乎在我认出冉阿让的同时，冉阿让也认出了我。冉阿让带着一个小女孩，拼命逃跑。我们一直追到女修道院，冉阿让的踪影还是不见了。我觉得我和这个人之间，似乎有着前生的缘分，我相信，我们的事还没完。

1832年，巴黎爆发了革命。我们奉命潜入革命党，混在闹事的群众中，打探消息。在我的信念中，政府总是正确的，法令总是庄严的，闹事

走向理性与清明

整本书阅读之思辨读写

总是邪恶的。我对那些在街头演讲、散发传单、起哄造反的人,有一种莫名的仇恨。一个小小的疏忽,我暴露了自己的身份。我知道,我的死期到了。作为一个公职人员,我别无选择,只能以身殉职了。

没想到,奉命来枪决我的,竟然是冉阿让。我想,这倒也公平,我追捕你一生,你送我上西天,大家总算扯平了。冉阿让没在大庭广众对我下手,他押解着我来到僻静无人处。我想,反正是一死,就算你把我撕成碎片,我也认了。冉阿让解开我身上的绳索,我正等着他给我一枪,他却把我放了。

我从没有天崩地裂的感受,这一次,我却体验到了。我一直认为冉阿让天生是个罪人,一定肮脏、残暴和无耻,是个杀人不眨眼的恶魔,是个贪财好色的坏种。可是,他放了我,一向以法律和正义自居的我,突然对我自己信奉一生的东西产生了疑虑。

我和冉阿让的最后一面,是在巴黎下水道的一个出口。巴黎的下水道纵横交错,偏偏我与他在这里相遇。冉阿让背着一个伤员,两个人奇臭无比,身上满是粪便污秽。这伤员是个街头革命者,他负了重伤,命在旦夕。我本能地举起了枪,但我下不了手。冉阿让恳求我放过他,因为救人要紧,再耽搁伤员就死了。冉阿让向我保证,他不再逃避法律的惩罚,并且告诉了我他的住址,以便事后去缉拿他。我相信,他说的地址是真的。

放走了冉阿让,我陷入巨大的矛盾之中。我发现我这一辈子,活得不明不白,活着真是一种耻辱。我也知道,放走了冉阿让,我再也无颜面对法律和职责了。

该是我告别这个世界的时候了。

在小说中,沙威是个被批判与贬斥的角色,这样的定位很容易让我们陷入先入为主的认知误区，带着"恶"的有色眼镜，看到的沙威从头到脚都是"恶"；如果转换一下视角，给沙威一个自我辩护的机会，或许我们能准确地理解沙威的想法与做法，这样的人物理解就不会概念化了。

再如语词转换。每个人都有自己的一套语词系统，每种文化的语词系统也有差别。特别是阅读不同时代、不同民族的作品时，这种转换是很有必要的。譬如我在设计《鲁滨逊漂流记》的教学时，面临的一个难题是，如何处理小说中大量且反复出现的宗教内容。对于鲁滨逊，宗教信仰不仅给他带来了彼岸意义上的精神寄托，也为他带来了现实意义上的生存力量。在跟上帝的对话中，鲁滨逊找到了活下去的信心与力量，理解了生存的价值与意义，甚至还借此发现了与世隔绝的独处之乐。小说中大量出现与下面类似的内心独白：

"好吧，"我说，"只要上帝不抛弃我，即使世人都离我而去，那又有什么不好，又算得了什么？"①

对多数学生来说，宗教内容既过于陌生和遥远，也与他们日常所在的世俗环境格格不入。我意识到，在宗教的意义上理解小说中的宗教内容，将是一件十分艰难的事情。经过反复的斟酌和思考，我选择了语词转换的教学策略，将"上帝"置换成"我"。于是引文就变成了这样：

只要"我"不抛弃我，即使世人都离我而去，那又有什么不好，又算得了什么？

对于没有宗教体验的人来说，这样的替换更易唤醒自己的生活经验，更好地理解处在孤岛绝境中的鲁滨逊如何通过自我暗示与自我鼓励来战胜内心的孤独与软弱。宗教本质上是一种建立在自我对话基础上的灵魂救赎

---

① 丹尼尔·笛福.鲁滨逊漂流记［M］.王晋华，译.上海：学林出版社，2017：130.

与精神建设，鲁滨逊对上帝的忏悔、倾诉与祷告，都可看作他与自己的深刻对话。事实上，这样的"治疗"确实解决了鲁滨逊的很多思想困惑，释放了很多精神压力。这就是鲁滨逊强大的心理治愈能力。

以世俗而非宗教的视角切入，首先考虑的是本土的文化背景，其次也是对青少年生活经验与认知水准的尊重。

第六节
阅读的评价与反思

评价与反思是阅读教学的重要环节,两者关系密切。如果评价不能促进学生更好地阅读,不能促进学生的自我反思,评价的价值就是值得怀疑的。

一、过程性评价

整本书阅读的评价包括过程性评价与终结性评价。过程性评价发生在阅读的不同阶段,而不同阶段的评价目的又是不一样的。比如在教学之前,有些学生可能已经有所接触,但阅读状况肯定参差不齐,教师就要进行必要的评估,做到心中有数。总体看,过程性评价都着眼于把握学生的阅读状况,激励学生的阅读意志,调控学生的阅读进展。读了没有,读得怎样,理解到了什么程度,有哪些偏差,都是应该关注的。

从教学的进程看,思辨性阅读教学的推进与评价是不可分的。董毓老师介绍国外的阅读教学时[1],他写道:

即使是小学生读故事,从一开始通读时,教师一方面会用问题引导孩子们注意故事和图画的作者、标题、目录、提示的内容和图画表达的含义等,而且另一方面马上会用这样的问题来提醒孩子们去猜测:

---

[1] 董毓,余党绪.批判性思维与思辨读写对谈[J].语文教学通讯,2017(1):8-9.

走向理性与清明

整本书阅读之思辨读写

你觉得作者为什么会选这样的标题？

你猜测这个故事是关于什么的？

从图画来看，你觉得故事是真实的吗？

在进入一本书的教学之前，不妨让学生进行一些预测性的猜想，书的封面、作者、国别、插图、目录、前言等，都可提供参考信息。一本书，甚至它的颜色与开本，都在提供与该书内容和主旨相关的信息，猜测在刺激学生阅读兴趣的同时，也在帮助他们建构文本的内涵与意义。

在阅读过程中，评价要更多介入文本的理解与辨析。董毓老师介绍说：

然后，在细致阅读中，老师一方面要用问题让孩子注意、理解故事的背景和场景及其变化和作用，主要角色，角色的特点，角色之间的异同，作者的主要思想是从故事的哪些部分来的，故事的主要冲突、问题，以及它的原因、它的解决，各段落的意思，文中的图画的作用，不理解的词句……另一方面还会用这样的问题引导孩子们用自我介入的方式进行理解、推理和想象：

你最喜欢和最不喜欢的角色有谁？为什么？

哪个角色最像你，如何像？

你从这一段中可以推断出什么？

如果某一场景变化，那么这个故事会有不同吗？如何不同？

这个场景对故事的发展重要吗？如何重要？

找到一个你不熟悉的词，试试用它的上下文来猜测它的含义。

阅读后的评价，目的在于促使学生发展有关的理解性、推理性、评价性和想象性思考。董毓老师提供了下列问题：

故事的问题是如何解决的？

故事的类型是什么，你怎样判断的？

作者到底想说的是什么？

你预测故事完了后会发生什么？

如果你自己是故事中的主要角色，你的行为会和他一样还是不一样？

故事中哪一部分最出色？

有哪个角色你不喜欢吗？为什么？

你喜欢这个故事吗？为什么？

它和你自己的生活有什么联系吗？

它和你自己读的其他的书有什么联系吗？

从这个故事中你能学到什么？

你会把这个故事推荐给别的孩子读吗？

你能提出一个问题让你的朋友回答吗？

过程性评价可提前规划，也可随机进行；方式也可随机应变。在任务驱动性学习理念的影响下，学习任务型的评价很受欢迎。

在《三国演义》的教学中，我设计过这样一个学习任务：

赤壁大败后，曹操引兵逃到南郡。回想赤壁惨败，曹操不禁捶胸大哭，感慨"若奉孝在，决不使吾有此大失也"。如果你是郭嘉，也在赤壁之战的前线，在曹操几个错误决策的关口，你会怎样劝说曹操？

这个题目旨在引导学生梳理赤壁之战的过程，了解孙刘联军与曹操胜败的原因。还有一个目的，也借此回顾郭嘉的智谋与见识，认识"谋臣"的特殊作用。在讨论过程中，学生也有新的发现。有学生认为，即使郭嘉再世，曹操也未必能听进他的意见。因为赤壁之战中的曹操，已非官渡之战中的曹操，他骄矜自大，睥睨群雄，在第四十八回《宴长江曹操赋诗　锁战船北军用武》中，刘馥认为曹操诗句"月明星稀，乌鹊南飞，绕

走向理性与清明

整本书阅读之思辨读写

树三匝,无枝可依"不太吉利,就被一槊刺死。可见,曹操在赤壁之战中大败,有其内在的必然性。

从思辨性阅读看,评价关注的内容主要分为四类,以《三国演义》为例,见下表所列:

内容	例释	目的
事实把握	1. 与作品相关的常识(作者、创作时间、文体信息等) 2.《七步诗》是谁在何种情况创作的? 3. 刘备为何被称为"刘皇叔"? 4. 诸葛亮发明木牛流马是在什么时机?帮助蜀国解决了怎样的现实困难?	了解重要背景、主要人物、关键情节等信息与知识
因果推断	1. 曹操说"吾好梦中杀人",他是在什么情况下说此话的?反映了曹操什么样的性格? 2. 荆州在《三国演义》中易手了几次?每一次的起因、经过、结果分别是什么? 3. 诸葛亮安排关羽把守华容道,他为什么不安排一定能斩曹操首级的张飞、赵云等人?	澄清情节,辨析人物,达成对作品的真实理解
多元思辨	1. 古往今来,人们对刘禅褒贬不一,有的称其是"扶不起的刘阿斗",有的认为他"大智若愚、韬光养晦"。那么,蜀汉的灭亡与刘禅究竟有怎样的关系?如果你是刘禅,你会作出怎样的选择? 2. 中了"空城计"的司马懿,往往被评价为"疑心太重",但也有人认为司马懿是担心"狡兔死,走狗烹"而故意中计,这个问题你怎么看?请结合当时的具体形势进行分析。	对相关内容进行历史的、辩证的分析
综合评价	1. 请仿照《史记》的本纪体例,为刘备写一篇传记。 2.《三国演义》名义上"说三分",但孙权的戏份明显不足。在通读作品的基础上,为孙权写一篇墓志铭。	着眼于作品的总体理解,形成关于作品的总体判断

二、学术性写作

终结性评价的办法很多,本书重点介绍学术性写作。在整本书阅读教学中,学术性写作是常用的教学检测手段,尤其是阶段性检测和终结性检测,学术性写作能在总体上反映出学生真实的阅读与理解状况。

思辨性阅读是以事实与逻辑为基础,以分析与论证为核心,以知识获取或问题解决为目的的阅读。思辨性阅读追求的是知识的真实性与方法的有效性,在这个意义上,学术性是思辨性阅读的内在要求。在学术的范畴里,求真是最高的目的,也是唯一的目的。以学术性写作来检测思辨性阅读的状况,具有理论上与实践上的双重必然性。

学术性写作,强调的主要是学术的这种求真取向。在写作过程中,实事求是,具体问题具体分析,追求立论的逻辑性、辩证性和批判性。不同于严格的学术写作,学术性写作更强调学术研究的体验性与导向性,而不会刻意地追求学术研究的水准与创新。

通过学术性写作来检测阅读的效果,主要关注三个方面:第一,是否读懂了原著;第二,是否读懂了作家;第三,是否读出了自己。三个问题基于三个角度,但本质上是一致的。读不懂原著,脱离了文本,对作家的理解就是空中楼阁;读不懂原著和作家,对自我的理解与反思也就失去了基本的依傍。一切断言都必须源于文本,基于文本,基于严谨与周密的论证。所谓学术与个性,所谓学术与思想,学术都是前提,学术都是根基,有了这个前提与根基,个性与思想才有了立足之地。

学术性写作要注意以下六个方面。

1. 选题具体

学生一般习惯于泛泛而空疏地议论,选题上或失之于大,或失之于

走向理性与清明 | 整本书阅读之思辨读写

实。比如《三国演义》，学生拟定的论题：

① 《三国演义》与《三国志》比较研究

② 试论"主公"在历史进程中的作用

③ 集忠义与智慧于一身的诸葛亮

① 超出了小论文的范畴，也超出了学生的能力范围。② 失之于杂，主公那么多，差别那么大，复杂难以驾驭。这两个题目都失之于大，大必然空。③ 失之于实，诸葛亮是千古名相，集忠义与智慧于一身，论题可挖掘的空间有限，容易变成材料的堆砌与概括。

在与学生充分讨论的基础上，我们将上述选题做了改进：

与其泛泛地进行《三国演义》与《三国志》的比较，还不如选择具体的人物与事件切入，看看演义与历史的不同处理，进而审视两部作品的价值取向与创作取向。譬如《三国志》是如何描述曹操、刘备、诸葛亮的？与《三国演义》有什么异同？再如蜀汉治理益州，历史记载与历史演义有什么区别？角度小了，切入的路径具体了，学生就会有真知灼见，而论文也因此有了充实的内容。譬如蜀汉治理益州，《三国志·诸葛亮传》裴注中有载："亮刑法峻急，刻剥百姓，自君子小人咸怀怨叹。"但小说中一派民心汇聚、欣欣向荣的景象。那么，为什么会有这么大的差异呢？

与其将众多的主公杂糅在一起，倒不如重点关注其中几个代表人物，深度开掘与思考，比如：

奸雄曹操在历史进程中的积极作用——曹操虽为奸雄，但毕竟雄才大略，为平定内乱、统一国家做出了贡献。重在讨论政治人物的道德评价与历史评价问题。

作为软实力的道义在刘备建国中的积极意义——刘备以道义为旗帜，软实力弥补了硬实力的不足。重在讨论人心向背与政治成败的关系。

试论刘璋悲剧的必然性——刘璋有良善的愿望，却因无能而遭致彻底的失败，也给民众带来了战乱与灾难。重在讨论仅有动机是不够的，在乱世之中，没有实力同样不能保境安民。

显然，这样的小课题既便于研究与探讨，也便于行之成文；而且，论文的思想与观点也颇有冲击力。

与其泛泛谈论诸葛亮的忠义与智慧，还不如另辟蹊径，围绕诸葛亮的"忠义与智慧"，做一些历史的反思或者艺术的审视，这样的论题或更有意义。譬如"罗贯中塑造诸葛亮完美形象的动机初探""诸葛亮形象的艺术真实性质疑"，等等。

如何选题？鉴于学生的实际写作水平，我重点推荐的，还是前述提及的"管锥式"论题——也有老师称之为"小清新"原则——"小"，就是选题要小，少写宏大话题，驾驭不了；"清"，对选择的话题要有材料、有思考、有清醒的认知与判断；"新"，就是选题要有新意。这个概括也颇有启发。

2. 具有搜集与梳理材料的意识与能力

搜集与梳理文献资料是学术研究的基本功，没有文献资料，就无从开展研究，更谈不上有自己的观点和创见了。培养学生搜集与梳理文献的习惯与能力，是学术性写作的重要任务。

缺乏学术史意识的所谓学术，基本上都是伪学术。搜集与梳理文献，本身就是学术活动，就是学术意识的体现。从目前教师的教学研究看，也存在着不管问题的来龙去脉、不论事情的前因后果的问题。其实，在人文领域，在教育领域，在经典阅读领域，我们今天讨论的很多话题，前人早就有所涉猎。按照雅思贝尔斯的说法，在人类文明的"轴心时代"，各个文明都出现了伟大的精神导师——古希腊有苏格拉底、柏拉图、亚里士多德，以色列有犹太教的先知们，古印度有释迦牟尼，中国有孔子、老

走向理性与清明

整本书阅读之思辨读写

子……他们提出的思想原则与话题,塑造了不同的文化传统,也一直影响着人类的生活。今天我们反复言说的很多话题和命题,其实都可以追溯到这个"轴心时代"。因此,搜集与梳理前人与他人的研究成果,可以让我们对自己的研究有一个理性的认知,免却很多无用功,免却很多重复性的劳动,而且也能拓宽我们的眼界,启发我们的思考。

不要将搜集与梳理资料当作学术研究的累赘或者附属品,它本身就是学术研究。这是要从小培养的学术意识与精神。

搜集与梳理资料的过程,就是观点与思路走向理性与清明的过程。占有的材料越全面,越丰满,思路也就会越周详,越清晰。

除了学生的自主搜集与整理,在整本书阅读中,教师也有义务给学生提供相应的参考资料,这就需要教师先做好相应的功课。下面是杨赢老师在《悲惨世界》的教学中给学生提供的参考书籍和音像资料,从这份参考资料可看出教师的硬功夫:

雨果:《雨果传》,〔法〕安德烈·莫洛亚著,周国珍等译,浙江文艺出版社

《雨果十八讲》,程曾厚著,浙江大学出版社

法国历史:《带一本书去巴黎》,林达著,生活·读书·新知三联书店

《旧制度与大革命》,〔法〕托克维尔著,冯棠译,商务印书馆

《法国大革命史》,〔法〕索布尔著,马胜利等译,北京师范大学出版社

《法国大革命讲稿》,〔英〕阿克顿著,姚中秋译,商务印书馆

社会学心理学:《法国大革命与革命心理学》,〔法〕勒庞著,倪复生

译，北京师范大学出版社

《〈耶路撒冷的艾希曼〉：伦理的现代困境》，［美］阿伦特等著，孙传钊编，吉林人民出版社

相关小说：《九三年》，［法］雨果著，郑永慧译，人民文学出版社

《双城记》，［英］狄更斯著，宋兆霖译，浙江文艺出版社

电影：《悲惨世界》，［法］让·保罗·李塞诺导演

音乐剧：《悲惨世界》，［美］汤姆·霍伯导演　10周年纪念版

搜集与梳理资料并不是简单地搜罗与堆积，这个过程就是一个学术研究的过程，需要批判的眼光与睿智的判断；需要借助概念、判断、推理，对占有的各种材料进行去伪存真、去粗存精、由表及里的改造加工，从中提炼出具有深刻含义的主题，筛选出最能反映主题的特征性细节与片段，并做好标记，便于写作过程中援引与注释。

3. 自如地借用文本中的关键细节或信息

缺乏文本细读的硬功夫，表现在写作中，就是不能自如地借用文本中的关键细节或信息，展开有张力的分析与论证，导致文章肤浅、笼统、生硬，可读性差，缺乏文章的魅力。特别在做人物分析时，如果不能抓住关键细节或信息，分析一定是淡而无味面目可憎的。比如林冲杀陆谦的细节，比如刘备占据徐州的那些关键信息，这些细节或信息，对于理解林冲与刘备是很关键的，不仅有助于全面准确地分析人物，也使文章有血有肉，让严谨的学术文章也增添了几分活泼。

4. 具有分析论证的能力

学术论文的写作，围绕论题展开，任务就是达成对论点的辨析与论证，让个人的观点具有一定的公共性与公信力。这是论文的主干，也是最能体现学术魅力的部分。但这也恰好是学生写作上的短板。

走向理性与清明
整本书阅读之思辨读写

写宏论滔滔的议论文得心应手，写分析论证的说理文却捉襟见肘，这是目前写作教学造成的弊端之一。借助简单的事实枚举来印证论点，或者借助粗糙的类比论证来比附论点，或者借用炫目的修辞技巧来夸饰论点，或者借用煽情的情感技巧来渲染论点，都致力于强化与渲染观点，而不在意实实在在的分析与论证，这在学术性写作中恰恰是致命的毛病。在学术性写作中，无论是抽象的理论推演，还是具体的事实阐释，或者类比论证，都不可缺乏分析与论证的具体过程。常见的"名言警句+结论""事例+结论"或者"类比+结论"模式，存在着严重的逻辑断裂，所得出的结论必然缺乏公信力。

在学术性写作中，要严格区分论证方式与表达技巧的不同。有些教科书有所谓的举例论证、类比论证、比喻论证等说法，这本身就是错误的。举例论证、类比论证属于有逻辑效力的论证方式，使用时应注意它的逻辑规则，谨防陷入逻辑误区；而比喻、引用名人名言、援引格言谚语都属于表达技巧，只能传达、渲染和夸饰道理，本身并不具有论证的逻辑效力，不属于论证方式。

学术性写作也是一种表达与交流，恰当地借助修辞技巧、心理技巧、情感技巧，有助于道理的传达、接受与传播。因此，不能简单否定这些技巧的积极意义，但前提必须是在学术道德的底线之上。若颠倒黑白、混淆视听、欺瞒诱导、夸大其词，这样的技巧倒是邪恶的了。中国人写文章讲究文采、气势、韵味、技巧等，这些东西首先应服务且服从于分析论证的需要。缺乏了分析论证这一根基，文采或许就成了虚华，气势成了诱骗，韵味成了忽悠，技巧完全可能沦为奇技淫巧。

5. 表达准确精当

尽管论文的语言也可以风格多样、百花齐放，但总要简洁、明白、畅达,忌讳的是内涵不清、外延不明、指向模糊的表达。在文字上不必过分修饰,有文采当然好,但不能以文害意。在行文中,我给学生提出十条建议:

① 减少无关痛痒的修饰语

② 减少可有可无的关联词

③ 谨慎使用程度副词,如最、极其、非常、全都、几乎,等等

④ 少用包含几重修饰与限制的长句

⑤ 少用排比、比喻、夸张等渲染性的修辞手法

⑥ 多用陈述性语言,少用评价性语言

⑦ 引用别人一句话,先读完它所在的那篇文章或那本书

⑧ 使用"由此可见、综上所述"这类词语时,要瞻前顾后,反复斟酌

⑨ 核心概念要反复推敲

⑩ 用严整的判断句亮出论点

6. 符合学术性写作规范

我们的写作教学,向来喜欢片面地强调"抒写性灵""个性发挥",而无视写作的共识与规范。如果说这在其他写作中尚有其存在的理由,在学术性写作中,则是犯大忌。无视规范的写作,本身就是反学术的。

在学术性写作中,引文、注释等都有规范性要求。

论文的引文要可靠,要规范;要尽可能用第一手资料;如果用了第二手材料,一定要核对第一手原文,确认其来源可靠。

注释、摘要、关键词,都有严格的规范。

从这些细节入手,培养的是严谨的写作习惯与学术精神,培养的也是实事求是、精益求精的道德风尚。

走向**理性**与**清明** | 整本书阅读之思辨读写

三、反思三层次

整本书阅读的评价是一件困难的事情，而整本书的思辨性阅读，其评价更是难乎其难。难在何处？难在标准。从思维的角度看，理查德·保罗的思维评价标准是比较权威的，他列举了九个通用标准，包括清楚、准确、精确、切题、有深度、有广度、有逻辑性、有意义和公正等，从不同角度与层面对思维提出了规范性的要求。在整本书阅读中，当然可以借鉴这个标准，但标准如此烦琐，实施起来非常困难。其他一些流行的测评工具与标准，也都存在类似的问题。显然，中小学生的思维处在发育阶段，过于苛刻的评价并不利于其成长。

但必要的评价与引导也是非常必要的，导之以正，其行则远。比较可行的做法，是立足于培养学生自觉的反思意识，让自我评价的能力在学习实践中循序渐进地提升和改善。这就需要我们简化相应的评价标准，重在给思维发展提供一个清晰的方向。

我用"理性"与"清明"两个词来表达对思维发展的期待。理性，即超越感性与情感，自觉地运用知识与逻辑来决定自己的信念与行动；清明，既是理性的必然要求，也是思维的最高境界，它不仅有清楚、准确、明确的意思，更有干净、澄明、透彻的意味，不拖泥带水，不拐弯抹角，直抵本真，清明本身即有一种简洁明快的美感。

对照理性与清明的思维境界，在思辨性阅读中，我们可以在三个层次上反思自己的阅读与理解状况。这就是思维的逻辑性、思辨性与批判性。

逻辑性：这是思维的基本规则，阅读中的思维活动必须尊重形式逻辑的一般规则。

思辨性：作品的理解不仅是逻辑的，而且是历史的。人的个体独特性与历史时空的现场性，决定了作品的理解必须追求逻辑与历史的统一，不能死守逻辑规则而牺牲对作品独特性的追问。因此，作品的理解还必须遵循辩证思维的原则，用联系和运动的眼光审视作品中的人与事，反对孤立的、片面的、概念化的形而上学。

批判性：主要强调深度分析与合理论证。这种论证不仅是逻辑的、是思辨的，而且是人性的。批判性，意味着在文学作品的阅读中，必须打通逻辑、历史与人性情理之间的壁垒。如何才能将逻辑与历史、人性情理与理性分析结合并统一起来，需要的就是批判性思维的功力。逻辑上理不清的，或可求助于具体的历史分析；历史情境也不能解释的，个体的生命独特性或许能提供新的切入角度。总之，文学作品的思辨性阅读，就是一场穿越在逻辑、历史与人性之间的旅行。

从尊重一般的逻辑规则，到尊重作品的独特性，再到全面的分析与论证，构成了思维不断深化的进阶之路。循着这个顺序，反思自我的阅读与理解，便能发现逻辑上的矛盾与冲突，发现理解中的破绽与漏洞，发现认知中的惯性与惰性，不断地走向理性与清明。

针对学生思维活动中的短板与误区，在整本书阅读教学中，我们可重点关注下列"九问"，引导学生通过"九问"来反思自己的阅读与理解。见下表所列：

思维三层次	主要设问	设问意图
逻辑性	概念准确吗？	概念是思维的基石，训练对概念的敏感
	关联合理吗？	发现人物、情节与环境之间的各种关联，厘清关联的逻辑关系尤其是因果关系
	论证有效吗？	论证是思维的核心，训练严谨论证的能力

走向理性与清明

整本书阅读之思辨读写

（续表）

思维三层次	主要设问	设问意图
思辨性	放在关系里看呢？	防止孤立地看问题
	换一个角度看呢？	防止片面地看问题
	如果是我呢？	防止概念化地理解人物
批判性	这个说法合理吗？	论证不是辩护，思维从质疑开始
	有没有替代的说法？	重视多元的意义，寻找替代性的观念与论证
	有没有更好的说法？	重视思想竞争的价值，寻求自我突破与超越

下面对"九问"作简要说明。为便于理解，以本书涉及的作品分析为例。

1. 概念准确吗？

文本的理解离不开概念。没有概念，就无法展开真正的思考。概念一旦出了偏差，思维就会陷入误区。概念的一点小瑕疵，在思维推进和表达交流中一定会被放大，带来更大的错误。文本解读中的很多争执，很多时候并非起于议题，而是源于核心概念的分歧。大家默认的同一个概念，其内涵可能并不相同，只是讨论者未加重视而已。这就是隐含假设出了问题。譬如关于刘备的"虚伪"。我在教学中发现，学生使用"虚伪"这个词语是很随意的，并未将其上升到概念的高度来界定其内涵；只要一个人心口不一，言行不一，似乎就是虚伪的了。如果这样界定"虚伪"，古往今来谁又不是"虚伪"的呢？人是文化动物，也是意义动物，掩饰、美化自己的言行，赋予言行以更多的意义，乃人之本能，这种掩饰与美化的行为的确"不真"，但与道德上的"不善"并无必然关系。如此泛化地理解"虚伪"，则人人皆是伪君子。如此讨论刘备的虚伪，有什么意义呢？

对于概念，能够定义的就要定义；难以定义的，就要进行必要的诠释；如果诠释也很难，那就要借助比较、排除等办法来厘清其内涵。对于任何思维与表达活动，这个过程都是必须的，尽管未必一定要摆在桌面上进行。我在讨论整本书阅读时，发现它很难定义，转而借助诠释和比对的办法，尤其是在与篇章阅读的比对中，厘清其基本规律。这样做的目的，无非是借此来奠定讨论的基本前提。

刘备虚伪，并不是因其言行不一，心口不一，而在于他主动掩饰或美化自己的言行，欺骗天下，混淆视听，为个人谋取利益。显然，这个"虚伪"所强调的，是欺骗世人的主观动机及其混淆视听的言行。基于这样的内涵界定，我们才能确认，徐州时的刘备并无欺骗天下的动机，他之所以心口不一，主要是出于自身实力与彼时处境的考量，而这种考量对于任何人而言都是必要的和合理的。因此，不能简单判定此时的刘备是个伪君子；而在攻取益州的时候，刘备主观上费尽心机谋夺刘璋的土地，却又百般掩饰，以兄弟情义来麻痹刘璋。此时的刘备，已非徐州时血气方刚的有为青年，而是欺世盗名的野心家和伪君子了。

林冲是否懦弱，鲁滨逊算不算殖民者，祥子是抗争者还是奋斗者，哈姆雷特的迟疑是不是意味着他是"言语的巨人，行动的矮子"……这些分歧多与概念的界定相关。比如林冲。在我看来，忍让并不等于懦弱。忍让，是因为有所顾忌，有所希冀，希望以退步来换取和平与安宁；懦弱，则是缺乏胆识，是无原则的退缩与无底线的牺牲。显然，林冲的退让并非无力对抗或无心对抗，而是因为有诸多顾忌。懦弱的人更倾向于忍气吞声，但忍让的人并非一定因为懦弱。正是因为这个理解，我不太同意鲍鹏山老师关于林冲的一些评价。

在阅读中，要概括一个人，论定一件事，作出一个判断，给出一个评

走向理性与清明

整本书阅读之思辨读写

价,我们就该问问自己:我使用的概念准确吗?

2. 关联合理吗?

发现和甄别文本中的各种关联,是阅读的重要任务。在各种关联中,因果关联是最重要的关联。作家在创作的时候,将他所理解的因果关联转化成了具象的人物关系与故事情节,读者的阅读就需要将其从感性材料还原成为理性的因果判断。这不仅需要文本细读的功夫,也需要严密的逻辑思维与判断能力。原因与结果的关系很复杂。这里有主要原因与次要原因,有直接原因和间接原因,有内因和外因,有一因一果,有一因多果,有多因一果,有多因多果,还有互为因果……总之,要筛选和厘清这些因果关联,不仅需要大量的文本实证,而且需要深度的分析与论证。祥子为什么会堕落?仅仅看到外部世界的压力而看不到其内在的缺陷,是不合乎逻辑的。相反,聂赫留道夫的忏悔,如果只归因于内在的道德觉醒,而看不到外界环境的影响,那也是不合逻辑的。只看到鲁滨逊的勇敢这个表层原因,而看不到他占有的物质资源和拥有的生存经验这些深层原因,作品的理解就肤浅化了。

3. 论证有效吗?

思辨性阅读,从思维角度看,就是连续不断的分析论证,而论证必须借助推理来达成。以人物分析为例。刘备是否虚伪?在论证过程中,既有归纳推理(归纳刘备一生的诸多行迹,进行深度分析),也有类比推理(在与曹操等人物的比较中,厘清刘备言行的真伪),当然也离不开演绎推理(对"虚伪"的界定,构成了推理的大前提)。要正确地推理,先要从大前提入手,对那些似乎不证自明的信念、规则、知识或判断进行理性的质疑,这就需要"识别假设"的能力。

正确的推断更离不开对文本的精细理解与精准把握。譬如,若只看到哈姆雷特"延宕"的表象而不能理解其深层的道德与人文动机，那么得出"哈姆雷特是行动的矮子"的结论就在情理之中；若只看到鲁滨逊杀人的事实，却看不到他杀人的原因及其内心的疑虑与忏悔，那么，将鲁滨逊视为血腥的殖民者也是必然。

读者总是带着自己的价值观念进入文本的，这些价值观念就是他推断的大前提；而对人物与事件的具体分析与认定，则构成了他推断的小前提。质疑大前提，就是自我反思；质疑小前提，就要文本细读。阅读的价值也体现在这里：一方面刺激我们质疑自以为是的信念，另一方面逼迫我们走进文本，解放我们那些在日常生活中变得越来越迟钝的感觉。

基于文本的分析论证活动，关联能力起着重要的作用。在各种关联中，发现那些具有本质关联的事物，筛选出真正的因果关联，对于整本书阅读特别重要。

4. 放在关系里看呢？

万事万物都在关联之中，只有将人物置于其所在的社会关系中，置于其所在的时空环境中，才能避免对人物片面的理解。离开历史的真实性而追求逻辑上的自洽，就会造成对人物的概念化理解。回到历史现场，这是文学阅读的基本原则。

孤立地看林冲的隐忍，林冲就是懦夫；若将林冲置于他所生活的具体环境，将林冲放在他的人际关系里看，事情就会有所不同。林冲不是李逵、武松、鲁智深等人，他有职有位，有家有室，做任何选择都有更多的考虑与顾虑。

孤立地看曹操，曹操就是个奸雄。若回到历史现场，曹操的言行就具有了很多合理性。正如他所宣称的那样："设使天下无有孤，不知当几人称帝，几人称王？"在那样一个群雄争霸的时代，曹操的霸道行为其实也不能以简单的道德审判了事。

孤立地看沙威的死,的确不太合乎情理。但若考虑到他在追踪冉阿让的过程中所经历的心理冲击,考虑到他一直坚守的原则,以及这个原则带给他的荒唐感与屈辱感,沙威的死是不是有了不同的阐释空间呢?

放在关系里看人物,并不意味着我们要放弃价值判断,只是要将价值判断建立在准确的事实判断的基础上,达成历史与逻辑的统一。

放在关系里看,意味着我们必须摆脱孤立的、片面的思维方式,而具有更可靠的多维关联能力,具有更可靠的深度分析功夫——全面的、综合的深度分析。

5. 换一个角度看呢?

如果秉持固定的视角,我们永远看不到世界的另一种样子。站在奸雄曹操和枭雄刘备的角度,刘璋怎么看都是守户之犬,而且还不称职;若站在百姓的角度看,刘璋倒颇有几分失败英雄的悲壮色彩。但是,如果再转换个角度看,刘璋的善心与仁政,似乎并未给西川百姓带来真正的福祉,在这个意义上,刘璋的英雄色彩似乎又暗淡了。正是在视角的不断转换中,我们对刘璋的认识才能走出思维的惯性,才能走出认知的舒适区,才会有新的发现。

在整本书的阅读中,读者往往会不自觉地"跟从"作家的视角,这是危险的——这是作家操控读者的秘密。换一个视角,意味着我们不再是作家的追随者,而是他们的对话者。当施耐庵为武松的杀戮涂脂抹粉的时候,我们有必要反问:换一个角度看呢?譬如,站在惨死的丫鬟角度?当老舍总说祥子无辜的时候,我们也有必要反问:在与虎妞的婚姻悲剧中,他也是无辜的吗?

思辨性阅读,意味着平等的对话与自主的建构。这就需要我们有寻求替代的能力与多元转换的能力。

6. 如果是我呢？

脱离了具体的历史环境，脱离了人物的生命状态，作品的理解就会陷入空洞与抽象；但若拘泥于具体环境，又会陷入庸俗的唯物决定论。"如果是我呢？"意在引导学生设身处地，换位思考。自我本位是人的本能，换位思考才是一种理性自觉，这是需要训练的。

以自我的生命体验切入人物的生命活动，方能理解人物的处境与心境，也才能感悟作家的写作意图，并对此作出辨别与评价。思辨性阅读强调理性的反思，但反思离不开感性的体验。缺乏真切体验的所谓反思，只能得出几个生硬和苍白的概念。

如果是我，我会不会像武松那样，杀了鸳鸯楼上那么多丫头？如果是我，能不能像鲁滨逊一样，在濒临绝境的时刻，依然保持着清醒的判断力？如果是我，在被侦探敲诈了之后，能否像祥子那样，一身清白地离开曹先生的家？如果是我，能不能像冉阿让那样，明明可以名正言顺地杀死沙威，还是莫名其妙地放走了他？……

这些"如果"，我们可能认同，也可能反对。重要的是追溯认同或反对的原因，这就构成了与人物的对话，在对话中达成文本批判与自我反思。

7. 这个说法合理吗？

在杜威看来，悬置判断、延迟判断是反省思维的重要习性。学会给自己的思维"叫停"，是摆脱思维惯性的好办法。对于尚未形成反省习性的学生，教师就要善于借助各种手段，引导他摆脱或者暂停思维惯性，不要在肤浅、琐碎和散乱的意识流中"滑行"（孙绍振语）。有的老师喜欢"行云流水"一般的课堂，从思维角度看，这是有问题的。有深度的理性思考一定是沉滞的、苦涩的、矛盾的，而不大可能是轻松流畅的。教师应该借用有质量的问题，让学生的思维进入沉滞、迷惑与苦闷的状态，激发他们的探究与思考，以期达到更高层次的清晰与明澈。苏格拉底式的诘问，其出发点也正在于此。

在文本分析中，应该经常问问自己：这个说法合理吗？这样的追问绝不是为了否定，也不只是为了创新，它最重要的价值，在于摆脱感性与惯性的操纵，求得合理而公正的理解。

8. 有没有替代的说法？

思维惯性的暂停，意味着新思考的开始。有了可能的替代，一元化的局面就打破了，多元比较与权衡就有了可能与必要。在阅读教学及思维训练中，这是一个行之有效的办法。

比如当我们说林冲懦弱的时候，可否反问，林冲是不是坚韧的呢？这或可刺激我们的反思——有时候，忍辱负重是另一种坚韧。还不妨采用"要素替代法"，比如，设想林冲在现场将高衙内暴揍一顿，结果会怎样？这样一问，就会发现，林冲"先自手软了"，并非懦弱，而是"在人廊庑下"，且拖家带口，不得不委曲求全。

寻找替代，是防止判断陷入僵化、片面和极端的有效办法。

9. 有没有更好的说法？

多元思考，结果并非一定是多元并存。多元思考更有价值的地方，在于促成多元之间的竞争，在竞争中，优胜劣汰，是是非非。与感性思维的自发性、发散性不同，理性思维有一种结构化、清晰化的内驱力，必然走向准确、清晰与共识。"启蒙的信念在于，通过理性的运用，人们可以在人类生活的诸多方面达成共识与一致，而且这种共识和一致乃是收敛于真理的结果。"[1]

---

[1] 谭安奎.公共理性与民主理想[M].北京：生活·读书·新知三联书店，2016：2.

在分析论证中,要习惯性地提醒自己:有没有更好的说法?这既是理性思维的必然,也是保持思维开放的必须。尤其是整本书阅读这样复杂的事情,很难毕其功于一役。反思与追问,才能引导我们走向理性与清明,走向更高的阅读与思想境界。

后记

本书有两个关键词：整本书阅读与思辨读写。

先说整本书阅读。二十年前，刚上任不久的张正之校长委托我起草一个学校语文课程方案。张校长的理念是"创造性地落实国家课程，个性化地发展学校课程"。在张校长的推动下，我拟定了一个改革方案，后来形成《统整课程，统整研训》一文，发表在《上海师范大学学报》上。从那时起，我和同事们就开始了万字时文阅读、经典精读等阅读探索。骄傲地说，读经典名著的学校不少，但像我们那样，二十年前就用课程与教学来保证与支持的，恐怕不多。在很长一段时间里，我校语文课程被简称为"4+1+X"，那个"1"就是经典精读。经典精读是我校学生的必选选修课，也是我校语文老师必须承担的课程——聘用协议里就有一条，教师必须开发一门以经典精读为主的学校课程。这个"精"很关键，好多人、好多媒体都喜欢按照自己的理解，顺口将这门课说成"经典阅读"，只要我发现了，总会不厌其烦地纠正。精读，不仅区别于一般的泛读，更强调在教师的指导下开展文本细读。

在单调而又烦琐的应试教育中，经典精读教学给了我另一种深切的教育体验，那就是创造的乐趣与育人的喜悦。我开设过《呐喊》《彷徨》《俄狄浦斯王》《鲁滨逊漂流记》《三国演义》《悲惨世界》等精读课程，而教学，也从一开始的天马行空、高谈阔论推进到如今的母题式阅读与思辨性阅读。如果说我对课程与教学还有一点自己的理解，那么，经典精读教学提供的经验与反思在其中发挥了关键作用。

后记

再说思辨读写。2007年，我校与欧盟教育基金会合作，开展了一个叫作"学生发展技能"（Skills Development Programme，简称SDP）的课程引进项目，我有幸具体负责此事。课程由剑桥大学国际考试委员会开发，致力于培养学生的交流能力、创新能力和批判性思维。在项目的实施过程中，我开始真正接触当时在欧美开展得如火如荼的批判性思维教育，并尝试将其理念与技能引入到我的语文课堂。根据汉语表达的习惯，我将这种按照批判性思维的原理、策略与方法开展的阅读活动称为"思辨性阅读"。2014年，在《语文学习》主编何勇先生的支持下，我开始发文推介批判性思维与思辨性阅读。也在这一年，《语文学习》编辑部出版了我的"中学生思辨读本"。后来，在做微信公众号的时候，索性用了"思辨读写"四个字，将阅读、思辨与写作相结合。实际上，语文教学中的思辨、阅读与写作，本来就是三位一体的。

以思辨读写切入整本书阅读，与我的阅读理念相关。关于中小学生的阅读，有两个根深蒂固的观点需要辨析。一是一味鼓吹博览群书，似乎读的书多了，量大了，汗牛充栋了，人就不一样了；二是一味鼓吹趣味，似乎陶醉了，沉浸了，手舞足蹈了，人就不一样了。主张多读书爱读书，当然是不错的；在目前的阅读状况下，数量与趣味也的确有着实质的意义。但无论怎样，如果忽视了阅读的内容与阅读的方式，数量与趣味也不能解决什么问题。坊间流传一则据说是某教授的微信，题目叫"不读上百部经典，哪有资格谈思辨"，就是片面鼓吹数量的典型言论。有些老师认为这是强调积累。殊不知，积累也不是数量的简单增加，积累本身就需要思辨的参与。按照这个观点，多少人有思辨的资格呢？其实，思辨并不需要什么特殊资格，只要他具备正常的智力与认知能力，就可以进行独立的分析与判断。如果说有资格，这资格也不是由经典的数量决定的，而恰恰是在对经典的思辨中养成的。

不读书，就在数量上做文章；不爱读书，就在趣味上下功夫。二十年前，

走向理性与清明

整本书阅读之思辨读写

我的阅读改进,初始冲动也是如此。但在探索的过程中,我越来越认识到,在教学的意义上,读什么书,比读多少书更重要;读出价值,比读得尽兴更重要。阅读无边,生命有限,应该在有限的时间里阅读最有价值的书,因此,读书不仅需要精心选择,还要有结构化的安排。趣味是个体的,而教育是公共的,应该以公共价值渗透个体趣味,引导和开发学生的阅读趣味。因而,读书不单需要沉浸,更需要反思,思辨至关重要。于是,我的探索转入另一个轨道:如何借助有效的思辨教学,让经典名著转化为学生的学习资源与成长资源,以实现经典价值的最优化与最大化。

这就是我课程化探索的起点。将经典名著资源化,将阅读过程思维化,这是我的基本理念。在我看来,思辨读写是整本书阅读的内在要求,而整本书阅读也蕴含了思辨读写的优势资源。以思辨读写切入整本书阅读,或许是最有效的阅读教学,也是最有效的思维教学。

将整本书阅读提高到课程与教学的高度,在我看来,这是2017版新课标的无量功德;将批判性思维与思辨性阅读写进课标,在我看来,这是2017版新课标的最大突破。

这就是本书写作的大背景。感谢这个改革开放的时代。

至于这本书写作的具体缘起,说起来也是一桩快事。2018年,在著名阅读推广人吴本文、曹郁先生主办的阅读活动中,跟吴欣歆老师聊天。吴老师一直关注整本书阅读教学,在整本书阅读的基础理论及"混合式学习"的探索上,多有建树。吴老师思路清明,跟她聊教学,既有共鸣的享受,又不乏互补的愉悦。我们聊到了混合式学习,聊到了思辨读写,也聊到了专题学习。在闲聊中,我们便产生了组织一套丛书的想法,希望借此搭建一个关于整本书阅读教学的框架。那么,请谁来写专题学习呢?我们不约而同地想到了李煜晖老师。据我所知,李老师的博士论文就与专题学习相关,他关于专题学习的文章与案例，我拜读过不少。这是一位有才华、有见识、有激情的青年教师，书读得多，也读得透。在李老师的身上，我常常看到自己年轻时的影子。（顺便表扬了我自己）当然，新一代语文教师的知识结构与思想力度，就不是我所能比拟的了。

借本书出版之际，我要感谢张正之校长。张校长既是我的老领导，又是我心目中的长者，我们之间还有一份独特的忘年交情。如果承认人生的偶然性，承认每个人的际遇与走向都有着某些说不清的因素，那么老张的出现，确实给我带来了即便今天看来依然意义非凡的改变。当年开展万字时文阅读和经典精读，是需要胆识的。张校长征询了许多专家的意见，然后说："干吧"，符合规律的事，干了总不会离谱。有家长来告状，张校长耐心听完家长的诉说之后，回答说专业的事还是交给专业的人去做吧，于是家长的情绪也得到了缓解。没有张校长的理解与支持，二十年前的万字时文阅读与经典精读是一件难以想象的事情。即便到了今天，新课标郑重推出了整本书阅读，还有好多学校迟疑不决。原因固然很复杂，但是不是与缺点胆识相关呢？

感谢于漪老师。五年前，于漪老师为我的"中学生思辨读本"写序，支持批判性思维与思辨性阅读的探索；这次编辑问我，想请谁写序，我脱口就说，当然是于老师。话出口了就觉得不妥，于老师九十高龄，实在不忍心再去打扰老人家。我建议，找一篇于老师的相关文章作为这套丛书的序言，以表达我们的敬意。没想到，于老师不仅写了序，而且给三本书分别写序。感激之情，难以言表，只能再道一声感谢于老师。

还要感谢《语文学习》的诸位朋友。你们的开放与严谨，让这本书有了现在的这个样子。

2019年5月

图书在版编目（CIP）数据

走向理性与清明：整本书阅读之思辨读写 / 余党绪著. — 上海：上海教育出版社，2019.6
（白马湖书系）
ISBN 978-7-5444-9182-2

Ⅰ.①走… Ⅱ.①余… Ⅲ.①阅读课 – 教学研究 – 中学 Ⅳ.①G633.332

中国版本图书馆CIP数据核字(2019)第110995号

责任编辑　陈晓琼
装帧设计　周　吉

走向理性与清明——整本书阅读之思辨读写
余党绪　著

出版发行	上海教育出版社有限公司
官　　网	www.seph.com.cn
地　　址	上海市闵行区号景路159弄C座
邮　　编	201101
印　　刷	启东市人民印刷有限公司
开　　本	720×1000　1/16　印张 21
字　　数	255千字
版　　次	2019年6月第1版
印　　次	2025年3月第8次印刷
书　　号	ISBN 978-7-5444-9182-2/G·7564
定　　价	59.00元

如发现质量问题，读者可向本社调换　电话：021-64373213